살아
있다는 것의
기쁨

허영자 수필 선집

을지출판공사

| 책을 내면서 |

몇 권의 산문집에서 가려 뽑은 글들을 모아 선집을 꾸민다.
자신의 글은 거울에 제 얼굴을 비춰 보는 듯
늘 부끄럽고 면구스럽지만 다른 한편
자기 성찰의 객관적 자료가 되기도 한다.
예전에 쓴 글들이 더러 시의에 어긋난다 하여도
자신의 글은 자신의 분신이라는 책임감은 잊지 않고 있다.

통일된 주제를 지닌 글이 아니라
살아오면서 그때그때 보고 듣고 느낀 소박한 편편상의
글모음이라 보면 좋겠다.
어쭙잖은 글을 예쁜 책으로 묶어 준
을지출판공사 김효열 대표의 노고에 감사를 드린다.

2015년 여름

허영자

■ 책을 내면서 · 3

1부
생명의 존귀함

지금 이 시각 10
한 송이 꽃도 당신 뜻으로 13
바람의 자유 · 바람의 낭만 15 | 시간과 나 18
유종의 미 20 | 새 우애론 24
사치와 허영 27 | 취직시험 31
슬기로운 사람들 33 | 인간다움 36
어떻게 살 것인가 39 | 생명의 존귀함 42
스승 46 | 물같이 흘러서 48
청어 배 딸 녀석 52 | 윤 선생님 생각 56
어둠을 켜는 불 60 | 성공한 인생, 실패한 인생 64
대학 생활의 멋 68 | 사랑과 믿음 75
사랑의 밀도 77 | 나를 숙여 네 속에 들 때 80

2부

창조적 삶,
개성적 아름다움

사랑이 우리에게 주는 것 86 ┃ 더 많이 용서하고 사랑하리 91
사랑스러운 여인 97 ┃ 매력 있는 여성 104
아름다운 여성 112 ┃ 자유로운 여성 114
겸손한 여성 117 ┃ 분별력 있는 여인 121
미인의 길 125 ┃ 베일을 쓴 여인 129
손과 여인 132 ┃ 여자에게 음식솜씨란 137
여성과 말씨 140 ┃ 창조적 삶, 개성적 아름다움 143
직업여성과 가정 145 ┃ 젊은 여성을 위한 글 148
'어머니' 하고 부르면 켜지는 불 155 ┃ 할머니 158
최고의 이상주의자 161 ┃ 아름다워라 청춘이여 164
봄을 맞는 K양에게 166 ┃ 시를 쓰려는 여대생에게 172

3부

여백과
황량의 아름다움

젊은이여, 실패하고 또 실패하자　176
우리 무엇을 꿈꾸었다 말하랴　181　｜　봄, 그리고 젊음　184
바다가 있는 고향　187　｜　목련　189
마음에도 푸른 나무를　191　｜　생명의 계절　193
공존의 의미를 헤아리는 지혜　197
4월에 생각나는 사람　200　｜　보리밭　203
여백과 황량의 아름다움　206
가을의 아름다움　208　｜　눈 속에 꽃피는　211
눈 오는 날　213　｜　작은 멋　216
밤의 표정　218　｜　소박한 아름다움　221
차(茶)와 생활　223　｜　한국인의 솜씨　226
고소 공포증, 저소 염오증　228　｜　연극 관람의 재미　233
남성의 매력　236　｜　입장 바꾸기　238
보은(報恩)　240　｜　존경과 겸허　242

4부

안빈낙도의 삶

손이 아픈 석불 248 ㅣ 암자에 갔던 일 251
무관(無冠)의 제왕 254 ㅣ 드라큐라 256
원시안, 근시안 259 ㅣ 어떤 애독자 261
내가 만약 남자라면 263 ㅣ 공포의 대상 266
안빈낙도의 삶 269
새끼손가락의 작은 약속까지 272
슬프도록 아름다운 이별 275
살아 있다는 것의 기쁨 277 ㅣ 6월의 묵념 283
가장 맛있는 음식 287 ㅣ 그들은 다 어디로 갔을까 288
노벨문학상에 대하여 292 ㅣ 시인 H에게 297
안녕히 안녕히 가십시오. 지상에서 가장 아름다웠던 분! 301
얼굴, 걱정 303 ㅣ 잊을 수 없는 스승 박은혜 선생님 306
행복한 삶 309 ㅣ 시인의 말, 국회의원의 말 314

■ 저자 약력 · 319

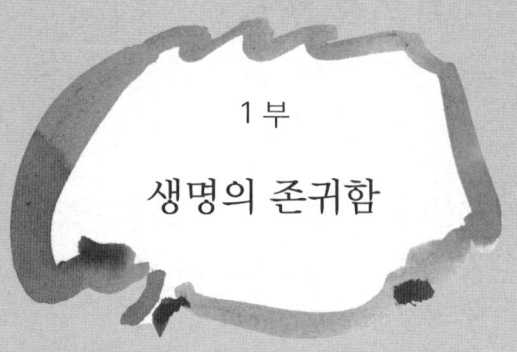

1부

생명의 존귀함

지금 이 시각

지금 이 시간, 바다는 쉼 없는 출렁임을 계속하고 있을 게다. 집 채 같은 파도가 밀어닥쳐선 푸른 암벽에 몸을 부딪쳐 희디흰 거품으로 부서지고 있을 게다.

그 바닷가 모래사장엔 금빛 햇살이 가득히 쏟아지고 물새 발자국만 수수께끼의 상형문자처럼 찍혀 있을 게다.

지금 이 시각 적도의 원시림 속에는 두 눈에 불을 켠 맹수 떼가 사납게 포효하며 먹이를 찾아 쏘다니고 있을 게다. 어떤 짐승은 잡아먹고 또 어떤 짐승은 잡아먹히고 있을 게다.

머나먼 네팔의 고산(高山)은 화관처럼 반짝이는 만년설을 머리에 인 채 아득한 발 아래 세상을 내려다보고 있을 게다.

깊디깊숙한 산과 골짜기와 벌판엔 아무도 보고 있는 이 없는데도 꽃은 절로 피고 지고 그 생명의 크기만한 무게와 빛깔의 열매가 맺히고 있을 게다.

지금 이 시각 모나리자는 한결같이 신비의 미소를 띠고 있으며 피에타의 성모(聖母)는 변함없이 비탄의 눈물을 흘리고 있을 게다.

히말라야의 산록엔 가부좌를 튼 채 사바 세계의 번뇌를 해탈코자 수도하는 성자가 있을 게다.

푸른 수의(囚衣)에 몸을 싼 채 어두운 돌벽 속에 징역을 살고 있는 이가 있을 게다.

지금 이 시각 꿀벌은 꽃가루 투성이가 되어 꽃심 속을 파고들고 거미는 부지런히 은실의 망을 뜨고 있을 게다. 지금 이 시각 바야흐로 한 생명이 눈을 감고 있으며 다른 한 생명은 드높은 고고성으로 태어나고 있을 게다.

지금 이 시각 한 쌍의 다정한 연인이 뜨겁게 손을 맞잡고 변함 없는 사랑을 맹세하고 있고 한 쌍의 다른 연인은 적막한 등을 보이며 갈라서고 있을 게다.

지금 이 시각 존재하는 현상을 개조하는 손길이 있고, 없는 것을 꿈꾸는 영혼이 있을 게다.

지금 이 시각 마굿간의 송아지는 무심한 눈길로 새김질을 계속하고 공장의 용광로 속에는 수천 도의 쇳물이 끓고 있을 게다.

지금 이 시각 교회 종탑의 종소리 울리고 다른 한 구석에선 은밀히, 실로 은밀히 에덴 동산의 원죄가 거듭 모의되고 있을 게다.

찬란한 신라 금관의 영락(瓔珞)은 상기도 흔들리고, 오대산 월정사 경내 약왕보살은 그 간절한 희원의 자세를 풀지 않고 꿇어앉아 있을 게다.

지금 이 시각 어느 하늘엔 마른 번개 치고 어느 땅에는 비가 내리고 있을 게다.

별 하나 새로 뜨는 옆에 다른 별 하나 흘러 떨어지고 있을 게다.

지금 이 시각 병상에서 신음하는 이가 있고 근심스럽게 그 이마를 짚는 모성이 있을 게다.

지금 이 시각 깃발은 펄럭이고 사나이들은 어딘가를 향하여 떠나고 있을 게다. 저들을 전송하며 여인들은 애써 울음을 삼키고 있을 게다.

　지금 이 시각 세상의 고샅고샅에서는 저만큼 다른 일이 일어나고 온 천지 온 우주는 저마다 다른 몸짓, 다른 얼굴의 영(靈)들로 가득 차 있을 게다. 이 어지러운 혼돈을 하나의 질서로 통일하는 커다란 뜻이 바로 이 시각에도 작용하고 있다는 것은 정녕 신비 중의 신비요, 불가사의 중의 불가사의라 아니할 수 없다.

한 송이 꽃도 당신 뜻으로

한 송이의 아름다운 꽃이 피어난 것을 볼 때, 그 연연한 꽃잎이며 꽃가루 묻은 정교한 꽃술이며 꽃송이를 받치고 있는 꽃판이며, 길고 가는 줄기, 그 줄기에 보소송하니 돋은 솜털, 그리고 거기에 층층이 겹친 초록 이파리와 어두운 땅 속을 파고들어 영양과 수분을 빨아올리는 실뿌리, 그 위에 뿌려 둔 매혹적인 향기들에서 우리는 신비롭고도 오묘한 섭리를 발견하게 된다.

한 가지도 우연히 된 것은 아닌 양 섬세한 배려와 깊은 뜻을 새긴 듯한 그 빛깔, 그 향기, 그 모습에 우리가 재삼 감탄할 때, 우리는 이미 조물주의 은총을 찬미하는 것이며 그 전능과 자비로움에 감사를 드리는 것이 될 것이다.

우람한 산악, 그 푸른 자락 아래 뭇 날짐승과 길짐승을 포용하고 깊은 골짜기와 갖가지 수목들을 안아 기르며 의연히 솟아오른 산악 앞에 옷깃을 여밀 때 우리는 곧 조물주의 위력을 공경하고 경탄하는 것이 될 것이다. 넓고 깊은 대양, 끝없는 암흑과 침묵을 그 밑에 깔고 푸른 파도와 흰 물거품과 온갖 크고 작은 물고기, 산호와 진주와 바닷말의 보배를 간직한 대양, 때로는 노호하며 때로는 고요히 잠드는 저 대양의 몸짓에 우리들이 매료당하고 마음 설레인다면 우리는 조물주의 창조의 뜻에 공감하고 일체감을 가지는 것이 될 것이다.

또한 저토록 조그맣고 연약한 풀꽃을 피운 손길이 포효하는 노도와 아아한 산봉우리를 빚었음은 얼마나 놀라운 일인가. 창조주의 무궁무진한 창의와 전지함에 새삼 경악할 때 우리는 조물주에 대한 뜨거운 신앙을 가진 것이 될 것이다.

우주에 가득찬 혼돈과 질서, 그 모든 것이 저나름의 존재 의의와 값이 있음을 깨달을 때 우리는 커다란 감동으로 가슴 두근거릴 것이며 이러한 감동과 흥분과 인식은 우리를 한없이 온유하게 하고 겸손하게 하고 지혜롭게 만들 것이니 이는 곧 거룩한 종교심의 발로가 될 것이다. 생활인의 기도는 그 생활과 직결된다. 추상 관념이 아니라 생활 주변의 모든 사물, 생활 속의 모든 사물과의 관계에서 비롯되는 구체적이며 사실적 체험이다.

오늘 우리들이 아름다운 생명을 구가하고 하루의 삶에서 찾아진 조그만 행복감으로 무한한 위로를 삼는다면, 또한 자기가 하는 모든 일에 온전히 자기를 몰두시키며 집중시켰을 때 그것은 정녕 뜨거운 기도요 경건한 신앙일 수밖에 없다. 그리고 그것을 개인의 생활, 개인의 생명의 일에만 국한 시키지 않고 무릇 모든 이웃에 확대시키며 삼라만상에 두루 적용시킬 때 그것은 사랑의 종교가 되어 우리의 영혼 속을 도도히 관류할 것이다.

오늘 내가 살아 있음을 감사하고 내 이웃이 건재함을 감사하고 난관을 헤쳐 나갈 용기 있음을 감사하고 일상의 모험을 감내할 지혜를 갖게 되길 희구하고 불의에 물들지 않을 의지를 갖추길 희망하고 내 이웃이 나와 더불어 함께 행복하기를 갈구해 마지않는 마음, 이 소박한 바람들이야말로 평범한 생활인이 그 생활 속에서 드리는 가장 간절한 기도가 아닐까 한다.

바람의 자유 · 바람의 낭만

밤에 문득 잠 깨면 제일 먼저 들려오는 것은 바람 소리이다.

바람은 밤에도 자지 않고 돌아다닌다. 잃어버린 고향을 찾아 헤매는 나그네처럼, 먼 곳에 연인을 두고 온 사람처럼 이 집 저 집 창문을 흔들어 대며 돌아다닌다.

아하!

밤에 잠 깨지 않았더면 나는 저 바람의 탄식 소리를 듣지 못할 뻔하였다. 바람이 머리를 풀고 슬픈 오열을 깨물며 저와 똑같이 슬픈 친구를 찾아 하소연하러 다니는 것을 모를 뻔하였다.

바람의 친구는 누구인가?

바람의 친구는 바람처럼 한 많은 사람, 밤에 잠 깨는 사람이다.

바람은 그 어느 곳에도 머무를 수 없다. 깃들일 수 없다. 바람은 영원히 유랑하는 넋이다. 타령소리도 구슬프게 떠다니는 각설이다.

바람은 시인이다.

걸어 놓은 깃발을 펄럭이게 하고 잠자는 바다를 일으켜 포효하게 한다.

낙엽을 쓸어 묵은 생명을 거두고 새 생명의 도래를 손짓한다.

어둡고 어두운 세상의 골목길을 빠짐없이 돌며 걸어다닌다.

교회당 첨탑 위에서는 종소리가 되고 끓는 용광로 속에서는 깊은 웅얼거림이 되며, 푸른 숲 속에서는 메아리가 된다.

바람은 혁명이다.

산도 들도 나무도 흔들린다. 바다가 솟구쳐 오른다. 천지가 뒤집힌다. 이제까지 섰던 것은 넘어지고 넘어졌던 것은 일어선다. 묵은 질서가 무너지고 새 질서, 새 도덕과 새 윤리가 세워진다. 그리하여 낡은 것은 뿌리 뽑히고 새 가지가 생겨난다.

바람이 분다.

한밤중에 잠 깨어 바람 소리를 듣는다.

어린 시절에 우리 집에는 많은 손님들이 오셨다. 남자 손님, 여자 손님, 어른 손님, 아기 손님, 그중에는 잠깐 머물렀다 가는 분도 계셨지만 한 달씩 두 달씩 묵어 가는 분도 많았다.

그 손님들 중에는 몇 년 만에 표연히 나타났다가 한 두어 달씩 묵다가 또 어디론가 훌쩍 떠나버리는 '주상이' 아저씨가 있었다. 나는 그 주상이 아저씨가 제일 좋았다. 긴 머리칼을 오른손으로 슬쩍 쓸어 넘기며 그가 구경하고 온 세상 이야기를 이것 저것 들려주던 아저씨, 나는 주상이 아저씨를 통하여 내가 가 보지 못한 신비한 세상을 알 수 있었고 넓고 넓은 세상, 미지의 세상에 대한 호기심은 더욱 불붙어 눈을 반짝였다.

볼따구니에 험상궂은 칼자국을 그은 채 시커먼 눈썹을 꿈틀대는 산적의 이야기며, 무리 무리 떼를 지어 횃불을 들고 들이닥치는 화적떼의 약탈, 총 한 방에 산채 같은 호랑이도 거꾸러뜨리는 포수 이야기를 나는 들었다.

서울 장안에 즐비한 먹기와집 추녀와 까치머리를 쪽진 소복의 여자들이 깍쟁이처럼 입 다물고 걸어가는 모습도 눈에 보는 듯 그려

주었다. 관부연락선의 구슬픈 고동 소리, 짐과 사람의 고함 소리 가득한 부두, 그 부둣가에서의 애달픈 이별, 마도로스 파이프의 멋, 양장 미인의 비단 양말, 입에 슬슬 녹는 사탕 과자…… 주상이 아저씨는 나에게는 없어서 안될 친구요, 스승이었다.

주상이 아저씨는 때로 무성 영화의 변사 노릇도 하였다. 남자도 되고 여자도 되고 어른이 되고 아이가 되며 해설자가 되어 온갖 표정과 몸짓을 섞어 가며 열을 내었다. 집안에서는 그는 내놓은 사람, 버린 자식, 괴짜였지만 그의 광대 피는 어린 나의 붉은 피에 곧 전염되었다. 나는 그만큼 매력 있고 재미있고 좋은 손님을 우리 집 손님 가운데 찾을 수가 없었다.

주상이 아저씨는 바람이었다. 바람의 자유, 바람의 낭만, 바람의 슬픔, 바람의 방랑이 그 속에 있었다.

그의 죽음 또한 바람과 같은 것이었다. 해방 직후 한창 좌익이니 우익이니 하여 세상이 어지럽던 때 누구네 집 뒷산 대숲에서 죽었다고 하였다. 어째서였을까? 그냥 아리송하기만 하다. 아라비아의 로렌스처럼 주상이 아저씨의 죽음 또한 신비다.

문득 밤에 잠 깨어 바람 소리를 들으면 주상이 아저씨가 찾아온 것 같다.

이 세상에는 많은 주상이 아저씨들이 있다. 그들은 안 자고 우리를 지켜 보고 있다. 그리고 그들은 깨어 있어야 할 시대에 잠자는 자의 가슴의 창문을 열라고, 어서 일어나라고 문을 두드린다.

바람이 분다.

저들이 이 밤에도 나를 흔들어 깨운다.

시간과 나

'시간은 물처럼 흐른다'는 이야기는 귀에 익도록 들어온 바이지만, 시간의 흐름이 참으로 냉혹하며 또한 사정없는 것이라는 것을 지난날의 사진첩을 들춰 볼 적마다 한층 절실히 느낀다.

머리칼조차 채 자라지 않은 조그만 아기로 부모님 품에 안겨 있는 사진에서부터 초등학교, 중학교, 고등학교, 대학교 시절을 거쳐 드디어 얼굴에 엷은 주름이 진 오늘까지를 한눈에 살피노라면 스스로도 이상한 느낌이 든다.

지난날의 햇빛, 바람, 그 시절에 보았던 아름다운 산천들, 안개 속에 묻혀 있는 듯 아련하였던 미래의 꿈, 그때의 번뇌, 고통, 공포 등이 아직 이토록 생생한데, 때의 흐름은 가차없이 나를 어른으로 몰아붙이고 있다.

인생을 어떻게 경영하는 것이 현명한가, 어떤 삶이 값진 것인가, 나는 무엇을 위하여 어떻게 살아갈 것인가 등에 대한 확실한 대답은 물론이거니와 자기 나름대로의 확고한 결단이나 신념이 아직도 부족하며 회의와 망설임이 이토록 역연한데도, 시간은 기다려 주는 법 없이 황혼을 향하여 나를 마구 몰아붙이고 있다.

헤아려 보면 지나온 시간보다 남은 시간은 짧다. 이제 주저하거나 함부로 낭비하여도 좋을 시간은 없다. 이미 잃어버린 시간에 대하여 아쉬워하거나 통탄하고만 있다면 이 또한 시간의 낭비일 뿐이다. 남은 시간을 실로 알뜰하고 유용하게 사용하도록 하는 것만이 지금 이 시각의 가장 현명한 깨달음이며, 가장 바람직한 일이 될 것이다.

이런 것을 생각할 적마다 시간의 경영에 있어 우리는 인색한이 안 될 수 없으며, 매 순간을 인생의 마지막 순간이듯이 살지 않을 수 없다.

영겁의 시간에서 볼 때 눈 깜빡할 찰나에 불과한 내 몫의 시간을 그나마 어리석게 소모해버리고 만다면 그 허망함은 더욱 쓰라린 것이 아닐까.

오늘 이 나의 모든 생각, 근심, 몸부림까지도 시간의 물결은 그 거대한 흐름 속에 쓸어갈 것이며, 마침내 한 오리 먼지를 남김도 없이 그 자취를 지울 것이니 과연 시간이란 위대하다 할 것인가, 비정하다 할 것인가!

유종의 미

어떤 일이든지 일에는 처음과 중간과 끝이라는 것이 있다. 그 일이 참으로 성공적인 것이 되기 위하여서는 처음과 중간과 마지막이 모두 훌륭하여야만 할 것이다. 시작이 되는 처음이 나쁘고서는 그 일이 좋은 일이 될 수 없을 것은 물론이며 과정이 되는 중간이 좋지 못한데 그 일이 성공적인 것이 될 수 없을 것이다. 결국 시작과 과정이 좋지 못하면 좋은 마지막을 기대하기 어렵고 일이 성취되기가 어렵게 된다. 그러나 비록 처음과 중간이 아주 훌륭하더라도 마지막 끝마무리가 잘못되어서 잘 되어 오던 모든 일을 망쳐버리는 애석한 경우가 적지 않다.

김동인 소설 〈광화사〉는 이런 의미에 있어 시사해 주는 바가 많다. 솔거라는 화상이 꿈에 그리던 아름다운 여인을 만나 그 초상을 그렸으나 마지막 그 여인의 눈동자를 잘못 그림으로써 그의 전 일생과 보람이 무너지고 마는 것이다.

부처님의 점안식도 이런 뜻에서 실로 거룩한 행사가 아니겠는가 생각한다. 전심전력의 신앙심을 돋우어 이룩한 부처님의 형상에 불성이라는 생명을 불어넣는 최후의 행사가 그 점안식이라고 생각할 때 만약 그것이 잘못되면 다시 처음부터 신심을 닦는 각고가 시작되어야 하겠기에 말이다. 또 흔히 하는 속된 표현으로 '10년 공부 나무아미타불'이라는 말이 있다. 10년 공부를 시작한 때에는 그 각오가 어떠하였겠으며 10년을 공부하는 동안의 그 각고는 또 얼마나한 것이었겠는가. 남다른 결의와 온갖 어려움을 참으며 10년을 닦아온 공이 하루아침에 무산되고 말았다면 이는 분명 끝마무리 작업이 잘못된 데에 그 원인이 있는 실패인 것이다. 참으로 허망하고도 원통한 일이 아닐 수 없다.

요즈음 전 세계의 경제는 무역의 수지와 밀접한 관계가 있다고 한다. 많은 공산품들이 세계 곳곳의 시장에서 치열한 경쟁을 하며 거래되고 있다. 우리나라도 여러 가지 다양한 제품들을 세계 시장에 내놓는 수출에 전력을 기울이고 있다. 그런데 우리나라의 상품들이 세계 시장에서 제값을 못받는 경우의 그 근본 원인이 끝마무리 작업의 부실에 있는 일이 허다하다는 말을 듣는다. 애써 만든 상품이 조그만 끝손질의 소홀함으로 말미암아 많은 손해를 보고 신용을 잃는다는 것을 생각할 때 실로 일의 끝이란 얼마나 중요한가를 새삼 느끼게 된다.

그러기에 예로부터 '유종의 미'라는 말이 있어 왔다. 예쁘고 좋은 옷을 만들었는데 거기 달린 단추가 떨어져 있다든지 잘 만들어진 그릇이 포장이 잘못 되어 깨져 있다든지 하면 아무리 그것이 예쁜 옷이요, 그릇이라 할지라도 끝손질의 불성실이 불러오는 불신감을 막기는 어렵게 될 것이다. 이런 일이 단순히 옷이나 그릇 정도에 한한다면 불쾌한 대로 어느 한도의 용납이 있을 수도 있겠으나 소중한 인생의 경영에 있어 만약 이런 일이 있다면 이는 인생의 파산자일 수밖에 없다.

가령, 나는 우리 역사 속에서 매국노라고 불리는 '이완용'이라는 인물에 대하여 생각해 볼 때가 있다. 분명 그는 양반 사대부 집안의 출신이었으며 남다른 재질과 출중한 인품을 갖추었기에 일국의 외무대신이라는 중책을 맡았을 것이다. 그가 그렇게 입신양명하기까지에는 남다른 노력과 배경의 힘과 그 자신의 능력이 뒷받침이 되었을 것이다. 그의 처음 출발과 성공을 향하여 나아가던 과정은 얼마나 양양한 것이었으며 밝고 빛나는 것이었겠는가. 나라에 충성하고 백성을 사랑하는 어진 대신으로 그의 이름이 청사에 길이 빛날 수도 있었을 것이다. 그럼에도 불구하고 그는 우리 민족이 존재하는 한 '매국노'라는 치욕스런 낙인을 영원히 면치 못함은 물론 그의 다른 출중한 면도 인정받지 못하게 되는 것이 아닌가. 그가 마지막에 변절자가 되었기 때문에 그의 장점이나 업적은 어둠 속에 숨겨지고 만 것이다. 이런 일은 그 자신을 위해서나 우리나라와 민족을 위해서나 모두 비극적인 일이었다.

우리가 일제 압박 아래 있었을 때에도 이와 유사한 일이 많았던 것으로 안다. 민족의 지도자로 많은 영향을 미치고 민족의 선구자로 숭앙받던 인물들이 그 인생의 마지막을 아름답게 마무리 짓지 못함으로써 면책과 욕을 면치 못하였으며 스스로도 부끄러워하여야 할 말로를 맞았었다.

이렇게 보면 '유종의 미'란 말로는 쉽지만 실로 어렵고도 두려운 일인 것 같다. 인간의 심사란 허약한 것이어서 언제나 유혹에 빠지기 쉽고 흔들리기 쉽기 때문에 어지간한 의지로 안간힘을 써 오다가도 마지막에 주저앉아버리고 마는 일이 허다하다.

지금은 가을, 나뭇잎이 지고 있다. 봄에 그 황홀하던 꽃을 피우고 여름에 그 푸르고 무성하던 잎을 피우고 이 가을 영근 열매를 달고 섰는 나무는 실로 그 최후의 작업으로 가졌던 것을 다시 돌려보내는 알찬 마무리를 하고 있다. 지는 잎은 나무 밑에 쌓여 다시 내년의 생명을 꽃피우는 거름이 될 것이다.

'유종의 미'란 실로 저러한 온전한 헌신이며 또 하나 온전한 해탈에서만 가능한 것일지도 모른다.

자연은 우리에게 항상 많은 것을 깨닫게 해주고 많은 것을 가르쳐 주어왔지만 이 늦가을에도 저 잎 지는 한 그루 나무는 '유종의 미'의 의미를 아프고 절실하게 암시해 준다.

새 우애론

　폐쇄적인 사회, 인습의 사슬에 시달려 온 우리들은 정신 면에서나 물질 면에서 서구적인 것에의 강렬한 동경을 지녀 왔다. 서구화는 곧 현대화라는 생각으로 자유롭고 개방적인 현대사회를 이루고, 진보적 사고와 합리적이며 과학적인 생활을 위하여는 열심히 서구화되어야 한다는 지향을 가졌었다.
　때문에 우리의 정치·경제·문화·사회 전체에 걸쳐 그 어느 것 하나 빠짐없이 서양의 것을 그대로 이식하려 하였고 모방하려 하였으며, 그러한 이식이나 모방은 부끄러운 일이 아니라 첨단적이며 참신한 것으로 간주되기도 하였다.
　그러나 요즈음에 와서는 이런 무조건적인 모방 추세에 비판을 가하는 반성의 기운이 일고, 우리의 옛 것과 남의 새 것을 잘 조화시키며 취사 선택하여 받아들이려는, 매우 지성적이며 바람직한 움직임이 보이는 것 같다.
　우리의 가족 제도만 하여도 대가족 제도에서 핵가족 제도로 바뀌면서 가족 상호간의 관계가 많이 달라졌다. 부모를 공경하고 자녀를 애육하며 형제가 사랑으로 뭉치고 친척이 화기롭게 지내던 것이 우리 옛 전통의 가풍이었다면, 핵가족 제도에서 나타난 개인적이며 합리적 생활 태도는 종적 가족 관계는 말할 것도 없고 횡적인 형제애의 양상까지도 많이 바꾸어 놓고 말았다.

　네 것, 내 것을 분명히 하고, 각자 분가하여 독립 정신으로 살아가는 오늘날의 형제 관계가 더 바람직하지 않느냐는 의견도 물론 옳은 점이 있다. 그러나 옛날의 형제 관계는 피와 살을 함께 나누었다는, 보다 진한 의식 속에 맺어졌었다.

　다분히 감정적이며 본능적인 이러한 관계 의식에도 문제가 없는 바 아니다. 그러나 네 일을 내 일로 생각하고, 너의 아픔을 나의 아픔으로, 너의 기쁨을 나의 기쁨으로 받아들이던 우리의 옛 형제애의 갸륵함을 깡그리 부정하려는 태도는 우리의 가정, 우리의 모든 인간 관계를 보다 차갑게 만드는 요인이 되리라고 본다.

　초등학교 책에도 실려 있는 정다운 형제 이야기는 언제 들어도 감동적이다.

　가을 추수가 끝난 후 형은 새로 살림난 동생을 염려하여 벼를 져다가 동생네 논에 몰래 두고, 동생은 가족이 많은 형을 위하여 자기 벼를 형님 논에 몰래 가져다 두다가 결국 형제가 중간에서 만난다는 이야기 -

　이런 아름다운 이야기가 오늘의 청소년들에게는 과연 어떻게 받아들여질까.

　가끔 형제들이 다투는 때가 있으면 옛 어른들은 우선 형에게 "너는 형이면서 동생을 사랑하지 않고 어째서 다투느냐."고 나무람을 하셨다. 그러면 동생이 자기 역성을 하는 줄 알고 우쭐하기 마련인데, 이번에는 동생을 향하여 "너는 형보다 나중 난 동생이면서 어째서 형에게 덤비고 다투느냐."고 꾸중을 듣게 마련이었다.

이러한, 얼핏 보아 대단히 비합리적 교육 방법이 그러나 대단히 따뜻하고 두터운 형제애를 마련해 내었다고 하면, 나아가 그것이 인정 있는 사회를 이루고 그 인정에 바탕을 둔 아름다운 삶이 우리들에게 있었다고 하면, 아무리 우리가 우주 시대를 살더라도 온고이지신(溫故而知新)이라는 말을 마음에 새겨 두어야 하지 않을까 싶다.

사치와 허영

　인간의 역사가 있으면서, 또한 고도한 인간의식의 발로로서 도덕과 윤리의식이 정립되면서 '사치와 허영'은 인간의 삶을 파멸로 몰고 가는 악덕으로 언제나 경계되어 왔다. 하면서도 이러한 경계의 가르침이 끊임없이 되풀이된다는 것은 결국 끊임없이 사치와 허영의 생활이 되풀이되었다는 말로 바꾸어 생각해 볼 수 있다.
　어떤 이가 이탈리아 여행을 하고 와서 고대 로마가 망할 수밖에 없었던 원인의 하나로서 거대하고 호사로운 목욕탕 시설을 들어 말하던 일을 잊을 수 없다. 사실 목욕을 한다는 일은 위생적이며 문화적인 행위이다. 물론 사람 아닌 짐승들도 목욕을 하지만 목욕탕을 짓고 여러 가지 시설을 갖추어 목욕을 하는 것은 사람만이다. 그러므로 일찍이 고대 로마인이 목욕탕을 꾸미고 목욕하기를 즐겼다는 것은 그들의 생활 정도와 문화의식이 그만큼 높았다는 이야기가 될 수 있다.
　그런데도 불구하고 목욕 문화의 발달이 로마 멸망의 중요한 요인 중의 하나로 꼽히는 것은 그것이 지나친 사치로 흘렀기 때문이다. 목욕이나 목욕탕이 그 본래의 기능 이상으로 호화로워져서 시간과 정력과 재산을 낭비하게 되었으니 마땅히 이는 한 국가의 붕괴를 재촉하는 원인이 되기도 하였겠지만 이것은 상징적 의미를 지닌 한 예시에 불과한 것이라고도 볼 수 있다. 즉 목욕탕 뿐만 아니라 다른

살아 있다는 것의 기쁨 · 27

모든 면에서도 목욕탕에 흡사한 사치와 허영의 물결이 범람하였을 것이니 그 왕궁이 제아무리 견고하고 풍요로웠다한들 지탱하기가 어려웠으리라는 것을 가리킨다.

사치나 허영이라는 것도 때와 장소와 경우에 따라 의미가 달라질 수 있다. 가령 여기 한 가난한 아낙이 찬거리 살 돈을 조금 아껴 한 송이 꽃을 사다 꽂았다고 한다면 이것을 어떻게 생각할 수 있을까.

이것도 어떤 의미에서는 호사요, 사치요, 사람에 따라서는 허영이라고까지 말할 수 있을 것이다. 그 아낙이 부유한 사람이었더라면 찬거리도 넉넉히 사고 또 꽃도 사다 장식하는 것이 분수에 넘치는 일이 아니지만 찬거리도 다 못 장만하면서 꽃을 산다는 것은 분수를 벗어난 일이므로 이는 사치요, 허영이라는 말이 타당성이 있을 수 있다.

분명히 가난한 아낙이 찬거리 살 돈을 축내어 꽃을 산 것은 사치스런 행위이긴 하다. 그러나 이것은 멸망의 불씨가 될 악덕으로서의 사치나 허영은 아니다. 이런 정신적 호사는 그야말로 사람이 사람일 수도 있는, 소위 육체와 동시에 영혼을 소유하고 있는 사람의 사람다움을 나타낸 행위라고 할 수가 있다. 이런 정신적인 호사가 있으므로 말미암아 우리의 삶은 한결 부드러워지고 그의 가치와 의미가 드높여질 수 있다.

우리가 경계하는 사치, 타매하는 허영은 이런 것을 가리키는 것은 물론 아니다. 말하자면 맹목의 소유욕이 고삐 풀린 말처럼 치달아 분수와 능력을 몰각한 것을 우리는 삼가야 할 사치와 허영이라 일컫는 것이다.

우리 사람은 누구라도 이런 사치와 허영의 병에 걸릴 우려가 대단히 많다. 이것은 사람이 얼마나 자기 중심적이며 얼마나 많은 욕망을 지니고 있으며 얼마나 커다란 탐심을 지니고 있는가를 자문해 봄으로써 명백해지는 사실이라 하겠다.

현대 산업사회의 물질주의 및 물량주의의 팽배는 이러한 사치와 허영에의 욕망을 더욱 부채질하고 있다. 한때 우리가 흔히 듣기도 하고 스스럼없이 말하기도 한 '소비가 미덕이다'라는 말은 그것이 풍요를 구가한 특정 사회의 발언이라 하더라도 이 세계의 그늘진 한쪽에 굶주리고 목마르고 헐벗는 사람들이 많이 있는 현실에서는 실로 죄 많은 이야기가 아닐 수 없다. 또한 그것이 온 세계가 모두 풍요롭고 모자람이 없는 데서 나온 발언일지라도 이는 과거를 잊고 미래를 사려치 아니하는 철없고 벌 받을 소리인 것이다. 인간은 저 혼자 사는 것도 아니오, 과거의 역사나 미래의 꿈과 단절되어 살 수 있는 것이 아니다.

조상과 후손을 잇는 고리로서의 나, 이웃과 이웃을 잇는 징검다리로서의 나라는 의식이 있다면 나, 곧 남이요, 이타 곧 이기라는 깨달음은 절로 이루어질 것이다.

요컨대 사치와 허영이란 자기 하나만을 위주로 하는 마음의 병이요, 자기 스스로 자기 마음을 다스릴 줄 아는 제어력 결핍에서 빚어지는 병인 것이다.

사회가 견실치 못하고 시대가 불안하며 사람들의 정신상황이 피폐하였을 때 역으로 겉을 호화롭게 꾸미고 분수에 벗어나게 허영을 부리는 사치와 허영의 병적 현상은 두드러진다. 욕망은 욕망을 불러일으키고 작은 욕망은 큰 욕망으로 불어나서 사치와 허영은 끝없이 치닫게 된다.

사치와 허영병의 제일 큰 비극은 바로 이 점에 있다. 단순히 그것이 한 사람의 생애를 망치고 이웃에 폐를 끼치는 것만도 무서운 일인데 그것만이 아니라 그 욕망은 결코 충족됨이 없어 끝이 없는 것이다. 굴려서 산정까지 올려도 다시 떨어지는 돌멩이를 끝없이 굴려야만 하는 시지프스의 노동이요, 먹어도 먹어도 늘 배고픈 귀신 아귀의 시장기가 곧 이 사치와 허영병이다.

이 병을 고치기 위하여는 어떤 수술이나 약의 힘도 무효이다. 즉 제도나 윤리 도덕률에 의하여 치유될 가능성은 희박하다. 그런 것은 잠정적으로 병을 은폐시키거나 거죽만 낫게 하는 정도에 그칠 뿐이다. 이러한 병의 뿌리를 뽑고 근본적으로 치유시키며 나아가 예방하기 위하여서는 종교와 교육의 힘이 절대적으로 요망된다. 종교에 의한 자아 성찰, 교육에 의한 각성으로 스스로를 견제하고 헛된 욕망을 다스리며 나보다 남을, 그리고 오늘보다 내일을 생각하는 큰 깨달음이 있을 때 이 병은 비로소 수그러들 수 있을 것이다.

오늘 우리나라에는 불교·기독교·천도교·이슬람교 등 여러 가지 종교가 있고 유아원에서 대학, 대학원까지 많은 교육 기관이 있다.

사랑을 바탕으로 하는 모든 종교의 정신, 그리고 지적·인격적 연마를 최고 목표로 하는 모든 교육이 그 본래의 사명을 다할 때 허영 사치병에 안 걸리는 저항력 있는 인품이 길러지리라 믿는다. 그런 의미에서 오늘의 종교와 종교인, 오늘의 교육과 교육자는 막중한 임무를 부여 받고 있다 하여도 과언이 아니다.

취직시험

　세상에는 수단과 방법을 안 가리고 일의 결과에만 집착하는 사람들이 적지 않지만 결과를 향하여 나아가는 경로를 더 중하게 여기는 사람들도 많다. 착하고 아름답고 진실된 의지와 방법으로 좋은 결과를 얻으려고 노력하는 것이야말로 진정 인간이 인간다워지는 것이라고 할 때 어떤 결과에 못지않게 그 경로를 중히 여기는 것은 자못 바람직한 일이 아닐 수 없다.
　취직시험은 우리가 어떤 사회의 신참자로서 그 관문을 통과하는 하나의 의식이라 할 수 있다. 그러므로 합격 여부에도 물론 신경이 쓰이겠지만 역시 최선을 다하여 자기의 역량을 발휘한다는 그 과정에 더 큰 비중을 두어야 하리라고 본다.
　형태는 다르지만 오늘날의 취직시험과 같은 일이 옛날의 수렵시대나 유목시대, 혹은 농경시대에도 분명히 있었다. 몇 마리의 짐승을 잡을 수 있느냐, 어떻게 짐승을 기르고 다룰 수 있느냐, 언제 어떻게 씨앗을 뿌리고 거두느냐 하는 것을 시험받은 연후에야 한 사람의 성인으로 인정받고 어떤 몫의 일이 주어졌던 것이다. 만약에 짐승을 잡을 줄 모르면서 전사(戰士)라는 이름만 얻었다면 그는 어느 사나운 짐승에게 역습당하고 말았을 것이며 만약 기르는 동물들을 잘 돌볼 능력도 없으면서 목동이 되기만 하였다면 그 동물들을 잘못

인도하여 죽이고 말았을 것이며 농사를 지을 줄 모르면서 농부가 되어서는 농사를 망치고 마는 결과를 초래하였을 것이다.

오늘의 취직도 마찬가지라고 생각된다.

자기가 취업하려는 직장이 과연 자기 성취를 위하여 바람직한 곳인가, 또 그 직업이 자기의 적성과 능력에 맞는 것인가를 잘 물어서 그 대답이 긍정적이라면 최선을 기울여 자기 실력을 과시할 수 있도록 준비를 하여야 할 것이다.

사람들이 흔히 직장에 흥미를 잃고 직업에 싫증을 내며 마지못해 일을 하는 경우로 떨어지는 것은 그 임금의 다과보다는 오히려 그 일로 인한 성취도의 결핍에 있게 마련이다. 그러므로 신중한 선택이 무엇보다 요청된다 하겠다.

취직시험에는 실력의 겨룸도 있지만 못지않게 인격의 향기도 문제된다. 대개 면접시험이라는 것이 비록 잠깐의 인상을 통하여서이지만 그 사람의 됨됨이를 살피는 과정이다. 행동이나 몸짓이나 말씨를 통하여 그 사람의 내면과 정신의 일면을 파악할 수 있기 때문이다. 그러므로 평소에 닦아온 자기의 모습을 유감없이 보일 수 있어야 하겠다. 그러나 여기 분명히 기억하여야 할 점은 지식의 축적도 하루아침에 쌓기 어렵지만 인격의 연마는 더 많은 시간과 노력을 요한다는 점이다. 요컨대 평소의 꾸준한 노력과 자기수련이 훌륭한 취직시험을 치를 수 있는 열쇠가 되는 것이라 하겠다.

슬기로운 사람들

삼국 통일의 대업을 성취한 신라의 정병(精兵)은 화랑이었다.

젊고 아름다운 소년들을 뽑아 화랑을 삼고, 경치가 아름다운 곳을 찾아 저들의 심신을 단련시키고 가르치는 다섯 가지 계율 가운데는 '임전무퇴' 라는 항목이 있었다.

전쟁에 임하여 물러서지 말라는 이 계율에 의하여, 꽃처럼 어여쁜 젊은 낭도들이 일단 전장에 나아갔을 때에는 맹호처럼 용맹스러웠고, 일당백의 투지로 적을 물리쳤었다. 적에게 사로잡힘을 수치로 알고 목숨이 다할 때까지 맹투하여 전사하는 장렬한 기백이 곧 화랑의 정신이었던 것이다. 이러한 화랑을 대표하는 인물로는 대장군 김유신을 비롯하여 수많은 현사(賢士)와 용장, 충신이 있었다. 이들은 하나같이 나라에 충성스럽고 대의를 위하여 소아(小我)를 희생시키는 겸허와 신의를 삶의 근간으로 삼았었다.

황산 싸움에서 백제의 대장군 계백으로 하여금 찬탄을 금치 못하게 하였던 소년 장군 관창이라든가, 15세의 어린 나이로 가야국과의 전쟁에 나가 무공을 세운 사다함, 백제와의 싸움에서 결사대장이 되어 전사한 비녕자와 그의 아들 거진, 이들 부자의 장렬한 전사를 보고 주인을 따라 함께 전사한 종 합절 등은 그 좋은 예가 될 것이다.

충의와 신의를 실천하는 화랑도정신은 높게는 임금과 대장군으로부터 아래로는 이름 없는 군사에 이르기까지 준수되어 저들의 씩씩한 기상과 기풍은 한국 고유의 신앙과 애국 충절의 정신을 이룩하였다.

용맹한 군대와 엄격한 교육, 강한 군사력을 자랑한 나라는 서양에도 있었다.

BC 1000년경 그리스의 한 도시국가를 형성하고 국가를 위하여 전사함을 최대의 영광으로 알며 불요불굴의 정신력과 강한 육체를 자랑하였던 나라는 스파르타였다.

그들은 7세가 되면 부모 곁을 떠나 공동 교육장에서 엄격한 국가주의 교육을 받았다. 그리하여 불필요하고 유약한 유아들을 죽이는 일까지 불사하였으며, 엄격한 훈련을 통하여 사치를 멸시하고 검소·질박·극기의 생활을 시켰다.

이러한 스파르타 교육과 스파르타 정신은 주변의 도시국가들을 차례로 정복하였을 뿐만 아니라, 마침내 강적 아테네를 항복시키기까지 이르렀던 것이다.

심신을 굳건히 단련시키며 애국 충절의 정신을 고취시키고, 죽음으로 국가 방위에 임하여 공(公)을 위하여 사(私)를 희생하는 점에 있어서 화랑도 정신과 스파르타 정신은 일맥 상통하는 점이 있다. 또 이 정신들에 의하여 신라는 삼국을 통일하였고, 스파르타는 소수인으로써 다수의 노예와 토인을 지배하였으며 아테네와 자웅을 겨루는 강한 국가를 설립하였다.

그러나 신라와 스파르타 두 나라는 일견 상통하는 요소가 있으면서 근본적으로 판이하게 다른 점을 가지고 있다.

신라의 화랑 오계(五戒)에는 '임전무퇴'라는 항목과 더불어 '살생유택'이라는 항목이 있었다. 살생을 가려 하라는 말은 임전무퇴와는 어긋나는 말같이 들리겠지만, 바로 여기에 무릇 모든 생명에의 경외를 지니며 사람의 권위를 존중할 줄 안 신라인들의 위대한 정신성이 있는 것이다. 그러기에 이들이 강력한 고구려나 난만한 문화를 꽃피운 백제에 앞서 삼국을 통일하는 위업을 달성할 수 있었던 것이다. 모든 것을 국가와 의무와 명예로 귀착시켜 엄격한 생활 태도와 강력한 정신으로 무장하였던 스파르타주의는 한때 그리스의 지배권을 잡은 적도 있지만, 그들이 너무나 잔인하고 난폭하였기 때문에 오래지 않아 반란에 의하여 패배당하고 말았다.

신라의 승리와 스파르타의 승리 사이에는 실로 하늘과 땅 같은 차이가 있다고 하겠다. 참혹한 무력이 곧 승리가 아니며, 잔인한 군사가 곧 용기 있는 병정은 아닌 것이다. 전장에서는 사자같이 무서운 군인일지라도, 한 송이 풀꽃의 아름다움을 아껴 감히 꺾지 못하며 한 마리의 개미를 밟아 죽이기를 저어하면서도 국가 민족을 위해서는 목숨을 초개같이 내던질 수 있는 군인이야말로 정녕 영원히 죽지 않는 용기 있는 군인이 아닐까 하고 생각해 본다.

무력은 강제로 사람을 지배할 수 있을지는 몰라도 정신적인 항복, 옳은 의미의 정복을 꾀할 수는 없다.

목숨이 소중한 줄 알기 때문에 또한 그 목숨을 버릴 때엔 버릴 줄 알며 목숨의 값어치를 제대로 찾을 줄 알았던 신라의 화랑도 정신이야말로 슬기에 기반을 둔 훌륭한 가르침이었던 것이다.

그리고 이러한 정신은 비단 아득한 옛날 신라 시대에만 값어치가 있었던 것이 아니라 양의 동서, 때의 고금을 막론하고 슬기로운 백성, 슬기로운 군인이라면 그 영혼 깊이에 항시 충만하여 있을 정신인 것이다.

인간다움

　요즈음 누구에게서나 자주 듣는 말로 '비인간화'라는 말이 있다.
　이것은 인간의 기능이 극도로 분화 내지 전문화된 현대 산업 사회에 있어서의 인간의 기계화를 가리키는 말이 아닌가 한다. 또는 현물주의나 배금 사상에 광분하는 현대인의 어떤 속성을 가리키는 말이기도 할 것이다.
　재미난 것은 인간이 조직 사회의 한 구성인자로서 개성을 잃어버린 경우나 기계 문명 시대에 있어 불가피한 물질주의에의 경도(傾倒)를 한결같이 인간 스스로가 '비인간화 현상'으로 간주하고 있는 점이다.
　그러나 따지고 보면 '비인간화'란 현대 사회에서만 나타난 현상은 아니라는 점이다. 인간을 이성적 존재로 파악하던 시대에 있어서는 감정에 치우치는 인간은 비인간이었을 것이며 절대 유일신을 받들던 사회에서는 불완전한 피조물로서의 원죄를 인정하지 않는 자 또한 비인간이었을지도 모른다. 인·의·예·지 사단(四端)을 인간의 본성이라고 보는 인간관 앞에 그 본성을 갈고 닦지 못하여 미망에 헤매는 자 또한 바른 인간으로 간주되지 않았을 것이다. 한데 시간이 흐른 오늘, 인류 역사를 정시하는 시선 앞에 과거의 비인간을 규정하였던 표준 척도로서의 인간 역시 비인간이라는 점은 그냥 웃고 넘길 수만은 없는 일이다.

그러기에 어떤 철학자는 중간자로서의 인간 - 신과 동물의 중간적 존재로서의 인간을 말하였고, 어떤 이는 이성과 감성 그 어느 한편에도 치우치지 아니한 중용의 인간을 가장 이상적인 인간형으로 역설하기도 하였다.

그리고 보면 신성(神性)에 치우친 자도 비인간이고 수성적(獸性的) 인간도 인간 이하라고 할 것이다. 영혼과 육체를 공유하고 이성과 감성의 조화를 이루고 있는 것이 바로 인간이라는 말로 성립될 수 있을 것이다.

오늘날 인간의 비인간화 현상이 두드러지게 나타난다고 하는 것은 결국 인간이 어느 한쪽으로 기울어진 기형아가 되었다는 이야기가 된다. 때문에 인간이 보다 인간답기 위하여서는 기울어진 균형을 바로잡는 일이 필요한 것이다. 부처님과 야차, 그 어느 편도 아니면서 불성(佛性)과 악마의 마음을 동시에 가진 인간의 신비성을 부인해서는 안될 것이다.

현대 사회에 있어서의 인간이 기계처럼 기능화되었다고 하여도 거기 그 기능을 뒷받침할 수 있는 심오한 이념과 철학이 있다면 비인간화 현상이라고만 단정지을 수는 없는 것이다. 문명의 이기를 향유하고 사는 현대인들이 설사 물질의 풍요를 구가하고 있다 할지라도 물질만이 만능이라는 근시적 사고를 지양하고 견제할 수 있는 정신력이 있다면 굳이 비인간적 배금주의라는 지탄을 받지는 않을 것이다.

요는 사유가 결핍된 기능주의, 영혼을 배제한 물량주의의 범람이 현대인을 인간 이하로 타락시키거나 인간 아닌 것으로 변모시키는 것이 아니겠는가. 그러나 인간은 육체를 가진 것처럼 영혼을 가졌으며 그 본능적 욕구를 부정할 수 없듯이 꿈을 가진 이상주의자임을 부정할 수 없다.

현대의 지성이나 종교의 사명 또한 이러한 인간의 본성을 깨우치는 일이며 그러한 본성을 깨우침으로 말미암아 사랑과 존엄의 인간 본래 모습을 되찾게 하는 일이 아닐까 생각해 본다.

어떻게 살 것인가

불교에서는 연기설(緣起說)과 윤회설(輪廻說)을 말한다. 또 기독교에서는 내세를 믿으며 영혼의 불멸을 말한다. 그러나 이러한 믿음을 갖지 않은 대다수 사람들에게 있어서는 목숨은 한 번 뿐이며 삶 또한 한 번으로 끝난다. 따라서 종교인들이 내세를 걱정하는 것 이상으로 일반 사람들에게 있어서도 한 번 뿐인 삶을 어떻게 살 것인가 하는 것은 실로 무겁고도 심각한 명제이다.

아주 특수한 경우를 제외하고는 모든 사람들이 '어떻게 살 것인가' 라는 물음을 가졌을 것이며 또 이 문제 때문에 고민하지 않는 사람은 아마 아무도 없을 것이다.

그러기에 우리는 앞서 살아간 분들의 삶의 족적을 살피고 훌륭한 분들의 언행록을 읽고 어떤 삶이 영광스러웠으며 어떤 삶이 욕되었던가를 배운다. 또한 주변을 둘러보아 다른 사람들이 어떻게 살아가고 있는가를 주시하며 비판하기도 한다.

그래서 앞사람보다는 조금 더 발전적인 삶, 다른 사람이 겪은 시행착오를 거울삼아 자신의 삶을 되도록 완벽히 성취시키기 위하여 노력한다. 자기의 삶의 좌표와 뜻을 세우고 그의 달성을 위하여 매진한다. 이리하여 어떤 사람은 입신양명을 최고목표로 삼기도 하고 어떤 사람은 금만가가 되려 하고 또 어떤 이는 새로운 창작을 하고 어떤 이는 살신의 헌신을 한다. 그리하여 권력을 잡고 세상을 경륜하는 정치가가 있는가 하면 만금을 쌓는 부자가 있고 학자·예술가가 있는가 하면 성직자가 있다.

다원화된 현대사회에 있어서는 사람들 삶의 목표나 삶의 방향이나 삶의 양태가 너무나 다양하다. 그리고 그 삶은 하나같이 개성적이어서 어느 삶을 다른 삶에 견주어 우열을 따진다는 것이 무용하며 우둔하게도 생각된다.

이렇게 다양하고 개성적인 사람들의 삶인 것이 사실이지만 그것이 어떠한 삶이든 그 밑바닥에는 기본이 되는 몇 가지 성정이 있는 것을 알 수 있다. 곧 성속(聖俗), 미추(美醜), 선악(善惡), 진위(眞僞)가 그것이다. 삶의 질을 간단하게 도식화할 때 이렇게 정리할 수 있다면 우리는 한 번 뿐인 우리의 목숨을 되도록 참되게, 아름답게, 착하게 그리고 성스럽게 살아가도록 노력하여야 하겠다. 원래 사람의 모든 능력이 온전한 것이 못되고 또 사람의 마음이라는 것이 한없이 가변적인 것이어서 훌륭한 목표를 세우고서도 무산되는 일이 허다하지만 그러나 그 지향점만은 항상 이런 것에 두어야 하리라 믿는다.

그 위에 한 가지 더 말하고 싶은 것은 삶의 목표 이상으로 그 경로를 중요시하자는 것이다. '모로 가도 서울만 가면 된다'고 하지만 절대로 '모로 간 서울'과 '바로 간 서울'이 그 성취감에 있어 동일할 수는 없는 것이다. 목적을 이루고도 부끄럽고 후회로움이 많은 것보다는 비록 목적을 다 못이루었다 할지라도 그 경과에 최선을 다한다면 목적 달성 이상의 기쁨이 있을 것이다.

다시 되풀이 말하거니와 목숨은 한 번 뿐이고 한순간 지나치면 다시는 되돌릴 수가 없다. 시간은 물같이 흐르고 흘러가버린 시간을 되찾을 길이 없다. 한순간 한순간을 천금같이 아끼며 한순간 한순간을 최선을 다하여 살 때 그 삶 전체의 결산은 성공적인 것이 될 것이다.

생명의 존귀함

 '나는 나무에서 잎사귀 하나라도 의미 없이는 뜯지 않는다. 한 포기 들꽃도 꺾지 않는다. 벌레도 밟지 않도록 조심한다. 여름밤 램프 밑에서 일할 때 많은 벌레들이 날개가 타서 책상 위에 떨어지는 것을 보는 것보다는 차라리 창문을 닫고 무더운 공기를 호흡한다.'
 이것은 20세기의 성자 알베르트 슈바이처 박사가 한 말이다. 생명에의 외경을 윤리감의 주된 표현으로 본 그의 철학을 실천하는 거룩한 사례를 우리는 여기에서 본다.
 요즈음 들어 급격히 늘어난 신문 사회면의 타살·자살 혹은 동반 자살 등의 끔찍하고 우울한 기사들을 대하며 문득 나는 슈바이처 박사의 이 사랑의 정신과 사랑의 실천을 생각해 보게 되었다.
 정녕 생명이란 하잘것없는 미물의 것이라 하여도 더할 수 없이 소중한 것이다. 왜냐하면 그것은 단 한 번의 단 하나 뿐인 것이기 때문이다. 아차하여 잃어버리면 그것은 다시는 되돌려 받을 수도 찾을 수도 없는 것이다.
 또 그것은 그 무엇과도 바꿀 수가 없는 것이다. 어떤 현명한 슬기로도 생명은 바꾸어지지 않으며 권위나 완력이나 황금, 그 어떤 것으로도 생명은 사지지 않는다. 그러므로 생명은 귀하고도 신성한 것이다.
 우리가 조그만 한 송이 풀꽃이나 한 마리 벌레를 관찰해 보아도 그 생명의 발아와 형성 과정은 실로 신비하기 그지없다. 한 톨 씨앗이 싹이 터서 다시 씨앗을 맺기까지, 벌레가 알을 낳아 많은 새끼를 치기까지, 거기에는 불가사의한 어떤 힘이 작용하는 것을 알게 된다.

 미물의 생명도 그러한데 하물며 사람의 목숨이야 더 말할 필요조차 없을 것이다. 한데도 불구하고 오늘 우리는 목숨을 너무나 가볍게 보고 스스로 천하게 타락시키고나 있지 않은가. 슈바이처 박사 같은 분은 램프에 부딪쳐 죽는 하루살이의 목숨마저 안쓰러워하였는데 사람이 사람을 죽이고도 예사롭고 자기 목숨 끊는 것은 무슨 권리 행사처럼 생각하며 더더구나 가족 집단 자살, 그중에도 어린 자식들을 동반하고 함께 죽는 것을 부모나 어른으로서의 당연한 의무처럼 생각하는 풍조는 개탄하여 마지않을 일이다.

 타살이나 자살을 하지 않을 수 없는 궁지에까지 몰렸을 때야 그것은 물론 모든 이성이 마비된 극한 상황이었음에 틀림없었을 것이다. 그러나 어떤 이유를 내세워 합리화하려 하여도 목숨을 없애거나 포기한다는 것은 커다란 죄악임에 틀림없다. 또한 어떠한 극한 상황이라 하더라도 목숨을 버리는 것이 최선의 방법은 아닌 것이다. 목숨을 스스로 끊거나 남의 목숨을 빼앗을 그런 용기와 담력으로 다시 한 번 세상을 개척한다면 아무리 험난한 간난의 가시밭길에서라도 활로는 찾아지는 것이다.

 귀똘이
 귀똘이
 귀똘이가 타이른다

목숨은
　　목숨은
　　아껴야 하네 라고

　　귀똘이
　　귀똘이
　　귀똘이가 타이른다

　청마(靑馬) 선생의 〈귀똘이〉라는 시이다. 귀뚜라미의 울음소리에서조차 생명의 존귀함을 들어서 깨달은 시인의 마음의 귀와 그 맑은 심혼이야말로 오늘의 우리를 다시금 소생케 할 묘약이나 아닐지.
　사람이 스스로 제 생명을 경시하면서 어찌 남의 목숨은 존경할 줄 알겠는가. 사람이 목숨을 우습게 여기면서 다른 미물의 목숨을 사람 목숨의 값어치와 동격으로 끌어올리는 위대한 연민과 동정이 어찌 솟아나겠는가. 이러한 정신 상태로는 일체 중생을 구제하려는 자비와 사랑의 종교도 모두 허구에 지날 뿐일 것이다.
　생명을 소홀히 다루고 생명의 존엄을 부인하는 개인이나 사회는 병리적 현상이 깊은 것이며 일종의 정신 착란적 증상을 내보이는 것이라 할 수 있다. 이러한 증상이 하루바삐 치유되어야만 인간의 위엄도 회복될 것이다.
　목숨이란 두 번 없는 것이기에 우리는 온 힘을 다하여 아름답고 향기롭게 가꾸지 않아서는 안 된다. 목숨이란 두 개가 아니기에 시행 착오를 줄이며 최고의 경영을 도모하지 않아서는 안 된다.

사람들이 흔히 생명에 대하여 말할 때 '굵고 짧게' 사는 것이 '가늘고 길게' 사는 것보다 값지다고 생각한다. 그러나 그렇지만은 않다. 가늘더라도 길게 산다는 것은 인생의 뜻과 우주의 본질을 보다 깊숙이 터득하는 지혜와 직결된다. 그러므로 우리는 길게 그리고 굵게 살도록 노력하지 않아서는 안 된다.

'사람이 만일 온 천하를 얻고도 제 목숨을 잃어버리면 무엇이 유익하랴'고 성경은 기록하고 있다. 삼라만상의 한 존재로서 생명은 있는 것이겠지만 생명이 없어지면 삼라만상 또한 무가 되는 것이다. 생명은 곧 창조와 사랑의 근원이다.

타살이든 자살이든 목숨을 끊게 하는 행위는 법률적 도덕적 윤리적 차원을 넘어서는 범죄이다. 그것은 자연 질서를 교란시키고 섭리를 거스르는 짓일 뿐만 아니라 인간이 비인간화한 본보기이다.

어떤 보물보다도 소중한 생명에 대한 따뜻한 눈길을 잃지 않은 데서 인간은 항시 구원받아 왔다. 위대한 사상이나 철학이나 예술이나 종교는 생명을 경시하지 않으며 생명에의 애정을 그 내면에 담고 있다.

그렇다. 생명 그것은 어떤 고난 속에서도 보호받아야 하며 어떤 난폭한 힘에 의하여서는 침해되어서는 안 된다. '잎사귀 하나라도 의미 없이는 뜯지 않는' 그런 성스러운 마음을 일깨우기 위한 인성 교육이 우리의 가정에서, 거리에서, 사회에서 이루어질 때 우리는 인간다운 세상을 이루고 인간다운 삶을 살게 될 수 있지 않을까.

스승

 선배 한 분께서 이런 이야기를 들려주신 적이 있다.
 '내 생애를 통해 가장 잊을 수 없는 스승은 초등학교 때 우리 학교에 근무하던 소사다. 나는 시골에서 초등학교를 다녔는데, 그 학교에는 다리가 불구인 소사 한 분이 있었다. 학교가 끝나고 학생들이 모두 돌아가버린 황혼녘이면, 이 소사는 자루를 메고 운동장을 돌아다니며 무엇인가를 열심히 주워 담곤 했다.
 어느 날 나는 몰래 그 자루를 열어 보았는데 그 속에는 사금파리며 돌멩이며 유리 조각들이 가득 들어 있었다. 그분은 맨발로 운동장에서 뛰어 노는 우리들이 다칠까 봐 하학 후면 매일 이런 것을 줍고 있었던 것이다.'
 나는 이 이야기를 오랫동안 잊지 않고 있으며 시간이 흐를수록 이 이야기가 주는 감동은 커진다.
 해박(該博)한 지식과 훌륭한 이론을 지식과 이론 그 자체로 가르치는 스승은 많으나 몸소 실천함으로써 가르치는 스승은 드물다. 진실로 내가 내 가족에게 내 이웃에게 나 이후에 오는 수많은 후손에게 입으로는 무엇을 가르치며, 행위로는 또 무엇을 가르치는가.
 혹 정의를 가르치면서 불의를 행하지나 않는가? 착하게 살라면서 악덕을 저지르고 있지나 않은가? 박애를 부르짖으면서 착취를 일삼고나 있지 않은가? 우리는 곰곰이 생각해 볼 일이다.

우리가 석존(釋尊)이나 그리스도를 숭앙해 마지않는 큰 이유의 하나는 그분들이 지녔던 신념의 실천과 언행의 일치에 있는 것이 아닐까. 오늘 우리 사회에서 일어나고 있는 끔찍한 범죄와 갈등과 모순과 부조리가 모두 우리의 가정 교육, 학교 교육, 사회 교육의 부족과 잘못에 기인하는 것이라면, 이제 가장 절실하게, 그리고 시급히 요청되는 것은 거창한 이론의 주인이 아닌, 저 운동장의 사금파리를 줍는 것과 같은 사랑의 교육이요, 실천의 스승이 아닐까.

그리고 사람의 생명을 가꾸고 드높이는 막중한 임무를 맡으며 그 중에도 인성(人性)이 형성되는 청소년기의 학생들에게 지대한 영향을 미치는 것이 교사라고 할 때 교사직은 여러 부면에서 다른 직업과는 구별되는 자질과 자세를 요한다고 하겠다.

뿐만 아니라 지식의 축적과 아울러 인격의 도야라는 교육 본래의 사명을 완수하는 교사가 될 수 있을 것이며 이때 비로소 '선생은 있되 스승은 없다'는 비난은 사라질 것이다.

물같이 흘러서

어렸을 때 나는 이런 말을 들은 적이 있다.
'어려서는 신동, 커서는 준재, 어른이 되어서는 둔재.'
나는 이 말을 들으면서 의문을 가졌었다. 신동이 어찌 준재로 변할 수 있으며 둔재로 영락할 수 있을까 하는 의혹이 생겼기 때문이다. 사람은 나이가 들수록 모르던 것을 많이 배우게 되고 또 견문과 체험이 넓고 깊어져서 점점 더 현명해진다고 하면 이는 수긍할 수 있겠지만 점점 더 어리석어진다는 말은 자못 의문스러운 것이다. 수많은 경험의 축적이 인간의 지혜라고 한다면 경험의 폭이 넓고 깊이가 깊어질수록 현명해질 것임에 틀림없을 것이겠기에 말이다.
그래서 나는 이것이 처음부터 신동 아닌 사람을 신동으로 잘못 파악한 데서 비롯된 오류일 것이라고 생각하였다. 정말 천재이거나 신동이라면 커서도, 어른이 되어서도, 또 늙어서도 신동이어야만 하고 또 천재일 것임에 분명하다고 생각하였다.
그런데 한참 세월이 흐르고 난 뒤에 보니까 이상하게도 어렸을 적에 신동이나 천재로 불리었던 사람들 중 많은 사람들이 아주 평범한 보통 사람으로 변했을 뿐만 아니라 오히려 평범 이하의 사람이 되어 어디론가 숨어 버린 것을 발견하고는 깜짝 놀라게 되었다.
어렸을 때, 많은 이들의 기대와 촉망 속에서 선망의 대상이 되었던 빛나던 그 별들이 어느 하늘 아래에선가 유성처럼 져버린 것을 생각하니 이상한 무상감과 함께 '어려서는 신동, 커서는 준재, 어른이 되어서는 둔재'라는 말을 새삼 곱씹어 보게 되었다.

생각해 보면 뛰어난 신동이 범속한 둔재로 화하는 데에는 여러 가지 이유가 있겠지만 그 이유 중에서도 크게는 두 가지로 나누어 생각해 볼 수 있겠다.

첫째는 그러한 신동이 그 역량을 십분 발휘하고 더욱 발전, 성장할 수 있는 주변 여건이 갖추어지지 못하였을 때 그 재능은 박제가 되어 버릴 수밖에 없는 경우가 있다. 말하자면 눈 하나 가진 애꾸의 세계에서 눈 두 개 가진 이가 소외되듯이 천재는 한없이 외롭고 권태롭게 일반성·보편 타당성 등에 적응하려 애를 쓰게 될 것이다. 이런 경우에는 시대나 사회, 혹은 속된 규범이 천재를 죽인 것이라 할 수 있다.

둘째는 그 원인이 외적인 데에 있는 것이 아니라 오히려 그 사람 자신 속에 있는 경우를 들 수 있다. 사람이 타고 난 자기 재주만을 믿고 노력을 게을리하였다면 아무리 천재라고 하여도 어떤 한계에 부딪치지 않을 수 없는 것이다.

특히 오늘날처럼 새로운 지식과 새로운 정보의 물결이 거대한 홍수를 이루어 쏟아지는 상황에서의 천재란 어쩌면 타고 나는 명민함보다 끊임없는 끈기에 연결되는 것이 더 많을지도 모른다. 천재란 1퍼센트의 재능에 99퍼센트의 노력이라는 말을 굳이 끌어 오지 않더라도 평생을 배운다는 자세로 일관하지 않는 한 아무리 우수한 천재라도 둔재로 전락할 위험성이 매우 큰 것이다.

그런데 여기에 문제가 되는 것은 인간이라면 그 누구도 피할 수가 없는 늙음이라는 것이 또한 우리를 가로막고 있다는 것이다. 결국 생명의 유한성을 말하게 되는 것이겠는데, 사람은 늙으면 어차피 그 육체가 쇠하고 기억력이 감퇴되어 건망증이 늘어나기도 한다. 이해력이나 추리력에 있어서는 더 나아지는 면이 있다 하여도 기억력이나 상상력 등은 젊은 시절에 뒤질 수도 있는 것이다. 그러므로 뛰어난 기억력과 더불어 엉뚱스럽고 기발한 착상이 사람들을 놀라게 하는 어린 시절의 신동이 나이 들면서 범인으로 되는 수가 많은 것은 충분히 있을 수 있는 일인 것 같다.

천재나 신동이라 불린 사람도 그렇거늘 하물며 지극히 평범한 보통 사람에게 있어서야 변화 무쌍한 이 시대를 살아가면서 열심히 배우고 끊임없이 노력한다는 자세를 갖추지 않고는 자기도 모르는 사이에 인생의 낙오자가 될 가능성이 크다.

그러면 어떻게 살고 어떻게 노력하여야만 뒤떨어지지 않고 자기 성취를 이룰 수 있을까?

자칫 이 물음에 잘못 대답하면 우리는 자신을 일생 경주마처럼 헛된 경쟁의 마당으로 내몰 우려마저 없지 않다. 그렇게 되면 부질없이 자기를 소모하고 낭패하는 인생이 되기 쉬울 것이다.

흐르는 물을 보고 있으면, 그 흐름에는 과정이 있다. 맨 처음 물의 시원은 깊고 깊은 산골짝의 조그만 옹달샘이기도 하지만 그것은 곧 실개천을 이루고 다시 냇물을 이루고 큰 강을 이루고 마침내는 넓고 넓은 바다를 이루어 출렁인다.

인생에도 이러한 과정이 있다고 생각한다.

유년기와 청년기, 장년기와 노년기라는 과정을 우리는 일반적으로 생각한다. 물의 흐름에 있어서처럼 인생의 흐름에서도 각 과정에 따라 그 성숙도나 삶의 양상은 변모하여 그때마다 욕망과 사명도 다르기 마련이다.

　20대의 이상이 그대로 30대나 40대에 계속될 수 없으며, 장년기의 안정과 진중함을 우리는 청년기에 갖출 수는 없는 것이다. 그러므로 가장 잘 사는 사람이란 때의 흐름에 따른 소명과 성취를 달성하는 사람이라고 하겠다.

　많은 것을 배우고 건강을 가꾸고 하여야 할 청년기를 만약 소홀히 지낸 사람이 있다면 그의 장년기나 노년기가 어떠할 것인가는 상상이 되고도 남을 것이다. 노년기에 접어들고서도 아직도 어린이처럼 무모하고, 분별없고, 사려 깊지 못하다면 그는 영원히 유아기에 머문 사람일 것이다.

　물처럼 흐르는 인생에서, 그 흐름의 과정에서 우리가 무엇을 받아들이고 또 무엇을 거부하여야 하는 것인가를 똑똑하게 간파하는 것이야말로 인생을 성공적으로 경영하는 첩경이 될 것이다.

　인생, 그중에서도 가장 빛나는 계절이 청년기라고 할 때에, 바로 지금 이때에 하지 않으면 안 되는 것이 무엇인가를 얼른 알아내어야만 하겠다. 그리고 그것을 과감하게 실행해 나아가야 하겠다.

　자칫 옆으로 흐르려는 자신을 추슬러 더 열심히 공부하고, 더 열심히 자기의 육체를 단련하고, 지금 이 순간을 놓치면 다시는 그 일을 되돌려 할 수 없는 일을 해내도록 하여야겠다.

　그렇다. 인생은 물같이 흘러서 사라지는 것. 어떤 힘으로도 때의 흐름을 막을 수는 없으니 인생, 그것이 참으로 덧없는 것으로 끝나지 않게 하기 위하여서, 그리고 인생의 전 과정을 실패 없이 살기 위하여 오늘 이 순간을 보다 충실히 살아가야겠다.

청어 배 딸 녀석

　살아오는 동안에 나는 주변의 여러분들께 실로 많은 것을 배워왔다. 오늘의 나를 이루고 있는 모든 것은 따지고 보면 가르침을 받아 이룩된 것이 아닌 것이 없다.
　그것은 지식의 면에만 국한되지 않고, 교양이나 인격을 연마하는 일에까지 미침은 더 말할 것도 없고, 또 나를 가르쳐 주신 분으로 말하더라도 학교의 선생님들로부터 집안의 어른, 옛날 이야기를 들려주던 이웃 할머니에 이르기까지 스승 아닌 분이 없었다. 이러한 스승은 여태까지의 나의 삶에 있어서 뿐만 아니라 앞으로의 나의 삶에도 역시 많은 영향을 미치고 계속 새로운 것을 배워 깨닫게 해주리라 믿는다.
　스승들이 베푸신 좋은 가르침, 잊을 수 없는 말씀, 바른 길로 인도해 주신 타이름 등이 수없이 많아 살아가면서 난처하고 당혹스런 일을 당할 적마다 이들은 모두 나에게 어떤 지혜를 일깨우기도 하고 자칫 넘어지려는 자신을 세우는 지주가 되어 주기도 하였다.
　'청어 배 딸 녀석'이라는 말씀 역시 잊을 수 없는 말씀 중의 하나이다. 그때 나는 중학생이었고 교육 방법의 대부분은 교실에 앉아서 받는 주입식이었다.
　따라서 기억력의 우수함은 곧 우등생이 될 수 있는 첩경이었다.

우리는 무엇이나 다 암기함으로써 문제를 해결하려 하였다. 마땅히 암기하여야 할 영어 단어나 역사 과목이나 수학 공식 이외에도 영어 해석문이나 수학 문제 답까지 외워 대는 형편이었다.

그랬기 때문에 선생님께서 영어의 한 구절을 살짝 빼어 놓거나 수학 문제의 수치를 하나쯤 바꾸어 놓으시면 그것을 모르고 없는 문장도 해석하며 엉뚱한 수학 계산을 해놓는 일이 많아 크게 웃기도 하고 꾸중을 듣는 일도 있었다.

이런 사정이었으므로 우리들이 외워야 할 것들은 이루 헤아릴 수가 없었다. 이때 L선생님은 우리에게 지리를 가르치고 계셨다. 연세도 다소 높으시고 더욱이 그 따님이 우리 학년에 함께 다니고 있어서 꼭 아버님같이만 느껴졌다. 어쩐지 좀 여유도 있으신 것 같고, 또 우리가 숙제를 못다 해 와도 매를 때리시는 일이 없었다. 외우고 공부해야 할 숙제는 많은 판에 제일 무서운 선생님 과목부터 해가노라면 L선생님 과목은 맨 나중으로 미루어지기 마련이었고 따라서 L선생님 시간이면 어름어름 더듬기가 일쑤였다.

"정어리가 많이 잡히는 어장은 어디 어디냐?"
"비료 공장이 있는 곳은 어디냐?"
등등의 질문에 우리는 항용 엉뚱한 곳을 대기 마련이었다.

그렇게 되면 으레 교실 안은 웃음의 도가니로 변하였고 선생님께서는 우리에게 주먹 알밤을 먹이시면서,

"에이, 청어 배 딸 녀석들아."
하고 호통을 치시곤 하였다.

그런데 그때 나는 '청어 배 딸 녀석들'이라는 말씀이 분명히 꾸중

의 말씀이신 것은 알겠는데 그 참뜻이 무엇인지도 몰랐고 또 굳이 그것을 알려고 하지도 않았었다.

훨씬 세월이 흘러버린 후였다. 오랫동안 우리나라 해안에서 자취를 감추었던 청어들이 다시 잡히기 시작하였다. 어느 날, 어머님께서 청어를 사오셔서 청어 구이를 만드시는데 이상하게도 배를 따지 않으셨다. 모든 생선은 일단 배를 가르고 내장을 처리한 다음에 장만하는 것인 줄만 알아왔는데 너무나 이상하여 여쭈어 보았더니,

"청어는 알이 소중하므로 배를 따지 않고 요리하는 것이다."
라고 하셨다.

그때서야 나는 오랜 옛날 선생님께서 우리들이 어림짐작으로 엉뚱한 대답을 하였을 때 '청어 배 딸 녀석'이라고 나무람하신 뜻을 깨닫게 되었다.

모든 생선은 다 배를 가르니까 청어도 으레 그러려니 하는 눈치와 짐작으로 청어의 배를 따는 엉뚱한 녀석들이라는 뜻이었던 것이다. 확실히 알지도 못하면서 아는 체한 데 대한 꾸중이기도 하였다.

나는 그 후 지금까지 살아오면서 이 '청어 배 딸 녀석'이라는 말씀을 자주 자주 생각하고 새기는 일이 많아졌다.

혹 내가 적당히 타협하고 싶을 때, 혹 내가 불분명한 지식으로 자기를 과시하려는 만용을 부릴 때, 혹 내가 참견하지 않아도 좋을 일에 참견하려 들 때, 혹 내가 잘 알지 못하면서 체면상 아는 척하려고 할 때 '청어 배 딸 녀석'이라는 말씀은 양심의 거울이 되어 부끄러운 나를 비추고 아픈 매가 되어 덤비는 나를 견제하는 것이다.

사실 우리는 살아가면서 청어 배를 따는 일이 너무나 많다. 더욱

이 인생의 문제에 있어서는 각 경우가 저마다 다르고 또 문제마다 그 양상이 다름에도 불구하고 그 모든 것을 한 개의 척도로 재는 오류를 우리는 자주 범하는 수가 있다.

'청어 배 딸 녀석'이라는 말씀은 비단 자신의 삶에만 영향하는 것이 아니라 내가 다른 남을 이해하고 남의 처지와 생활을 이해하는 데 있어서도 어떤 획일적 시선을 거세하는 좋은 충고의 말씀이라고 생각한다.

더구나 나는 앞으로도 계속 청어 배를 따는 잘못을 무수히 저지를 가능성이 있기에 이 말씀은 두고두고 나를 가르치는 교훈이 되리라 믿는다.

윤 선생님 생각

유년기의 추억은 항시 아름답다.

그러기에 릴케 같은 이는 우리가 설사 감옥에 갇히게 되더라도 유년기의 추억을 지니고 있는 한 외롭지 않을 수 있다고 하였는지 모른다.

6·25전란 통에 말할 수 없는 어려움을 겪고 자란 나의 유년기는 그야말로 상처 입고 멍든 시기라고 할 수 있겠으나, 오늘에 와서 돌아보면 그 추억 역시 아름답고 또한 아득한 그리움마저 느끼게 된다.

영사막처럼 펼쳐지는 추억의 자락 위에 커다랗게 확대되는 얼굴 중에는 담임선생님이셨던 윤 선생님의 젊고 쾌활한 모습이 있다.

우리 반은 요즈음 소위 우열반 가림에서 보면 열반 중의 열반으로 공부도 전교의 꼴찌, 청소도 환경 미화도, 체육⋯⋯ 무엇이나 다 꼴찌로 유명하였다. 이런 우리 반을 담임 맡으려는 선생님은 안 계셨고 그야말로 가려 뽑혀서 우리 반을 맡은 선생님은 일 년 내내 고전을 면치 못하였다.

5학년이 되었을 때 새로 부임한 윤 선생님이 우리 담임선생님이 되셨다. 멋모르고 맡았다가 나중에야 유명한 꼴찌반인 것을 알고 항의를 하였지만 어쩔 수 없는 노릇이었다.

별수 없이 담임을 맡은 윤 선생님은 다음날부터 새벽 여섯시면

출근하여 학생들에게 가르칠 것을 칠판 가득 써 놓고 기다리셨다. 그러면 학생들은 일곱시에 등교하여 다른 학생들보다 한 시간 먼저 공부를 시작하였다. 또 방과 후에는 우리 반만 남아서 체육 훈련을 하였다. 청소도 다른 반이 30분 할 것이면 우리는 한 시간이나 두 시간을 더 하였다.

처음에 우리들은 게으름과 타성에 젖어 있어서 그냥 선생님이 두렵기만 하였다. 선생님이 너무 무섭기 때문에 억지로 안 할 수 없어서 고삐에 매인 소처럼 따라갔다.

그러나 한 학기가 지났을 때 놀라운 기적이 일어났다. 우선 발도 잘 못맞추던 반이 체육은 단연코 전교 1등의 반으로 부상한 것이다. 뿐만 아니라 환경 미화와 청소도 1등 모범반이 되어서 교장실 청소와 학교 현관 청소를 맡게 되었다. 갑자기 잘 안 되는 것이 공부였는데 드디어 1년이 지났을 때는 학력고사에서 그 학년 최고의 반이 되었다.

이것은 학교 전체의 화제가 되었음은 물론, 우리들은 너무나 기뻐서 겅중겅중 뛰었다. 그로부터 선생님과 우리들은 일심동체가 되어 자신감을 가지고 모든 일에 임하게 되었다.

교장 선생님께서는 6학년에 다시금 윤 선생님을 우리 반 담임으로 임명하셨고, 우리들은 모두 박수를 치며 환호를 금치 못했다.

그러나 바로 6·25사변이 일어났고, 윤 선생님은 빛나는 소위 계급장을 달고 소대장이 되어 일선으로 떠나신 후 오늘까지 돌아오지 않고 있다.

윤 선생님께는 예쁜 애인도 있었다. 우리 아이들은 그것을 다 알고 있었으며, 대개의 여자 아이들은 선생님의 애인을 질투하기 마련이었다. 그러나 윤 선생님의 애인 조 선생님을 우리는 다 함께 사랑하였었다. 조 선생님은 1학년 반을 맡았는데, 우리는 그 반에 가서 환경 미화도 도와드리고 청소도 거들고 하며 우리의 깊은 애정을 나타내려 애썼다.

특별히 나는 우리 담임선생님과 조 선생님 사이의 심부름꾼으로서 두 분의 아름다운 만남에 오작교를 놓곤 한 셈이다.

두 분은 오래지 않아 결혼할 것을 약속하였고, 부모님들의 승낙도 모두 받아 놓고 있는 터였다. 그 다소곳하고 어여쁘고 꽃잎 같은 입술로 고요히 웃는 조 선생님을 두고, 윤 선생님은 꼭 돌아오리라 약속하였건만 반세기가 지난 오늘까지 아무 소식이 없다.

가끔 동작동 국립묘지에 가 볼 적마다 그 수많은 죽음 뒤에 있을 안쓰러운 눈망울들을 생각하게 된다. 선생님을 기다리는 학생들, 연인을 기다리는 연인, 지아비를 기다리는 지어미, 아버지를 기다리는 아기들, 아들을 기다리는 어버이들의 호곡이 그 하늘에는 맴돌고 있는 듯하다.

저 슬픔과 울음을 달래는 길은 무엇일까.

저들이 떠날 때의 젊은 기백과 씩씩한 발걸음으로 이제라도 돌아온다면 되겠지만, 그것은 꿈속에서나 이루어질 수 있을까.

현실적으로 이 꿈을 이루는 길은 하루 속히 우리 땅이 하나로 통일되고 우리 민족이 한마음으로 뭉치고 그리하여 우리나라가 실로 번영된 선진국으로서 국위를 세계 만방에 떨침이 아닐까.

나라가 두 동강 난 지 반세기가 넘고, 같은 민족이면서 이데올로기의 대립으로 피비린내 나는 전쟁을 통하여 이 나라 젊은이들이 귀한 피를 그토록 많이 흘렸건만, 아직도 그 비극의 상흔을 그대로 안은 채 남북이 맞서고 있다는 것은 참으로 안타까운 노릇이 아닐 수 없다.

　실로 이제는 대립도 화해도 감정적 차원, 근시적 안목에서가 아니라 보다 이성적 차원, 먼 앞날과 앞날의 후손들을 생각하는 원대하고 고귀한 정신에 바탕을 두고 사료되어야 하리라 본다.

　정녕 우리 시대 최고의 과제는 통일 문제일 것이며, 이후의 우리 후손들에게 자랑스런 역사를 물려줄 수 있는 제1의 열쇠 역시 이 문제를 어떻게 성공시키느냐에 달려 있을 것이다.

　내가 통일을 염원하는 마음은 추상적인 것에 근거함이 아니라 곧 우리 윤 선생님의 부활이며 귀환이라는 구체적 의미를 띠게 된다.

　우리 백성 모두가 통일을 희원하는 마음 또한 막연한 원칙론에서가 아니라, 끊어진 우리의 맥과 핏줄을 하나로 이어 불구된 이 나라 이 민족의 슬픈 역사를 바로 잡고 눈물의 역사를 기쁨의 역사를 전환시켜 웅혼한 백의의 기상을 되살리자는 분명한 의지와 결부되는 일이다.

　해마다 6월이 되면 현충일과 6 · 25가 돌아온다.

　돌아오지 않은 사람들을 위하여 우리는 향을 사르고 옛날을 회상할 것이다. 향연 속에 떠오르는 그리운 얼굴들을 영원히 잊지 않기 위하여, 또는 그 아픈 기억들을 영원히 잊어버리기 위하여 하루 속히 우리나라가 자유롭고 평화로운 통일 국가가 되기를 기원하는 마음 간절하다.

　그날 비로소 지하에 잠든 우리들의 많은 윤 선생님들 또한 편안하고 깊은 안식에 드실 것이다.

어둠을 켜는 불

 선생님께서 가정 방문을 오셨다. 그렇지 않아도 부끄러움이 많던 나는 선생님의 가정 방문에 어찌할 바를 모를 지경이었다. 그냥 어디론가 숨어 버렸으면 좋을 것 같았다.
 그러나 그런 내색을 하지 못하고 선생님을 모시고 가면서 나는 마음이 조마조마하였다. 명색이 2층집이긴 하지만 위태롭게 개울가에 서 있는 집, 방바닥이 고르지 못한 안방으로 선생님을 모실 일도 염려스러웠고 또 혹시라도 우리 어머님이 선생님 앞에서 실수를 하면 어쩌나 하는 걱정과 불안이 너무나 컸기 때문이다. 그래서 선생님께서 다녀가시자 내 등에서는 진땀이 흘렀을 정도였다.
 그런데 다음날 선생님께서는 조회시간에 이런 말씀을 해주셨다.
 "사람이 남을 위하여 헌신하고 봉사하려는 뜻을 가지는 것은 훌륭한 일이다. 내가 가정 방문을 가 보니 우리 반 친구 중 어떤 사람은 자기 책상 앞에 '촛불은 남을 위하여 스스로를 태운다'라고 써 붙여 놓았다. 이런 태도는 훌륭한 이타심의 정신이다. 그리고 이러한 좌우명이나 자기의 뜻을 그렇게 써 붙여 놓고 스스로를 일깨워 주는 일도 바람직한 일이다."
 말씀을 들으면서 나의 얼굴은 숯불을 담아 부은 듯 벌겋게 달아올랐다. 바로 그런 것을 써 붙인 것은 나였던 것이다. 서툰 솜씨로 촛불 한 자루를 그리고 그 옆에 '촛불은 남을 위하여 스스로를 태운다' 라는 글을 어디에선가 뽑아서 쓴 종이 한 장을 내 책상 앞에 붙여 놓았었다. 뜻하지 아니한 칭찬에 놀라기도 하였지만 선생님 말씀을 듣고 보니 촛불의 의미가 더욱 커지는 것 같았다.

나는 세상을 살아오면서 알게 모르게 너무나 자기 중심적인 사고나 행동을 해온 것으로 안다. 어쩌다 자기를 돌아보고 참으로 이기적인 자기 모습을 발견하게 되는 경우, 저 먼 어린 날 내 책상 앞에써 붙여 놓았던 글귀와 선생님의 말씀을 떠올리고는 마음이 뜨금할때가 없지 않았다. 세월이 갈수록 무구하던 천진성이나 결백성은 사라지고 오히려 어린 아이만도 못한 미운 어른이 되어가는구나 생각하면 자괴감이 인다. '촛불은 남을 위하여 스스로를 태운다.' 이 말을 가슴과 영혼으로 받아들이던 어린 날의 나와, 머리로만 이해하고 말로만 치레하는 오늘의 나 사이에는 실로 건너지 못할 큰 강이 가로 놓여 있음을 알 수 있다.

내 친척에는 유식하거나 유복한 사람이 없었다. 따라서 출세를 했거나 유명한 인사도 없었다. 비록 유식하지 못하지만 순박하고, 부자가 아니지만 영악하지 않은 착한 촌사람들이었다. 그러나 그분들의 착한 품성과 우직하리만큼 순박한 마음은 영리하고 영악한 어떤 사람들보다도 귀한 덕성을 내게 일러주었다.

그들은 가난하였지만 남의 것을 넘보지 않았고 심술궂지 않았으며 분수에 넘는 욕심을 갖지도 않았다. 그리고 할 수 있는 만큼 남을 돕는 일을 실행하였던, 스스로 타오르는 촛불들이었다. 조금 권력이 있다거나 금력이 있고 지식이 있다는 것으로 오만하고 뽐내는 사람들을 볼 때마다 그 모든 것을 다 갖지 못한 내 친척들의 아름다움이 한층 더 돋보이는 것을 느껴왔다.

우리 집 2층 다다미 방에서 추운 겨울을 떨며 나던 6촌 오빠, 선조만 해도 그러하였다. 요즈음 농촌 인구가 도시로 몰리는 현상이 두드러지지만 그때도 역시 성공하기 위해서는 도시로 나가야 한다고 생각하는 사람이 많았다. 또 부산에는 용케 밀항선을 타고 일본으로 갈 수 있는 요행수의 가능성도 있었기 때문에 농촌 청년들이 더욱 많이 모여들었다.

선조 오빠도 시골에서 부산으로 나왔다. 그러나 배우지 못한 농사꾼 선조 오빠를 받아주는 직장은 없었다. 오빠가 할 수 있는 것은 부두에서 짐을 부리고 싣는 일이었다. 시골에서는 적은대로 농사를 짓는 농군이었지만 도시에 나와서는 고용된 부두노동자가 되어 때로는 밤과 낮을 바꾸어가며 일을 하였다. 오빠는 잠잘 곳이 마땅찮아 우리 집 2층에 신님(스님의 사투리)이라는 별명을 가지고 있던 또 다른 친척 한 분과 머물렀다. 신님은 마흔이 가깝도록 결혼도 하지 않고 있어서 그런 별명을 얻었는데 행상을 하며 돈을 벌었다. 후에 그분은 성공하여, 미곡상을 하여 꽤 많은 부를 축적하기도 하였다.

신님과 오빠는 별로 달갑잖게 여기는 어머니의 눈총을 받으면서 2층 방에서 지냈다. 신님은 알뜰히 돈을 모았지만 오빠는 약주 몇 잔이면 무골호인이 되었다. 잘 먹지도 못하고 떨고 지내며 힘겨운 노동을 하는 선조 오빠는 끼니 대신 술을 마셨던 것인지도 모른다. 지금 생각해 보면 오빠는 그만 알콜중독자가 되어 버렸던 것 같다. 날마다 약주가 얼큰하여 돌아와서는 단감내를 풍기며 그 기운으로 추운 겨울을 났다.

그런데 뜻하지 아니한 일이 일어났다. 한 친척 댁에서 그 당시로서는 대단히 희귀한 다이아몬드반지 하나와 금시계를 도둑맞게 되었다. 다이아몬드라는 보석은 말로만 듣던 것이었는데 그 보석을 박은 금반지와 장난감처럼 예쁘게 만든 금시계를 도둑맞았으니 여간 난리가 난 것이 아니었다. 그런 보물이 친척 댁에 있는 것을 아는 것은 역시 가까운 집안일 것이니 따라서 도둑은 집안 친척 중에 있으리라는 결론이 났다. 그리고 그 범위가 차츰 좁혀져서 드디어는 불쌍하고 가난하던 선조 오빠에게로 혐의가 돌아갔다. 마음 약한 선조 오빠는 아무 변명도 못하고 도둑이 되어 날마다 밤마다 더 많은 약주만 들이켰다.

마침 얼마 후에 엉뚱한 진범이 나타나서 누명은 벗었지만 그 딱하던 선조 오빠의 모습이야말로 착하기 때문에, 또 모질지 못하기 때문에 겪는 수난자의 모습 바로 그것이었다.

우리는 흔히 '죄 없는 백성'이라는 말을 쓴다. 억울하고 분한 꼴을 당하고서도 그저 참을 수밖에 없는 죄 없는 백성의 모습을 나는 일찍이 선조 오빠 같은 내 친척에게서 보았다. 실로 그들의 인내야말로 죄 없는 백성들의 끈기를 보여 주는 끊이지 않는 생명력임을 감지하게도 되었었다.

성공한 인생, 실패한 인생

석사 학위 과정을 이수하고 있는 만학의 학생이 있었다. 집에서는 몇 아이의 어머니요, 남편을 내조하는 아내이면서 자신의 직장을 가지고 있는 직업여성이고 그 위에 대학원 적을 가진 학생이었다. 1인 몇 역을 해내는 이분은 어떻게나 바쁘게 살고 열심히 사는지 곁에서 보기에도 숨이 찼다. 뜨거운 열기가 느껴져서 단내가 날 정도였다. 그 여러 역을 하면서도 어느 것 하나도 소홀히 하려 하지 않기 때문에 참으로 부지런하고 건강하고 또 의지가 굳지 않고서는 도저히 해낼 수가 없는 형편이었다. 치밀한 계획을 세우고 한시도 시간을 낭비함이 없이 아껴 써야만 하였다.

이렇게 하여 드디어 석사과정 2년을 마치고 학위논문을 제출하게 되었다. 나는 늘 이분의 면학열에 대하여, 또 끈기와 근면에 대하여 놀라움을 금치 못하고 있었던 바이지만 논문을 제출할 때 또 한 번 놀랐다.

우선 방대한 자료수집의 열성에 놀랐고 논문을 제출하였을 때의 본인의 반응이 나를 놀라게 하였다. 사실 그 논문은 준비 과정의 성실성에 비하여서는 정리가 미흡한 점이 많았다. 구성과 논조, 문장 등에서도 많은 수정이 요구되었으며 논지가 뚜렷이 부각되지 못한 점이라든가 객관성의 부족 등 전폭적으로 재정리를 하여야만 할 형편이었다.

나는 퍽 곤란하였지만 어렵게 입을 떼지 않을 수 없었다.

"아무래도 이 논문 이번 학기에는 통과되기 어려울 것 같아요. 많이 고치고 다시 써야 될 부분이 대부분인 걸."

사실 나는 이 말을 하면서 다른 학생에게처럼 마음 편할 수가 없었다.

"어떻든지 이번 학기에 꼭 통과되지 않으면 안 됩니다, 선생님."

이런 식으로 대답을 해올 것이라는 지레짐작 때문에도 딱하였지만 이 바쁜 사람을 한 학기 늦추어 졸업하게 하는 일이 너무 미안하였기 때문이다. 그러나 미흡한 논문을 그렇다고 그냥 제출하라고 할 수는 없는 노릇이라 오히려 이쪽에서 주저하는 태도로 말할 수밖에 없었다.

그랬더니 그 반응이 너무나 의외였다.

"아이고, 선생님. 정말 이 논문은 많이 부족하지요? 열심히 기일 내에 고쳐서 다시 쓰도록 하겠습니다. 선생님은 조금도 염려마세요. 그렇게 다시 써서 마침 통과가 되면 한 학기 더 등록 안 하니 등록금 아껴서 좋고, 또 이 논문이 영 형편 없어 통과 안 되면 한 학기 더 공부하는 학생이 될 수 있으니 좋지요. 한 학기 더 공부하여 더 좋은 논문을 쓴다면 그보다 더 바람직한 일이 어디 있겠어요."

나는 이 말을 듣는 순간 나의 염려나 나의 생각이 참 얼마나 왜소한 것이었던가 생각하면서 실로 낙관적인 만학의 제자를 경외의 시선으로 바라보지 않을 수 없었다. 만약 이 학생이 그 학기에 석사학위를 못받아 실망을 한다면 이분은 그 학기에 실패한 사람이 될 것이었다. 그러나 이분은 학위를 받는 경우나 못받는 경우 모두를 긍정적으로 받아들임으로써 어떤 경우에나 성공하는 사람이 되는 것을 알 수 있었다. 바로 이러한 삶의 태도야말로 지혜로운 것이구나 하는 생각이 들었다.

우리는 흔히 돈 많이 벌고, 명예와 권력을 쥐고, 이름을 떨치고하여 소위 출세를 하면 성공한 인생이라고 생각하는 일이 많다. 물론 이러한 출세는 일반적으로 성공과 실패를 재는 기준점이 될 수가 있다. 그러나 반드시 그것만으로 인생의 성패를 속단하기에는 인생이란 보다 복잡한 것이다.

만금을 쌓아 놓고도 한없는 고독에 몸부림치는 사람이 있다면, 최고의 권력을 쥐고도 원성과 비난을 면치 못한다면, 명예로운 이름을 얻고도 불치의 병에 시달린다면 과연 그 인생은 성공일까 실패일까.

가령 이중섭 같은 천재화가를 생각해 보자.

그분은 참으로 훌륭한 작품을 남겼다. 그러나 그분은 전쟁의 소용돌이 속에서 가난과 병고에 시달리다가 저세상으로 떠났다. 이 경우 관점에 따라서는

"굶어죽다시피 하다니 가엽다."

라고 말하여 실패한 인생으로 보는 시선이 있을 수 있다. 그런가 하면

"과연 예술가다운 삶이요 죽음이다."

이렇게 긍정적으로 보아 성공한 삶으로 볼 수도 있는 것이다.

그러므로 실패나 성공이란 관점의 문제요, 인생관의 문제요, 가치관의 문제이다. 모든 사람들의 삶의 길이 그것을 말해 주며 인류의 긴 역사가 그것을 증거한다.

또 사람은 일생 동안 여러 번 넘어지고 여러 번 일어서는 계기를

가진다. 한 번 넘어진 것으로 실패한 것으로 생각하거나 한 번 일어선 것으로 성공한 것으로 알아서는 인생의 참의미를 깨달았다고 할 수가 없다. 멀고 넓은 시선으로 볼 때 오늘 눈 앞의 작은 실패가 오히려 큰 성공의 발판이 될 수도 있고 오늘 성공적이라고 보아진 일이 오히려 미래의 큰 화근이 될 수도 있는 것이다. 흔히 하는 말이지만 인생은 단거리 경주가 아니라 장거리 경주이다. 처음에 잘 달려도 용두사미가 되고 말면 실패한 삶이 될 것이요 한 번 넘어져도 좌절하지 않고 끝까지 달리면 성공한 승리자가 될 수 있다.

인생의 길에는 높은 산도 있고 깊은 구렁도 있고 건너야 할 강도 있고 넓은 벌판도 있다. 때로는 화창하고 아름다운 날이 있지만 때로는 비바람 눈보라 몰아치는 두려운 밤도 있다. 그 어느 때나 목적을 잃지 않고 한 걸음 한 걸음 나아간다면 기필코 그 인생은 성공할 수 있을 것이다.

때로는 목적을 향한 진로에의 수정이 필요한 때도 있을 것이며 더 나아가서는 목적 그 자체를 바꾸어야 할 때도 있을 것이다. 큰 산봉우리를 목적하고 평생 오르지 못하느니보다 작은 산봉우리를 목표 삼아 하나하나 정복을 하는 것이 더 바람직한 경우도 있는 것이다. 그리고 작은 봉우리를 거듭 정복해 가는 동안 마침내는 최고봉에 도달하게 되는 것이다.

진실로 단순하지가 않은 인생의 복합성을 인지하는 사려 깊은 사람이라면 섣불리 인생의 성공이나 실패를 결코 성급히 분질러 말하려 하지 않을 것이다.

대학 생활의 멋

'멋'이라는 말에 대한 사전적 의미는 여러 가지가 있다.
'방탕스러운 기색이나 몸매', '아주 풍치가 있는 맛', '사물의 참된 맛' 등이 그것이다.
'대학 생활의 멋'이라고 할 때에는 방탕스러운 기색이나 몸매의 뜻이 아닌 대학 생활을 통한 풍치 있는 맛 혹은 대학 생활의 참된 맛을 가리키는 것이 될 것이다.
어떻게 하면 대학 4년의 생활을 풍치 있게 그 참된 맛을 누리며 지낼 수 있을까 하는 것은 대학 생활을 첫발을 들여 놓는 사람들 모두가 생각하는 문제일 것이다. 대학 생활에 멋있게 지내고 싶다는 열망을 충족시키기 위하여서는 대학 생활의 참멋과 낭만이 어떤 점에 있는가를 우선 알아야 할 필요가 있다.
대학생은 고등학교를 졸업하고 진학해 온 사람들이다. 다시 말하면 일반 교양인으로서 갖추어야 할 일반적 지식을 갖추고 그것을 기초로 하여 이제부터는 전문 지식을 습득하고 전공 학문에 정진하기 위하여 입학한 사람들이 곧 대학생들인 것이다. 대학 생활의 멋의 으뜸은 바로 이렇게 자기의 적성과 능력에 알맞은 분야의 공부를 전문적으로 마음껏 할 수 있다는 점이라고 본다.
젊은 날 많은 것을 알고 싶어하는 지적(知的) 호기심과 갈증을 풀

수 있다는 것은 얼마나 큰 기쁨인가. 어둠처럼 눈앞을 가리었던 무지와 몽매가 안개 걷히듯 한 켜 한 켜 벗겨질 때의 환희는 또 얼마나 클 것인가. 밤을 도와 책을 읽고 실험을 하고 혹은 창작에 전념하는 시간만큼 대학 생활에 있어 더 값진 시간은 드물다. 또한 알고 깨달은 바를 가지고 친구들과 서로 토론을 하거나 스승을 찾아 문의하는 열띤 자리만큼 보람찬 자리도 없다. 원하던 서적을 구입하였을 때, 그리하여 다른 이들보다 빨리 그것을 읽고 이해하였을 때 정녕 대학생은 공부하는 재미를 누릴 수 있게 될 것이다.

공부하지 않는 대학생은 옳은 대학생이라고 할 수 없다. 따라서 공부하지 않는 대학생은 대학 생활의 참멋을 모르는 것이라고 하여도 과언이 아니다.

열심히 들은 교수님의 강의를 계기 삼아 밤늦도록 도서관에서 공부하는 대학생, 그가 비록 별빛조차 없는 캄캄한 밤길을 걸을지언정 그의 가슴은 충만감으로 넘칠 것이다.

호기심 어린 눈을 빛내며 실험에 몰두하고 실습에 여념없는 대학생은 그야말로 자부심을 가지고 가슴을 펼 수 있을 것이다.

이런 충만감과 자부심 없는 대학 생활이란 재미도 멋도 없는 것이 된다. 엉클어진 실타래처럼 무성한 회의(懷疑)에 시달리는 고단한 생활이 되고 말 것이며, 허황되고 공허함에 괴로울 것이다.

물론 이런 학문 탐구의 길은 시련과 고통의 길이다. 이것을 극기와 인내로 이겨내는 의지를 가질 때 그는 참으로 멋있는 대학생이 될 수 있다.

대학이 단순한 지식의 축적장만이 아니고 그야말로 진리를 구하는 지성과 덕성의 연마장임을 감안할 때 이의 연마를 위하여 최선을 다하는 것, 그것이 곧 대학생으로서의 특권을 누리는 것이며, 알차게 대학 생활을 영위하는 것이 될 것이다.

둘째로, 대학 생활은 그것이 순수 무구한 이상 시대라는 점에 낭만이 있다. 물론 대학생도 나날의 삶은 먹고 마시고 잠자고 하는 현실과 밀착되어 있다. 또 학비 조달의 어려움이라든가 가정 경제의 문제 등으로 심각한 고민을 안고 있는 학생도 있다. 그러나 이러한 현실적 여건을 딛고서도 거기에 굴복하거나 타협하거나 함몰당함 없이 먼 곳을 향한 꿈을 안고 있다는 점이 대학생의 특성이다. 영원과 무변을 향하여 자기를 확산시키고자 하는 욕구, 구심점으로 자기를 몰두시키려는 노력, 아름답고 진실된 것을 추구하고자 하는 동경, 착한 것을 행하고자 하는 뜻, 더 나은 인간의 삶을 구현시키고 싶은 야망, 자기를 완성시키고 싶은 번뇌, 이 모든 것이 이상주의자인 대학생의 것이다.

기성인이란 이미 이름이 지어져버린 사람, 그가 취한 자리나 이름이 아무리 빛나고 영광된 것이라 하여도 그것은 이미 굳어버린 것이다. 기성인은 현실에 더 충실할 수는 있을지언정 대학생들처럼 꿈꾸지는 않는다. 꿈이란 때로 헛되고 불안하고 가변적이다. 그러나 그것은 굳어버린 것이 아니기 때문에 여러 가지의 가능성을 지니게 된다. 무한한 가능성을 지니고 미래를 향한 이상을 품고 사는 대학생들의 생활을 많은 사람들이 선망해마지 않음은 바로 이런 까닭이다.

인생에서는 어떤 목적의 달성이 매우 중요하지만 보다 더 중요한 것은 목적을 향하여 나아가는 과정이다. 오히려 그 기쁨에 있어서는 과정과 경로에서 얻어지는 것이 더 많을지도 모른다.

　대학생은 미래의 이상을 고민하고 나아가는 도정에 있는 사람들이다. 그들은 많이 시달리고 고민하고 시행 착오를 일으키는 일이 있을 것이다. 그러나 바로 그러한 고민과 괴로움을 갖는 것이 곧 대학생의 영광이며 대학 생활의 의의라고 말할 수 있다.

　사람은 젊은 날 크건 작건 간에 누구나 꿈을 갖는다. 젊은 날에 꿈과 이상을 품고 살지 못한 사람은 참으로 불행한 사람이다. 왜냐하면 우리가 나이 들어 더 각박한 현실에 직면하게 되면 십중팔구 누구라도 현실주의자가 되게 마련이기 때문이다.

　대학생은 젊은 사람들이다. 인생에서 가장 청결하고 순수하고 정의롭고 뜨거운 시절을 사는 사람들이다. 비록 그 사상이 설익었다 하더라도 대단히 신선하다는 장점을 가지며, 비록 그 감정이 거칠다 하더라도 티없이 타오르는 열기를 지닌다.

　생각보다 행동을 앞세우는 성급함이 있어 달걀로 바위치기 식의 난타를 당하는 일이 참으로 많지만, 티끌만큼의 계산도 거부하는 의분과 의협심 또한 그들 것이다.

　때로 저들과 만용이 빚어내는 좌절도 있지만 바로 그런 실패하는 패배자일 수 있다는 점에, 그리고 그 쓰린 패배로부터 되일어날 수 있는 용기가 있다는 점에 실로 이상주의자인 대학생의 영광은 있는 것이다.

　안 될지도 모르는 것을 꿈꾸는 시대 그것이 바로 대학 시절이라면, 안될지도 모르는 것을 꿈꾸는 일 그것은 곧 대학 생활의 멋이 아닐까. 또한 잊지 말아야 할 것은 안 될지도 모르는 일을 꿈꾸어 온 사람들에 의하여 인류의 역사는 변모, 발전, 혁신되어 왔다는 점이다. 역사 앞에서는 안 되는 일이 역사 뒤에서는 되는 일로 되었던 것을 명심할 필요가 있다.

셋째로, 대학 생활의 멋은 가난이 부끄럽지 않은 점, 오히려 가난의 낭만을 즐길 수 있다는 점이라고 생각한다.

정신적이든 물질적이든 어떤 시장기를 지니고 있다는 것은 삶은 정체시키지 않고 약동시키는 요소가 된다. 포만이 권태와 게으름을 불러오는 대신 시장기는 부단한 탐색과 움직임의 계기가 되기 때문이다.

대학생은 직업인이 아니기 때문에 극소수의 예외적인 경우를 제외하고는 경제적으로 부모나 타인에게 의존하고 있다. 따라서 그들의 주머니가 가볍고 가난함은 너무나 당연한 일이다.

'가난이 부끄럽지는 않지만 불편할 뿐이다'라고 말한 사람이 있지만 대학생들에게는 가난의 불편조차도 두 번 누릴 수 없는 귀중한 체험이 된다. 깨끗이 빨아 입은 헌 작업복, 간편하고도 가벼운 몸차림들에서 오히려 대학생의 청신함이 돋보인다.

분수에 넘치는 차림새나 지나친 용돈의 낭비 등은 어쩐지 대학생답지 못한 느낌이 든다. 어렵게 모은 용돈으로 읽고 싶던 서적을 구입하였을 때의 기쁨, 아껴 두었던 여비로 배낭을 지고 떠난 여행의 즐거움, 이것은 바로 가난한 대학 생활의 낭만이다.

겨울밤 길거리에서 산 군밤을 까서 먹으며 친구와 나누는 기나긴 이야기, 한밤중에 듣는 음악, 풀밭에 팔베개 하고 드러누워 바라보는 하늘, 작은 새나 풀꽃의 어여쁜 몸놀림 등이 그들의 것이며, 나날이 성숙하는 정신과 육체의 젊음이 그들의 것인 연고로 하여, 진실로 가난하면서 가난하지 않은 것이 곧 대학생이다. 그러므로 대학생의 가난은 비참하지 않으며 추하지 않으며 청승스럽지가 않다.

이사도라 덩컨이라는 미국의 무희는 파리의 루불 박물관을 방문하였을 때 굳은 한 조각의 빵으로 끼니를 때우며 미술품들을 감상하였다고 적고 있다. 시간을 아끼고 또 경비를 아껴 한 번이라도 더 박물관을 구경하기 위하여 손에 들고 뜯었던 마른 빵이 그 어떤 진수성찬에 비교될 수 있을까.

대학생의 가난은 딱딱한 한 조각 빵을 들고 루불을 찾아가는 이사도라 덩컨의 그것이다. 그것은 참으로 건실하면서도 치열한 불꽃의 삶이다. 가난하나 찌들지 아니하고, 가난하나 그것이 생활의 추진력과 재미가 되는 그런 일이 대학생 시절을 지나서 또 있을 수 있을까.

사심없이 사물을 바라보며, 깨끗한 눈으로 이성을 바라보며, 이해 타산을 초월한 이상향을 꿈꾸는 것은 바로 대학생이라는 시장한 철학자들의 아름다운 능력이라 할 것이다.

요컨대 대학 생활에서의 멋이란, 자기의 전공 학문에 전념하여 한결 드높은 세계로 자기를 승화시키며, 현실에 무조건 안착함이 아니라 불확실한 미래에의 무한한 가능성을 탐색하는 거대한 포부를 지니며, 극기와 근면을 요하는 질박 검소한 생활을 통하여 심신을 수양·단련시키는데 있다고 요약할 수 있겠다.

그러나 이러한 멋의 향유는 그야말로 타율적으로 이룩되는 것이 아니라 대학생 자신의 수용 능력 여하에 따라 좌우된다. 경우에 따라서는 무위하게 4년의 세월을 허송할 수도 있고, 헛된 망상과 허영심만을 조장시킬 수도 있다.

항상 자신을 직시하고 강한 자의식을 지니며 반성·성찰하는 자세 속에서 지혜롭고 계획성 있게 시간을 요리하고 몰두함으로써 멋있는 대학 생활은 영위될 수 있을 것이다.

또, 인간의 삶에 대한 깊은 이해를 지니며, 올바른 지성인이 되기 위한 준비로 호연지기를 기르고, 삼라만상에 대한 연민과 사랑의 마음을 지닐 수 있도록 스스로를 가꾸는 일을 통하여 대학생 혹은 대학 생활의 참된 맛과 낭만의 진수는 파악되리라 본다.

사랑과 믿음

　사랑이란 무엇인가, 혹은 사랑한다는 것은 어떤 것인가에 대하여 사람들은 늘 생각을 해왔고 또 여러 가지 해답을 얻어온 것 같다.
　그중의 어떤 해답은 사랑을 밝고 긍정적인 것으로 정의하고 있는가 하면 어떤 해답은 아프고 괴로운 것으로 결론짓고 있기도 하다. 우리는 그러한 여러 가지 다른 견해의 해답에 접하면서 그 모두 그 나름의 뜻이 있음을 인정하게 된다.
　사랑을 이야기하는 많은 말들 중에서도 필자가 퍽 공감을 한 것은 사랑한다는 것은 상대에 대하여 크나큰 믿음을 가지는 것이라고 한 어느 작가의 말이다. 그렇다면 사랑한다는 것은 상대에게 크나큰 믿음을 주는 것이라는 말도 성립이 될 것이다. 곧 서로 신뢰하는 것이야말로 사랑이요 또한 사랑하는 일이라고 할 수 있다는 것이다.
　흔히 사람들이 말하기를 현대사회는 사랑이 메마른 사회라고 한다. 이 말은 바꾸어 말하면 내가 상대를 믿고 상대가 나를 믿는 신뢰의 관계가 무너져버린 것이 오늘 우리가 살고 있는 사회라는 말이 될 수 있다.
　'콩으로 메주를 쑨대도 안 믿는다' 라는 속담이 예로부터 있어 왔지만, 요즈음의 우리 삶을 잘 들여다보면 가장 큰 병폐가 바로 불신의 풍조라는 생각이 든다.

친구 사이, 애인 사이, 부부 사이, 혹은 부자 사이, 사제 사이, 직장에서, 가정에서 우리는 참으로 얼마만큼 믿음의 관계를 유지하고 있는 것일까. 정치·경제·사회·문화·종교·교육 그 모든 삶의 부면들에서 얼마만큼 신빙성 있는, 그리고 신뢰도 높은 일이 성취되고 있는 것일까. 아니 그 보다는 자신은 자신을 믿고 있으며 믿을 수 있는 것인가.

이런 물음들에 대하여 긍정적이고 확신에 찬 대답을 할 수 없는 오늘의 우리의 정신풍토와 처지가 견디기 어려운 슬픔을 불러오기도 한다.

두말할 필요도 없이 이런 슬픔, 이런 병폐를 극복하는 길은 잃어버린 신용을 되찾는 데 있을 것이다. 우선 내가 나를 믿고 또한 내가 다른 이를 믿으며, 따라서 다른 남이 나를 믿는 그런 믿음의 인간관계가 이루어질 때 우리의 사회, 우리의 삶은 사랑의 사회, 사랑의 삶으로 바뀔 수 있을 것이다.

정녕 '팥으로 메주를 쑨대도 믿는다'고 하는 얼핏 들어 어리석음을 비웃는 듯한 속담이 그대로 실현되는 세상이 된다면 그 어리석음이야말로 가장 현명한 어리석음이 되지 않을까.

사랑의 밀도

 교육학이나 아동 심리학 같은 것을 전문적으로 공부하지 않더라도, 아기를 낳아 길러 본 어머니들은 어린이의 성장이나 발달 과정에 대해 상당한 지식을 지니게 된다. 그리하여 어머니들은 은연 중에 체득한 지혜로 어린이를 교육하고, 때로는 상당한 가정 의사 노릇까지도 할 수 있을 만큼 어린이의 심신의 변화에 민감하다.
 그러나 아무리 어린이를 잘 보살피고 지대한 관심을 가지는 부모라 할지라도 부모는 역시 어른이기 때문에 어린이의 세계에 대하여 몰이해할 적이 많다. 다시 바꾸어 말하면, 세상에 어느 부모인들 자식을 사랑하지 않는 부모는 없는 것이니 그 사랑의 밀도로서야 더 말할 나위 없겠으나, 부모는 어린이가 아니므로 어린이 입장에 서기보다는 늘 부모 입장에서 어린이를 대하기 때문에 육아 및 어린이 교육의 결과는 흔히 애초의 기대에 어긋나는 경우가 많은 것 같다.
 그 한 예로 어린이가 언어를 터득하는 3, 4세부터 어린이는 여러 가지 질문을 해온다. 그 질문 중에는 물론 합당한 것도 있지만 실로 엉뚱하고 우스꽝스러운 것도 많다. 그런데 우리가 얼마만큼 친절하게 이 어린이의 물음에 답하고 있는가를 생각해 볼 필요가 있다고 본다. 질문 자체가 합당한다든가 비합당하다고 보는 판정 자체가 사실은 어린이 표준에서가 아니라 어른 표준인 경우가 많다.
 "엄마, 하느님은 할아버지야?"

"나는 어디서 났어?"
"밤에 해님은 어디서 자나?"
"왜 우측 통행을 해야 돼?"
"개하고 고양이는 왜 숟갈로 밥을 안 먹어?"
어른으로서 볼 때는 질문도 아닌 질문이다. 그러나 어린이에게는 궁금하기 짝이 없는 문제들이 아닐 수 없다.
"엄마, 비행기하고 기차하고 싸우면 누가 이겨?"
"비행기."
"그럼 기차하고 버스하고 싸우면?"
"아마 기차가 이길 거야."
"버스하고 택시하고 싸우면?"
"버스가 이길 테지."
"그럼 비행기가 제일 센 거야?"
"응."
"비행기는 이기는 거 없어? 아빠하고 비행기하고 싸워도 비행기가 이겨?"
이와 유사한 질문들에 끝까지 부드럽게 대답을 해주는 어른들은 얼마나 있을까.
"아이 몰라, 얘는 쓸데없는 것을 자꾸 묻니?"
"엄마는 바빠. 저기 언니한테 가서 물어."
무심히 던지는 이런 대꾸들에 어린이의 호기심은 문을 닫고, 의욕적인 기상은 꺾어지는 것이 아닐까. 이런 것이 쌓이고 쌓여 어린이의 인격 형성에 미치는 영향은 클 것이다.
흔히 어린이는 나라의 꽃이요 미래의 주인공이라고 한다. 아름다운 꽃을 가꾸기 위하여서는 정성스런 원정의 손길이 필요하고, 미래를 맡길 훌륭한 주인공을 만들기 위하여서는 창의적 잠재 능력의 발굴과 연마가 무엇보다 요구된다.

　근년에 들어 어린이의 조기 교육에 대한 관심이 드높아지고 그의 성공적인 실행을 도모하려는 움직임이 활발하게 일고 있다. 이는 바람직한 일임에 틀림없다. 그러나 어린이 교육이란 어떤 특정한 기관, 특정한 전문가, 특정한 교재나 교구에 의하여서만 이루어지는 것은 결코 아닐 것이다. 가장 가까운 부모를 비롯하여 가족·친구·이웃·선생 모두가 스승이며, 가정·유치원·학교·동네·거리 모두가 교육 도장일 것이다. 하늘·바람·물·나무·자동차 그 모두가 또한 교재요 교구일 수 있다.

　하다면 교육 방법 또한 강압적 주입식 지식의 전수나 기술의 숙달만을 위주로 할 것이 아니라, 오히려 저들의 알고 싶어하는 마음 - 지적 호기심에서 우러나오는 모든 질문들에 친절하고 올바른 대답을 주는 방법이 더 좋지 않을까 생각된다.

　물음에 대한 자상하고 이해심 있는 한 마디 대답은 어쩌면 한 병의 비타민이나 몇 년간의 과외 수업에 못지 않은 자양을 어린이의 영혼에 줄 수 있으리라 믿는다. 진실로 타율적이 아닌 자주성 있는 인품은 이런 교육을 통하여 이룩될 수 있을 것이다.

나를 숙여 네 속에 들 때

맑고 투명한 햇빛이 단풍나무 그림자를 창에 던진다. 그것은 섬세한 동양화처럼 흑백의 명암을 이루며 흔들리고 있다.

창에 비친 나무 그림자를 바라볼 수 있는 조용한 시간, 요즈음의 분주한 우리들 생활은 이런 시간을 갖기조차 여간 어렵지가 않다. 이런 순간 우리에게 안겨주는 잔잔한 미소 같은 행복감을 무엇과 바꿀 수 있을까.

갑자기 닥쳐오는 큰 행운은 오히려 두렵고 실감나기 아니하는 수도 있다. 그러나 우리의 생활 곳곳에 숨겨진 자그마한 기쁨들은 참으로 살뜰하고 온전한 행복이 아닐 수 없다. 또한 이것은 우리들이 조금만 노력을 하면 창조해 낼 수도 있고 발견해 낼 수도 있는 것들이다.

사람이 사람을 사랑하게 되거나 혹은 싫어지게 되거나 하는 것도 무슨 큰 일에서부터 비롯되는 것은 아닌 성싶다. 내 친구 P여사가 살아가는 모습을 보고 있으면 이런 생각에 더욱 확신을 갖게 된다.

"아이, 나 좀 봐요, 허 여사. 호박잎국을 어떻게 끓이면 맛있게 끓이는거요? 나 좀 알려주세요. 내가 끓이긴 끓였는데요, 애기 아빠가 그게 아니라는군요. 경상도 식으로 호박잎국 끓이는 법 좀 상세히 알려주세요."

며칠 전에도 P여사는 이런 전화를 걸어왔다. P여사 남편은 경상도 시골출신, 그리고 P여사는 도회지에서만 자란 사람이라 의식주 여러 면에서 뿐아니라 생활 습성이나 문화 환경에 여러 가지 다른 점이 많았다.

"아, 글쎄 젊었을 때는 내가 해주는 튀김이니, 양식이니, 잘 들더니 나이 들어가면서 어릴 때 먹던 음식, 어머님이 해주시던 음식이 먹고 싶다고 찾아요. 그리고 그이가 일러주는 대로 만들어 봐도 옛날 어머님 솜씨하곤 다르다니 어쩌지요? 지금부터라도 새로 또 배워야 하지 않겠어요?"

P여사의 말을 듣고 보니 새삼 호박잎국 끓이는 법을 물어 오는 이유를 알 것 같았다.

P여사는 어릴 때 호박잎을 먹어 본 적이 없는 사람이었다. 하물며 그것을 비벼 씻어서 들깨를 간 물에 된장 풀어 넣고 멸치를 넣어 끓인 호박잎국이라 그 맛을 어찌 알겠는가.

"당신, 어쩌면 식성이 그래요? 원시성을 못 벗어난 것 같아요. 소처럼 호박잎 같은 것이나 먹구…… 난 그런 것 못 만들어요."

만약 P여사가 이런 태도로 나온다면 그 남편은 얼마나 섭섭하였겠으며 또 그 부부 사이에는 눈에 보이지 않는 작은 금이 그어지지 않는다고도 할 수 없을 것이다. 결국 이런 것이 쌓이고 쌓여서 상대를 미워하는 마음, 상대의 하는 일에 대하여 무관심해지는 태도가 생겨나게 되고 이로 인하여 돌이킬 수 없는 불행이 초래되기도 하는 것이다.

"아이구, 허 여사 말씀 맙쇼, 저 사람 도회지에서 자랐다면서 웬

초저녁 잠이 그렇게 많던지. 저는 또 늦게까지 책 보고 아침에 늦잠 자는 습관이라 이 잠 습관이 틀려 참 혼났습니다. 이제 저두 어지간히 저 사람 비슷하게 되어 저녁 숟갈 놓으면 잠이 옵니다만 이것 서로 맞추는데 자그마치 20년 걸렸습니다."

어느 땐가 P여사의 남편이 하던 이야기가 생각난다.

이렇게 P여사가 남편의 식성에 맞추려고 노력하는 것처럼 그 남편은 남편대로 아내와의 조화 있는 생활을 꾀하기 위하여 양보와 개선을 하는 중에 이 부부는 일심동체의 의좋은 부부가 되어 화평한 가정을 이루고 있는 것이다.

해마다 연세대와 고려대 사이의 운동 시합, 즉 연고전이 있을 때마다 나는 P여사 댁에 전화를 건다.

"여보세요! 그 댁 전쟁은 지금 어떤 상황에 놓여 있나요?" 라고.

왜냐하면 P여사 댁은 연고전이 있을 때마다 남편과 아내가 서로 응원전을 벌이기 때문이다. 모교도 아니면서 남편은 고대편을, 아내는 연대편을 들어 '고연전'이니 '연고전'이니 이름부터 다르게 붙이는 것이다. 이것은 서로 한 치의 양보도 없이 계속되어온 이 댁의 전통이다. 그래서 연대가 이기면 남편이 항복하고 고대가 이기면 아내가 손을 드는 선전을 관망하며 이웃의 나까지도 기뻐지는 것이다.

나는 이 작은 일에서조차 P여사 부부가 서로의 인격을 존중하고 각자 인격이나 개성을 무시하지 않는 아름답고 지성적인 태도를 발견한다.

사랑한다는 것은 무엇인가.

내가 네 속에 몸과 마음을 굽혀 들어가는 일이 아닐까.

겸손함과 온유함으로 내가 너를 이해하고 공경하는 것이 아닐까 하면서도 무리하거나 억지로 자리를 굽히고 포기하는 것이 아니라 오히려 자기를 실현시키고 발전적 방향으로 이끌어 나가는 것이 바로 사랑의 참모습이 아닐까.

그러나 우리는 흔히 사랑한다고 할 때 사랑의 관념에 사로잡혀 사랑 그 자체를 사랑하는 일이 없지 않다. 그런가 하면 또 상대편을 있는 그대로 받아들이지를 않고 자기의 상상력으로 우상화해버리기도 한다. 그러기 때문에 실생활과 부딪치거나 상대편의 참모습에 눈이 뜨이는 때 오히려 기만당하고 배반당한 느낌에 사로잡혀 파탄이 오기도 한다.

또 때로는 상대편을 자기 취향대로 자기의 어떤 소유물처럼 마음대로 뜯어 맞추려는 경우도 있다. 그것이 사랑의 마음이거나 표현인 줄 착각할 뿐만 아니라 그러한 요구에 응하는 것이 또한 사랑의 표현이며 사랑하는 마음이라고 생각하는 것이다. 때문에 역시 그러한 일이 잘 성취되지 않을 때 파경에 이르르고 마는 것을 우리는 많이 보고 있다.

사랑은 상대편을 변모시키는 것이 아니라 자기 스스로를 변모시키는 것이며 있는 그대로의 상대편을 이해하는 일이라고 봄이 더 옳을 것이다. 상대편을 쪼아 조각하는 일이 아니라 자신을 다듬어 조각하는 일일 것이다. 상대편을 내 속에 굽혀 들게 함이 아니라 나를 굽혀 네 속에 들어가는 일일 것이다.

그러기에 나는 사랑의 실체를 포착하는데 있어 그 어떤 미사여구의 명문구보다도 "허 여사, 이번 가을엘랑 나 청국장 담그는 법 가르쳐 줘요. 그이 좀 깜짝 놀래 주게."라고 명랑한 음성으로 물어오는 P여사의 태도에서 더 많은 것을 배우게 된다.

창문에 비껴 든 나무 그림자, 오래지 아니하여 저 잎새들도 찬바람에 떨어지겠지. 자연의 순리에 몸을 굽혀 따르지 않는다면 아마 얼어죽고 말 것이다.

사랑도 또한 저와 같아서 소유하고 지배하려고만 할 때는 얼어죽고 말 것이다. 그러나 나를 숙여 네 속에 들 때 거기는 언제나 회생의 새 봄이 있을 것이다.

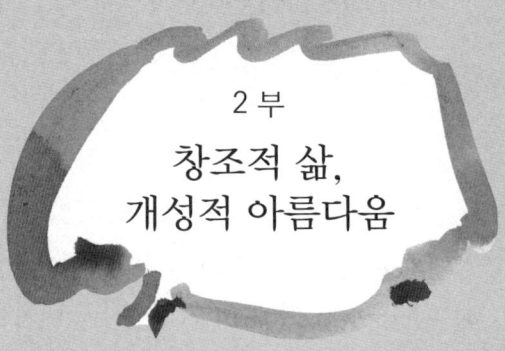

2부
창조적 삶, 개성적 아름다움

사랑이 우리에게 주는 것

　인생에는 소중한 것이 참으로 많다.
　예컨대 건강과 미모와 부귀, 공명, 재능 등은 인생을 보다 즐겁게 해주고 보람되게 해주는 데 있어 없어서는 안 될 요소들이다.
　그러나 만약 내게 인생에 있어 가장 소중한 것 한 가지만을 들라고 하면 나는 사랑을 들 것이다. 왜냐하면 생명의 본질, 혹은 그 궁극적인 목적은 사랑의 실천에 있는 것이라 믿기 때문이다. 비록 우리가 완전하고 완벽한 사랑을 이룩하거나 달성하기 어렵다 하더라도 사랑이 인생의 구심점이 된다는 나의 생각에는 변함이 없다. 비록 그로 인하여 더할 수 없는 슬픔과 비탄을 감내하지 않으면 안 된다 하더라도 사랑이야말로 인생 최대 최고 최미의 의미로움이라는 나의 생각에는 변함이 없을 것이다.
　만약 여기서 꽃병 한 개가 있다고 치자. 그것은 장식으로서의 역할도 할 수 있고 꽃 아닌 물이나 술, 또는 다른 물건들을 담아 둘 수도 있을 것이다. 그러나 꽃병이 참다운 제 몫을 다하고 제 값어치를 발휘하기 위하여서는 꽃을 꽂음으로서만 가능할 수 있을 것이다. 꽃병이 꽃병 아닌 것으로 제 아무리 긴요히 쓰인다 하더라도 그것은 꽃병으로서의 참역할은 될 수 없다.
　인생도 마찬가지라고 생각한다.

사랑을 외면한 삶은 겉으로 보아 화려하고 찬란할 것일지라도 항상 비어 있고 시장한 것일 수밖에 없다. 사랑이 결핍된 삶은 겉으로 보아 그것이 성공한 듯이 보이는 것일지라도 결과적으로 패배요 헛된 것이라고 할 수밖에 없다. 그러므로 사랑에의 지향이나 그 실천 의지가 없는 인생은 실로 아무 것도 아닌 것이라고 나는 감히 말하겠다.
　이토록 귀한 것이 사랑이기에 그것이 결핍된 삶은 비참한 것이다. 그러나 여기 더욱 비참한 것은 사랑에의 갈구는 있으나 여러 가지 타산적인 이해 관계나 이기심이라는 장애물로 말미암아 가슴이 얼어버리는 일이다. 물질적인 인색함에 못지 않게 감정이나 영혼의 인색함도 불쌍한 것이 아닐 수 없다.
　전능하신 신께서는 무엇이나 다 가능케 하시겠지만 사랑이 없는 가슴에 사랑의 씨앗을 뿌리는 일만은 불가능하지 않을까 하고 생각해 보는 적이 있다. 즉 사랑이란 억지로 되는 것이 아니오, 남이 시켜서 되는 타율적인 것이 아니라 자율적이며 자연스럽게 이루어지는 것이라 믿어지기 때문이다. 그러므로 사랑의 무지개가 서지 않는 메마른 가슴의 소유자는 비극의 주인공이며, 또한 절로 일어나는 사랑의 뭉게구름을 외면하고 문을 닫는 비정한 처사 또한 비극적 인생의 주인공 노릇일 수밖에 없다.
　가슴을 활짝 열고 가족을, 친구를, 이웃을, 애인을, 천지 만물을 받아들여 뜨겁게 사랑할 때, 거기 실로 구원받는 삶이 있을 것이다. 그런데 여기서 우리가 그냥 지나쳐서는 안 되는 일로, 사랑이라고 하면 흔히 감성의 일, 혹은 감정의 표출이라고만 생각하는 점이다.

물론 아름답게 승화된 감정이 사랑의 정서임에는 틀림없다. 그러나 사랑은 충동적이며 찰나적인 욕구와는 엄격히 구별되는 것이다.

사랑은 감정과 지성과 이성과 의지, 이 모두를 배합하여서 이룩할 수 있는 전인적 결단이며 선택이며 하나하나 쌓아 올라가는 탑과 같은 것이다. 그러므로 불을 보고 그 황홀함에 도취되어 뛰어드는 불나비와 같은 정열과 용기가 있어야 함과 꼭 마찬가지로 자신을 견제하고 다스리는 분별력과 인내심이 없어서는 안 된다.

사랑이 우리에게 주는 것은 기쁨만이 아니기 때문에 더욱 우리의 의지를 필요로 하며 비장한 각오를 요구하게 된다. 함에도 불구하고 우리는 왕왕 어떤 달콤함이나 즐거움만을 취하려 할 뿐 사랑이 주는 슬픔이나 아픔은 외면하려 할 뿐만 아니라 거기에 대한 아무런 대비가 없었기 때문에 금방 좌절당하고 말기가 일쑤다.

젊은 연인들이 더할 수 없이 사랑한다고 믿어 결혼하였는데, 막상 결혼 생활에서 겪게 되는 여러 가지 현실적 문제들을 잘 해결하지 못하여 파탄을 당하는 일이라든지, 여태까지 자기가 잘 알고 있었다고 믿은 상대방의 전혀 예기치 아니한 다른 면모에 대한 놀라움을 이기지 못하여 깊은 실망감에 빠지는 일 등을 우리는 주변에서 흔히 본다. 그래서 사랑의 관계가 증오의 관계로, 믿음의 관계가 불신의 관계로 변모하고 마는 애석한 일이 많다.

혹은 또 자기만, 자기 가족만, 자기 애인만 사랑하려 하는 이기적이며 폐쇄적 사고와 행동도 문제가 될 것 같다. 이런 다분히 감정에 치우친 사랑, 어쩌면 본능에 가까운 사랑이야 사람 아닌 여타의 동물의 세계에서도 찾아볼 수가 있다.

그러나 지혜로운 분별력을 동반하는 사랑은 사람만이 할 수 있는 것이 아닐까 하고 생각한다. 그러기 때문에 사람의 사랑은 남김없이 빼앗는 것으로 나타나기도 하지만 아낌없이 바치는 것이 되기도 한다. 경우에 따라 전진도 하지만 경우에 따라 후퇴도 한다. 때로는 커다란 집념으로 임하지만 때로는 명쾌한 체념으로 마무리 짓는다. 대단히 즉물적인 형태로 나타나는가 하면 한없이 승화된 면모를 보이기도 한다. 그러나 이런 사랑의 변형이 어떻게 나타난다 하더라도 그 속에 순결한 불꽃이 항상 타고 있어야 함은 말할 필요조차 없다. 분별이라는 탈을 쓴 계산이 있다면 이는 옳은 사랑이 아니다.

인내라는 탈을 쓴 타협이 있다면 이는 사기극이다.

소유함이 곧 사랑의 승리라고 생각한다면 이 또한 얼마나 큰 오류일까. 사랑에 만일 도덕률이 있다면 그것은 정직, 그리고 최선을 다하는 것이 아닐까.

유명한 사르트르와 보브와르의 관계를 볼 때마다 나는 이 사랑의 정직성을 생각하곤 한다. 저들이 계약 결혼이라는 파격적이고 유례 드문 관계를 맺은 것은 기이한 행동을 원하여서가 아니라 보다 준열하게 자기를 직시하고 관습의 얼개에 의하여 상대방을 속박하지 않기 위하여서인 것이다.

사랑의 자유를 획득함으로써 보다 정직하게 살아가고자 하는 실로 고독하고 눈물겨우며 그러나 한편 더없이 충실한 사랑과 삶이 거기 펼쳐지는 것이다.

상실의 아픔을 견딜지언정 거짓되게 살지 않으려는 노력, 부단히 입는 상처에 몸부림칠지언정 적당주의로 얼버무리려 하지 않는 실로 투명한 삶의 자세가 거기 있는 것이다. 소용돌이치는 삶의 한가운데 뛰어들어 용감하게 자기를 성취시켜 가는 갸륵한 의지는 엄숙한 자기 완성이라고 할 수 있다.

물론 우리 모두가 사르트르와 보브와르처럼 살 필요는 없고 또 그러한 형태가 최선의 방법이라고 속단할 수는 없다. 다만 우리는 그 무엇으로도 사랑을 오염시키려 하지 않는 정신만은 우리 것으로 하여야겠다는 생각이다.

혹시라도 안일을 구하여 자기를 속이는 일은 없는가, 혹시나 자기 포기의 유약함 때문에 아무 데나 기대려 하지는 않는가, 명예나 금력에 탐닉하여 진실을 숨기는 일은 없는가, 과연 자기는 자기 전부를 기울여 사랑하며 또 살고 있는가.

이러한 물음을 우리는 자신에게 부단히 던져야 하리라고 본다.

인생은 단 한 번 뿐인 귀한 것이기에 그것을 거짓의 물감으로 채색한다는 것은 참으로 어리석고 억울한 일이다.

뜨겁게 그러나 분별력 있게 사랑하고, 진실되게 거짓없이 사는 삶에의 지향은 변함없이 아름답고 영원한 우리들의 꿈이요 이상인 것을 우리들은 가슴에 새겨야 하리라.

더 많이 용서하고 사랑하리

　사람이 40대가 되었을 때의 자기의 얼굴은 자기 스스로가 책임져야 한다는 이야기를 듣고 무척 겁이 났던 시절이 있었다. 선량하게 산 사람, 거짓되게 산 사람, 불안하게 산 사람, 불평만 가지고 산 사람 등등 각기 그들이 살아온 삶의 그림자가 얼굴에 드리워지는 것이라고 하니 두려운 일이 아닐 수 없었다. 왜냐하면 반드시 착하고 참되게만 살 자신이 없었기 때문이었다.
　거리에서 젊은 청소년들을 만날 때나 교정에서 남녀 대학생들을 접할 때 저들의 아름다움에 크게 감동을 받게 된다. 그 감동은 우리가 뛰어난 예술 작품이나 절묘한 자연 경관 앞에 섰을 때의 기쁨보다 훨씬 더할 것이다. 그러나 어느 겨를에 그 젊고 아름다운 표정도 굳어지고 활발하던 걸음걸이도 수그러들며 지나온 삶의 흔적만이 우수수 떨어지는 낙엽처럼 검버섯진다.
　일찍이 불타께서 생·로·병·사가 번뇌의 원천임을 말씀하셨지만 실로 늙고 병들고 죽는다는 것은 슬프고 슬픈 일이 아닐 수 없다.
　20대 때 그리스도의 모델이 되었던 청년이 몇십 년 후 같은 화공에 의하여 가롯 유다의 모델로 발탁되었다는 이야기는 결코 허구적인 것만은 아닐 것이다. 젊음의 열정과 신선함과 광휘로움이 사라지고 타협과 안일함과 사악함이 자리잡는다면 같은 인물이라도 그리스도에서 유다로 전락하고도 남음이 있을 것이다. 정녕 우리는 얼마나 여러 번 그러한 전락을 경험하였으며, 발버둥치고 몸부림치지만 결국 굴복하고 마는 일도 허다하지 않은가.

40대의 얼굴은 부끄럽다.

후회없이 산 사람, 자랑스럽게 산 사람들이 많이 있어서 이 말을 반박한다면 오히려 기쁜 일이겠으나, 자신 있게 부끄럽지 않은 자기를 내세울 수 있는 이가 과연 몇이나 될까.

인생의 봄과 여름을 지나온 지금은 가을. 황량한 들판엔 억새풀을 흔드는 바람만이 서걱이며, 한없이 적막한 겨울 하늘이 저만큼 아득히 펼쳐져 있다.

오관이 마비되어 눈·코·입·귀가 무디어지며 날카롭던 촉각도 둔해진다. 몸이 게을러짐과 함께 마음도 풀어진다. 무슨 일이나 적당히 하려고 얼렁뚱땅 넘어가려 한다. 모든 일이 시들하며 권태로워진다. 무의미해지고 초조해진다. 이리하여 마음의 공허를 채울 길을 찾아 이리저리 둘러보지만 여의치가 않다.

생활이 아직 자리잡히지 못한 이는 그래서 짜증스럽고, 안정된 생활 터전을 닦아 다소 유복한 삶을 누리는 이는 그 나름대로 유한한 시간의 효율적인 사용 방법을 몰라 부심한다. 쾌락을 추구해 본다 하여도 사회적인 제약 뿐만이 아니라 보다 근원적인 허무감 때문에 해결책이 못된다.

이런 때를 우리는 흔히 인생에서 갱년기라 부른다. 갱년기는 어쩌면 20대의 사춘기에 못지 않은 한 과도기이다.

20대의 사춘기에 우리는 얼마나 괴롭고 외롭고 울고 싶었던가. 꿈과 현실의 괴리감에 얼마나 몸을 떨었던가. 먼 곳을 향한 동경과 열정이 끓는 한편 참혹한 패배감으로 주저앉았던 적이 몇 번이었던가.

그러나 20대의 열병 그것은 정상을 향하여 나아가는 길의 여독이었다고 할 수 있다. 그것이 아무리 큰 괴로움이었다 할지라도 그 속에는 정열의 불꽃이 있다. 용광로처럼 끓는 뜨거움이 있다. 그러므로 설사 패배를 한다 하여도 그것은 찬란한 연소였다고 할 수 있다.

같은 과도기라도 갱년기의 그것은 사춘기와는 다른 것이다. 이것은 내리막길을 향하여 가는 길목의 빈 터이다. 거기에는 오색 무지개가 걸려 있지 않고 오직 회상의 쓸쓸한 노을만이 물들어 있다.

진실로 무엇을 위하여 살아왔으며 뜻하였던 바의 얼마를 달성하였는가를 자문하는 순간 더할 수 없는 회한에 젖게 된다. 차갑고 쓰디쓴 것이 가슴에 치받친다. 이러한 때 그 무엇이 위로가 될 수 있을까. 소외된 감정, 억울한 느낌이 파도처럼 밀려오게 된다.

이런 것이 갱년기의 실체라 하여도 과언이 아니다. 너무 부정적, 비관적인 면만을 들어 말한다고 할 수 있을지도 모른다. 그러나 이것이 진실인 바에야 진실을 외면함으로써 위로를 받고 행복할 수 있다 함은 거짓이다.

그렇다면 이대로 주저앉아도 좋을까. 그냥 이대로 통곡이나 하든지 어디로 잠적해 버리기라도 하면 해결이 될 것인가. 아니면 그냥 길들여지며 마지못한 삶을 그냥 받아들이기만 하여야 할까.

이것은 그 어떤 것도 지혜로운 삶의 풀이가 못된다. 이런 경우 우리들이 지혜롭고 진실되다면 사실을 사실대로 받아들이고 그것을 극복하는 길을 찾아 나아가야 하리라고 믿는다. 사실을 인정하기 위하여서는 용기가 필요하다. 그것을 극복하기 위하여서는 더 큰 용기가 필요하다.

나이 든다는 것, 나이 들면 육체는 시들어 주름지고 정신도 다소는 무기력해진다는 사실을 인정하고, 우리들의 마지막은 결국 죽음이라는 불가해한 미경험의 것으로 종결되고 마는 것을 정시해야 될 줄 안다.

그러나 정시하는 것, 인정하는 것만으로는 해결이 안 된다. 이것을 수용하고 이것을 풀어 나가야 한다.

늙음은 젊음만큼 패기가 있거나 열정적은 못되지만 진중하고 사려 깊을 수 있는 장점이 있다. 이 장점을 최대한으로 발휘하여 가족에게, 이웃에게 좋은 조언자가 된다면 이것은 자신의 기쁨이요 가정의 기쁨이며 이웃의 기쁨이 될 수 있을 것이다.

또 늙음은 젊음처럼 모험심이나 박진력이 있지는 않지만 유연한 포용력을 가질 수 있다. 가시도 돌도 감싸는 부드러움으로 자연과 인사 모두를 넓게 안아들인다면 그 품 속은 영원한 모성을 지닐 수 있을 것이며, 당사자는 물론 얼마나 많은 이들이 위안을 구할 수 있을 것인가.

늙음은 비록 싱싱한 윤기는 잃었지만 수많은 시행 착오와 체험이라는 귀중한 재산을 가지고 있다. 이 재산을 활용하여 이웃과 사회에 봉사한다면 우리는 늘 좋은 친구로서 환영받을 수 있을 것이다.

오래전, 미국에 이민 가서 사는 우리 교포 노인 내외분이 아침마다 거리 청소를 하여 이웃의 칭송이 자자하였다는 소식을 우리는 즐겁게 들었다.

모든 것을 돈으로만 계산하는 그 사회에서 노인 부부의 거리 청소는 놀라운 미담이 되었겠지만 이런 경우 실로 즐거운 이는 당사자들인 것이다. 그들은 무위한 노인으로 생각되기보다는 모든 이웃 사람들의 착한 친구가 되었기 때문이다.

늙음이 젊음보다 앞설 수 있는 것은, 그들이 먼저 경험한 사람들이라는 것, 그리고 무수히 실패를 거듭 경험한 사람들이라는 점에 있다. 이런 점에서 항상 자상한 스승, 현명한 예지자가 될 수 있는 기회가 있음을 잊지 말아야 한다.

새로운 세계를 개척하고자 하는 의지는 젊은이의 것이지만 일상의 사소한 일, 주변의 자그마한 것들이 주는 기쁨과 행복을 헤아릴 줄 아는 힘은 나이든 사람에게 많다.

싹이 트는 연초록 잎새 하나가 주는 경이, 먹이를 물고 기어가는 한 마리 개미에게 느끼는 연민, 이런 것을 확대하여 인생과 우주의 신비를 유추하고 고요히 관조할 수 있는 마음의 여유를 갖는다면 이는 바로 구원으로 나아갈 수 있는 열쇠가 될 수 있다.

늙음은 아름답기보다는 추한 것이지만, 자세 여하에 따라 추한 것을 아름답게 가꾸어 승화시킬 수가 있다. 물론 그 일은 상당히 어려운 일이다. 어려운 일이기에 해봄직하지 않은가. 어려운 일이기에 그것을 성취하였을 때의 만족감은 더 크고 보람될 것이며, 무엇보다도 삶의 주체자가 되어 끝까지 당당할 수 있다.

이제 또 한 해가 저문다.

한 해가 저물면 나이 한 살을 더 먹게 된다. 젊은 날엔 기쁨이던 것이 이제는 서글픔이 된다.

반드시 나이 먹었다고 해서 우둔하였던 자가 현명해지거나 무능하였던 자가 유능해지는 것은 아니다.

그러나 더 많이 덕을 쌓아 갈 수 있고, 더 많이 겸손해질 수 있고, 더 많이 용서할 수 있고, 더 많이 사랑할 수는 있다.

그렇게 될 때 서글픔을 극복되고 우리 여성은 어머니나 아내로서 뿐만이 아니라 실로 그 이상의 위대한 여성으로 성장할 수 있을 것이다.

사랑스러운 여인

 사람은 누구라도 사랑하고 사랑받는 그런 존재가 되고 싶어 한다.
 자기의 존재를 확인하고 싶어하는 마음, 자기를 성취시키고 싶어 하는 간절한 마음, 자기가 무엇이기를 열망하는 마음이 우리 모두에게는 있다. 그리고 이 모두를 달성하는 최고 최선의 길로써 우리는 '사랑'이라는 것을 생각해 볼 수 있다. 사랑받음으로써 하나의 의미를 획득하고, 사랑함으로써 자기를 실현하며 또한 사랑하고 사랑받음으로써 자기가 거기 존재하는 의의를 찾을 수 있기 때문이다. 그러기에 우리는 사랑스러운 여인에 대한 이야기들에 무한한 흥미를 느낀다. 그래서 우리는 주변의 여성들에게서, 혹은 예술작품들 속에서 사랑스러운 여인의 전형을 찾으려 애쓰고 그러한 여인을 모방하고자 하는 욕구를 억누르기 어렵다.
 때로 그녀는 이제 막 무대로 나가기 위하여 신 끈을 매고 있는 드가(Degas)의 그림 속 발레리나이기도 하고, 오만한 초인사상으로 자기의 지은 죄를 합리화하는 남자 대학생이 참회의 눈물로 그 발등에 입맞추는 도스토옙스키(Dostoevski)의 쏘냐이기도 하다. 천재의 영혼에 늘 음악의 샘물을 솟구치게 한 브람스(Brahms)의 클라라인가 하면 아픈 매질이나 갖은 유혹에도 끝내 절개를 굽히지 않은 춘향이기도 하다. 삶과 죽음이 한결같이 미궁에 빠져 있는 은막의 여왕 마릴린 몬로인가 하면 20세기의 지성을 대표하는 보브와르이기도 하다.

미모를 갖춘 여성, 부유한 여성, 당당한 여성, 연민을 불러일으키는 여성, 헌신적인 여성, 지성적인 여성, 재능이 있는 여성, 혹은 그 아무 것도 가지지 않은 여성 등 갖가지 유형의 여성들이 시대와 사회에 따라 사랑스럽고 선망해 마지않을 여성의 전형으로 손꼽히는 것이다. 그리하여 때로는 쏘냐의 머리 수건이 유행하기도 하고 몬로의 걸음걸이를 흉내 내기도 한다.

그런데 이 사랑스러운 여성들에 대하여 선망보다는 저항감을 표시하는 한 무리의 여성들도 없지 않다. 그녀들의 지론은 도대체 사랑스러운 여인이 누구에 의한 명명이며 어떤 표준에 의거하는가를 살펴볼 때 여성동지들을 위하여 퍽 자존심 상하는 면이 많다는 것이다. 즉 사랑스러운 여인이란 남성이 남성의 표준에 의하여 이러쿵 저러쿵 규정짓는 일이 많아서 여성들로서는 승복할 수 없는 점이 있다는 것이다. 어떤 여권 운동가의 말에 의하면 오직 성적 대상으로서의 여성에 초점을 맞춘 여성관이 대부분이어서 여성을 성적 노예 내지 인형화하고 있다고도 한다.

여성을 남성에 대한 상대적 존재로서 비교 파악하는 것은 여성의 개성이나 특성을 한층 선명히 드러낼 수 있다는 점에서는 유효적절한 이해방법이라 할 수 있다. 그러나 여성이 여성이라 하여, 또 남성이 남성이라 하여 그 상대적 특질만을 파악함이 완전한 이해방법이 될 수는 없는 것이다. 남성이 남성이기 이전에, 여성이 여성이기 이전에 한 인간이며 개체라는 점을 간과하여서는 완전한 여성이나 남성에 대한 이해는 불가능하다. 한 인간, 한 개체로서의 이해 위에 집단적 혹은 상대적 특성을 찾는 일이 이루어져야만 비교적 편견을 배제한 폭넓은 이해가 가능할 수 있을 것이다.

이렇게 본다면 사랑스러운 여인은 우선 사랑스러운 여성이기 이전에 사랑스러운 사람이어야 하겠다는 생각이 든다. 사랑스러운 사람은 절로 사랑스러운 여인이 될 수 있겠기에 말이다.

사람이 부지런하다는 것은 커다란 미덕이다. 영국의 존슨(Johnson) 박사 같은 이는 '아침에 일찍 일어나지 않는 젊은이는 성공할 수 없다'고까지 말을 하였다. 부지런한 사람 - 그중에도 부지런한 여성이 우리들에게 주는 신선한 느낌은 맑은 아침과 같다. 혹은 잘 익은 과일의 싱그러운 맛, 이제 막 그물로 건져올려진 은빛 생선의 생기와 같은 것을 느끼게 한다. 여인의 부지런한 손은 새로운 것을 창조하고 낡은 것을 개선하는 주인이다. 부지런한 여인의 아름다움을 알기 위하여서는 게으름의 악덕을 헤아려 봄으로써 비교될 수 있을 것이다. 게으름이 극단에 달하면 추해지고 무기력해진다. 물질생활에서 가난을 못 벗어남은 말할 것도 없고, 정신적인 면에서도 책임감이 없어지고 의욕이 상실되며 무능한 자가 되고 만다. 책임을 타인에게 돌리고 의타적인 자가 되어 도덕의식이나 윤리의식조차 희미해지고 말 우려가 있다. 이런 지경에 이르르면 게으름은 이미 단순한 게으름의 차원을 넘어선 죄악에 이른다고 하여도 과언이 아니다.

게으른 여성이 과연 훌륭한 가정을 이룩할 수 있을까? 게으른 여성이 과연 맡은 바 자기 일을 착오없이 해낼 수 있을까? 게으른 여성이 더불어 함께 사는 이들에게 즐거움과 기쁨을 줄 수 있을까?

게으름이 악덕인 그만큼 부지런함의 미덕은 크다. 부지런한 여성이 운영하는 가정은 분명 활기와 청신감이 넘칠 것이며, 부지런한 여성은 자기 할 일을 미루어 그르치는 일이 없을 것이며, 그녀를 바라보는 모든 사람들에게 신뢰감을 안겨주기까지 할 것이다. 사람의 생명은 한정되어 있고 시간은 무자비하리만치 쉬임없이 흐른다. 그러기에 예부터 '촌음을 아껴 써라'라고 하였다. 흐르는 시간은 황금보다 귀하다. 귀한 시간을 귀하게 쓸 줄 아는 이는 부지런한 사람뿐이다. 그러기에 부지런한 여성은 시간의 소중함을 아는 그 지혜로움에 있어 실로 사랑스러운 여인이 아닐 수 없다.

개성 있는 삶을 창조하며 사는 여성은 또한 아름답다. 때로 우리들의 삶은 거대한 기계처럼 굴러가며 우리들은 그 기계의 부속품처럼 느껴질 때가 있다. 모든 것이 대중을 대상으로 한 것들이다. 대중정치, 대중경제, 대중문화…… 이는 현대 시민사회의 승리를 나타내는 현상이다. 특권계층이나 특수계층을 위한 정치, 경제, 문화로부터 서민대중이 임자로 바뀐 셈이다. 그러므로 그것에는 대단히 긍정적 측면이 많다. 그러나 다른 한편 개성의 마모라든가 획일화가 불러오는 비정하고 인간성이 무시되는 부분도 대단히 많다. 그러기에 이런 문제에 대한 비판과 경각심을 일깨우는 소리들이 높다.

이러한 시대를 사는 우리들이기에 개성적 삶을 창조할 줄 아는 능력은 곧 삶에 행복의 요소를 불어넣을 줄 아는 슬기를 가졌다는 말이 된다. 비슷하게 지은 집에서 비슷하게 생긴 가구를 놓고 기성복에 몸을 맞추며 기성식품에 입맛을 길들이고 산다고까지 극단적으로 도식화되는 것이 오늘 우리들의 삶의 현상이라고 할 때, 거기 잠깐 머무른 여인의 손길이 개성적인 분위기를 마련할 수 있다면 그것은 놀라운 기쁨을 안겨줄 수 있는 것이다. 이러한 개성의 창조란 큰 일, 큰 노력으로서만 가능한 것이 아니다. 사소한 변화, 조그만 관심만으로도 독특한 체취는 살아날 수가 있다.

 자기만이 낼 수 있는 독특한 음식의 맛, 자기만이 가질 수 있는 어떤 분위기, 자기만이 꾸밀 수 있는 집안 환경…… 이런 것들은 자기의 성취 욕구를 만족시켜 줄 뿐만 아니라 다른 사람들의 삶을 부추기는 강렬한 인상이 될 수 있다. 그러나 이때 개성적인 삶이 독선적이며 괴이한 것을 의미하는 것이 아니라는 점은 두말할 필요가 없겠다.

 이러한 능력은 타고나기만 하는 것도 아니고 하루아침에 터득되거나 연마되는 것도 아니다. 자연이나 사람의 일에 대한 부단한 관심과 관찰, 만상에 대한 사랑과 이해, 아름다움을 찾으려는 노력이 있을 때 가능해질 수 있다. 따라서 이러한 능력을 기르고 세련시키기 위하여서는 전문지식이나 기능 이외에도 건전한 취미생활 - 예컨대 등산, 수집, 화초 기르기, 그림 그리기, 음악 감상 등을 비롯하여 폭넓은 독서가 병행되어야 하리라 본다. 여가를 선용하여 아름다움에 대한 감각을 기르고, 가치 있는 삶을 선별할 수 있는 바른 척도를 지니며 그를 실행할 수 있는 의지를 가질 때 그 삶은 자신의 뜻에 의하여 이룩되는 개성적 삶이 될 수 있을 것이기 때문이다. 이와 같이 개성적이며 창조적인 삶에 대한 지향을 가진 여성이 사랑스러운 것은 두말할 필요조차 없을 것이다.

겸손한 여성은 아름답다. 겸손이란 참으로 자신 있는 사람만이 갖출 수 있는 인격이다. 자신과 자부심이 없는 사람은 열등의식이나 비굴감은 있을지언정 겸손의 미덕을 갖추기 어렵다. 겸손은 자기를 투시할 줄 아는 맑은 자의식을 가진 사람의 속에 있는 것이다. 자기의 한계를 알고 한정된 자신의 운명과 우주의 영원 무변성과를 대비할 줄 아는 분별력을 가진 사람만이 겸손할 수가 있다.

또한 겸손은 생명 있는 모든 것, 혹은 무생물의 모든 것까지를 애련히 여기는 마음에서 유래하는 것이며 그들의 존재함에 대한 외경심에서 비롯하는 것이다. 자연의 모든 뜻, 옆에 있는 사람이나 사물을 모두 스승으로 삼아 가르침을 얻고자 하는 겸허함을 가진 이의 삶은 경건하다. 경건한 삶을 사는 사람은 함부로 부화뇌동하지 않으며, 함부로 속단하지 않으며, 운명을 수긍하고 인내하고 사랑함으로써 극복하는 일이다. 그런 사려 깊은 삶을 사는 여성을 우리는 사랑하지 않을 수 없을 것이다.

때와 장소에 따라 사랑스럽고 아름다운 여성의 유형은 여러 형태로 나뉠 것이다. 그러나 때와 장소를 초월하여 항시 우리들의 찬탄과 기림을 받을 수 있는 여성의 한 전형으로 나는 위에서, 근면하고 창조적이며 겸허한 여인을 들어 말하였다.

사람의 삶은 날마다 변하는 것 같으면서도 반복되는 요소가 없지 않아서 자칫하면 권태의 늪에 빠질 우려가 있다. 이러한 권태를 물리치고 새로운 기운을 불어넣을 수 있는 이는 바로 그녀이다. 또 사람의 삶은 언제나 같은 일의 되풀이인 듯하면서도 놀랍도록 변모하고 변화하는 것이다. 이러한 변화에 유연히 대처할 수 있는 자세를 가진 이도 바로 그녀이다.

　미모는 여성을 찬란히 빛내는 재산이지만 때의 흐름을 좇아 시들고 만다. 지성은 영롱한 구슬처럼 여성을 세련되게 하는 요소이지만 자칫 날카로운 칼이 되기 쉽다. 그러나 근면 · 창조력 · 겸손이라는 미덕은 변함없고 따뜻한 여성의 덕일 수 있다.

　이러한 덕성을 갖춘 여인이 여기 있다면 어찌 그녀를 아름다운 사람이라 일컫지 않을 것이며, 어찌 그녀를 사랑스러운 여인이라 부르지 않을 수 있으랴.

매력 있는 여성

 우리 여성들이 만약 아름답다는 말을 누구에게서 들었다면 즐거워하지 않고 행복해 하지 않을 사람이 아마 한 사람도 없을 것이다.
 남성들이라고 하여 아름다움에 대하여 무관심하거나 아름다움을 추구하지 않는 바 아니겠으나, 여성의 아름답고자 하는 열망은 남성의 그것보다 몇 배나 더 크고 강하다고 할 수 있다. 아름다움에 대한 관심과 아름답고자 하는 노력을 제외한다면 여성의 삶의 내용은 많은 부분이 할애된다 해도 과언이 아닐 것이다.
 사실에 있어 여성은 아름다운 존재다. 흔히 여성을 꽃에 비유하여 이야기하는 일이 많은데 이는 무리한 비유가 아니다. 만약 세상에서 여성이 없어진다고 하면 그 삭막함은 고사하고 아름다움이 사라진 데서 오는 어두움 때문에 세상은 빛을 잃지 않을까.
 젊은 여성의 발랄하고 건강한 아름다움이 우리의 삶에 부어 넣는 생기가 얼마만큼 큰 것이랴. 삶을 한결 탄력 있게 하고 희망을 갖게 하고 많은 것을 긍정하게 하는 힘이 그것에는 있다.
 중년 여성의 중후한 아름다움의 깊이를 또한 간과할 수가 없다. 잘 익은 가을 열매 속에 괸 즙처럼 향기롭고 감미한 멋은 항용 우리의 마음에 큰 위로와 안도감을 주는 그런 것이 아닐 수 없다.
 아름다움은 노년의 여성에게도 있다. 깊숙하게 굴곡진 주름살과

은실같이 반짝이는 백발의 연륜이 우리에게 주는 감동은 큰 것이다. 묵은 고서화의 담담한 색채를 담은 정한한 노부인의 분위기, 조용하면서도 모든 것을 받아들이는 관용의 미소에 접하면서 우리는 또 하나의 여성의 아름다움을 알게 된다.

실로 아름다운 존재가 여성이며, 아름다움에 대하여 민감히 반응하는 것이 여성이며, 아름다운 여성이 되고자 부단히 노력하는 것이 여성이라고 할 때, 여성은 필연적으로 아름다워질 수밖에 없다.

여성에게 있어 아름다움은 또 큰 힘이라고도 한다. 클레오파트라의 아름다움은 강한 로마군의 날카로운 칼날을 무디게 하였고, 말하는 꽃 양귀비의 아름다움은 한 나라를 기울게도 하였다. 베일에 가린 신비한 아름다움의 소유자였던 여배우 그레타 가르보에 심취한 사람들의 수는 헤아릴 수 없을 만큼 많았으며, 세기의 미녀 마릴린 몬로가 죽었을 때 그를 따라 세상을 버린 사람들까지 있었던 것을 우리는 잊을 수가 없다.

일세의 영웅 호걸도 여성의 아름다움 앞에 무릎을 꿇은 예가 드물지 않은 것을 생각해 보면, 여성의 아름다움은 참으로 큰 무기요, 위대한 힘이 아닐 수 없으며, 이에 천착하는 여성의 집념을 충분히 이해하고도 남음이 있을 것이다. 그리고 이러한 집념은 어떤 의미에서 여성의 여성다움이라고 할 수 있다.

이처럼 여성에게 있어 아름다움이 중요하고 아름답고자 하는 소망을 품지 않은 여성이 거의 없을 것임에도 불구하고, 실제 우리는 여성의 아름다움의 본질에 대한 오해와 착각으로 인하여 많은 아름다움의 자원을 미개발 상태로 방치하는 수가 많다. 혹은 엉뚱한 방향으로 초점을 맞춤으로 말미암아 오히려 아름다움을 손상시키는 잘못을 저지르는 일도 많다.

과연 어떤 것이 여성의 진정한 아름다움이며, 어떤 여성이 아름다운 여성일 수 있을까. 시대나 사회를 따라 여성의 아름다움은 어떻게 변화하며, 또 영원히 불변하는 여성의 아름다움은 어떤 것일까 하는 문제들을 언제나 아름답고자 하는 우리 여성들은 관심을 가지고 생각하고 반성할 필요가 있다.

우선 여성의 아름다움이라고 할 때 먼저 생각해 볼 수 있는 것은 외양의 아름다움이다. 팔등신 미인을 밉다고 하는 사람은 아마 없을 것이다. 조화를 이룬 미모, 균형 잡힌 몸매 등이 우리를 매혹하는 힘은 큰 것이기 때문이다. 그런데 이 외모의 아름다움은 타고나는 것이 대부분이므로 밉게 생겨난 사람은 어쩔 수 없는 것이 아니겠느냐는 절망론이 있을 수 있다. 그러나 과연 그런 것일까? 반드시 그렇지만은 않다.

어느 날 필자는 버스를 타고 있었다. 한 정류장에서 외모가 예쁜 한 여성이 올라탔다. 워낙 미인을 좋아하는 나의 시선이 그 여인에게로 쏠린 것은 두말할 필요도 없겠다. 그랬는데 오래지 않아 나는 그 여인으로부터 고개를 돌리지 않을 수 없었다. 그 여인이 껌을 큰 소리를 내면서 씹고 있어서 도무지 바라보기가 민망스러웠을 뿐 아니라, 딱딱거리는 그 소리가 시끄럽고 짜증스러웠기 때문이다. 갑자기 그 여인이 한없이 추하게 보이는 것을 막을 길이 없었다.

필자는 그때 필자의 선배 한 분이 하신 말씀을 상기하였었다.

"세상에서 제일 아름다운 여인은 외모와 마음씨가 함께 어여쁜 여성이다. 다음으로는 외모는 좀 부족하더라도 마음씨가 고운 여성이 두 번째가 될 수 있을 것이다. 그야 미운 여성은 외모도 마음씨도 곱지 못한 여성일 것은 더 말 안 해도 알 것이다. 그러나 마음씨 밉고 외모도 미운 여성보다 더 미운 여성이 있다. 그것은 바로 대단히 아름다운 외모를 가졌으면서 대단히 곱지 못한 마음씨를 가진 여성이다."

선배께서는 이런 말씀을 하셨던 것이다. 그날 버스 속에서 이 이야기를 상기한 것은 어쩌면 좀 지나친 비약이라고 여길지 모르지만, 아름다운 외모에 비하여 마음 씀씀이가 부족할 때 그것은 결코 아름다울 수 없다는 것을 일깨워 주는 이야기가 아닐 수 없다. 타고난 외모가 아무리 곱더라도 그것을 가꾸고 보존하는 정신적인 요소가 함께 하지 않으면 그것은 곧 실망을 주게 될 것이다. 외양의 아름다움을 가꾸기 위해서는 물론 청결이나 적당한 화장술이 필요하다. 그러나 그 어떤 화장술이나 성형술로도 미치지 못하는 미모의 요소로서 우리는 교양과 지성이라는 것을 꼽게 된다.

교양과 지성이라는 것은 지식과는 구별되는 것이다. 지식이 아무리 많더라도 교양과 지성이 부족할 수가 있기 때문이다. 그것은 더욱 밀접하게 인품과 연결되는 것으로써 그의 전 인간적 기량이 반영되는 것이라 할 수 있다. 교양미를 가꿈이 없이 외모의 아름다움에만 마음을 쓴다면 그것은 인형의 아름다움에 머물 우려가 있고, 육체가 병들고 늙음에 따라 덧없이 무너지는 허황한 것이 되기 쉽다.

또한 사랑을 하는 여성은 더없이 아름답다. 두 차례나 우리나라에도 다녀간 테레사 수녀 같은 여성은 미모는 아니었지만, 또 젊은 여성도 아니었지만 그의 가이 없는 사랑의 능력으로 하여 세상에 견줄 이가 많지 않은 미인인 것이다. 주름지고 거친 그의 손과 얼굴, 단벌의 옷차림까지도 빛을 발하던 것을 우리는 목격하였다. 오히려 우리들의 화장한 얼굴, 매끈한 손길, 분에 넘치는 비단옷이 부끄럽던 것도 가슴에 새겨져 있다.

그렇다. 사랑한다는 것이야말로 여성을 미인으로 만드는 아름다움의 묘약이다. 애인을 우러르는 눈길, 지아비를 바라보는 아내의 눈길, 아기를 안고 있는 어머니의 눈길의 부드러움과 다사로움을 어떤 날렵한 붓이 그릴 수 있으며, 어떤 달변의 혀가 노래할 수 있으리. 하물며 남을 나같이 사랑하고, 아니 나보다 더 사랑하고, 남을 위하여 자기를 바치고 큰 사랑을 가진 이의 아름다움은 가장 승화된 세계의 것이 아닐 수 없다. 우리 모두가 테레사 수녀 같은 사랑까지는 미칠 수 없다 하더라도 꽃을 사랑하고 새를 사랑하고, 친구를 사랑하고, 가까운 이웃을 사랑하는 일을 실천한다면 그런 여성은 미인이 될 수 있을 것이다.

'빈 수레가 요란하다' 는 우리 옛 속담이 있지만, 사람이 겸손하다는 것은 알찬 내용이 없이는 불가능하다. 요즈음 우리 여성들은 과거의 여성들과는 달리 고등 교육, 전문 교육까지 받을 뿐만 아니라, 자기를 실천하는 전문직에 활발히 종사하며 사회생활을 하고 있다. 따라서 확고한 신념과 자기 주장을 가지고 임하고 있는 점이 참으로 바람직하며, 또 가정생활에 있어서도 남편과 대등한 위치에서, 아니 어쩌면 더 중요한 몫을 하고 있는 점도 보람되다고 할 수 있다. 여성의 능력이 인정되고 개발되어 더욱 행복한 가정과 행복한 사회를 이루는 데 공헌하고 있다면 이는 참으로 좋은 일이기 때문이다.

우리 여성들이 활발하고 진취적이고, 또 거짓 없고 속임 없는 솔직한 점 등은 갈채를 보내 마지않을 발전이나, 이와 더불어 겸손의 미덕까지 함께 따른다면 그야말로 금상첨화가 아닐까. 왜냐하면, 오만하고 방자한 여성은 결코 아름다울 수 없고, 자만심을 내세우는 여자는 그 속이 비어 있기 십상이기 때문이다. 자기 주장을 확고히 한다는 것과 아무 때 아무 곳에서나 고집스럽게 자기 본위의 행동을 한다는 것은 구별된다.

조용하고 겸손하다는 것은 무지의 침묵과도 또한 구별되는 것이다. 때와 장소에 따라 양보할 줄도 알고, 가진 재능이나 능력을 가볍게 드러내지 않는 진중함과 겸손함은 여성의 언동 모두에 배어나고 삶의 구석구석에 스며서 은은한 아름다움이 될 것이다.

창의력이 있는 여성은 아름답다. 그러므로 우리는 항상 새로운 것을 창조하는 능력을 길러야 한다. 우리의 삶에는 나날이 새롭거나 신기한 일만 있는 것이 아니라 많은 부분이 같은 내용의 되풀이다. 그러므로 노력하지 않으면 타성에 젖고 관습으로 굳어서 권태로워지기 십상이다. 권태로워져서 재미없어진 삶에 새 기운을 불어 넣고 향기로운 기름을 치는 능력, 그것이 바로 여성의 창의력이라고 생각한다.

가령 우리가 같은 푸성귀를 가지고도 갖가지 요리법을 생각해 보는 일, 폐품을 활용하는 일, 적은 옷가지를 효과적으로 입는 일, 가정 관리를 합리적으로 하는 일, 한 송이 꽃으로 사무실의 분위기를 바꾸는 일, 시간을 낭비없이 쓰는 일 등에서 여성의 창의력은 유감

없이 발휘될 수 있을 것이다. 생활에 신선하고 새로운 변화를 가져오는 재미스러운 재능을 가진 여성을 어찌 우리는 사랑하지 않을 수 있으며, 어찌 아름답다 하지 않을 수 있겠는가.

또 여성이 좀 더 책을 많이 읽는다면 여성은 더 아름다워질 수 있지 않을까 생각한다. 어떤 청년이 아내감으로서 갖출 조건으로 '책을 많이 읽고 생각이 깊은 여자'를 찾는 것을 보고 깊이 느낀 바가 있었다. 몰염치한 정략 결혼이 횡행하는 현실 속에서도 참으로 지혜롭고 정신 똑바른 젊은이는 진실된 의미의 미인을 찾으려고 하는 것이다.

책을 읽으면서 여러 가지 지식도 얻게 되고 인생 공부도 하게 된다. 알면 알수록 실로 미미한 자기 존재에 대한 자의식도 생기고 분별력도 생긴다. 보다 현명해지며, 모든 사람, 모든 사물에 대한 깊은 이해와 동정심도 생긴다. 이런 여성의 행동거지와 말씨는 아마 나직하고도 상냥할 것이다. 그리고 그 부드러움과 상냥함은 자칫 거칠어지기 쉬운 우리의 생활과 마음을 곱게 다스려 줄 것이다.

현대는 개성이 존중되는 시대다. 그것은 인간의 자기 존엄성에 대한 자각이 투철한데도 연유하며, 또한 산업사회가 불러온 획일성에 대한 반발이기도 한 것이다. 의식주 생활이 규격품에 의거되기 십상인 현대 사회의 기계주의를 탈피하고자 하는 의식이 보다 인간적인 것, 더욱 개성적인 것을 귀하게 알고 존중하려는 의지로 나타난다.

하물며 여성의 아름다움에 있어서랴. 기실 여성의 아름다움이란 더할 수 없이 다양하고 또 개별적인 것이어서 어떤 완벽한 객관적

척도가 있다 하여도 결코 다 잴 수가 없는 것이다.

한데도 우리 여성들은 잘못 오해하여 자기만이 가진 독특한 아름다움과 장기를 연마하기보다는 남처럼 되려는, 다시 말하여 아름다움에 있어서조차도 유행을 좇으려는 경향이 농후하여 오히려 개성미를 잃어버리는 어리석음을 범할 때가 많다. 자기의 개성적 아름다움을 발굴하고, 세련시키고, 그에 대한 자부심을 가짐으로써 우리는 참다운 의미에서 아름다운 여성이 될 수 있지 않을까.

아름답고자 하는 여성들의 열망에 비하여 진실로 아름다운 여성을 만나기란 쉽지 않다. 이것은 어쩌면 당연한 일인지도 모른다. 아름다움이란 하루아침에 급조되는 것이 아니며, 억지로 꾸며서 이룩되는 것도 아니기 때문이다.

그것은 인생을 어떻게 진지하게 살며, 참됨과 착함에 대한 어느 만큼의 지향이 있으며, 또한 그의 실천을 위한 노력이 어떠하며, 그것이 그 인생에 있어 어떻게 구체적으로 구현되는가 하는 문제와 직결된다.

삶에 있어서 생기는 발랄한 리듬과 긴장감, 그러면서도 그 모두를 관조하는 고요한 마음가짐이 있을 때, 그리하여 자기도 모르는 사이 그 향기가 그의 주변에 감돌 때 거기에 참으로 우리의 삶을 한층 기쁘고 행복하게 만드는 여성의 아름다움이 존재할 것이다.

아름다운 여성

사람에 따라 생각이 다르겠지만 내가 생각하는 아름다운 여성상의 하나는 말수가 적은 여성이다.

'말 많은 집 장맛도 쓰다'는 옛 속담을 굳이 상기하지 않더라도 말이 많은 여자는 영 아름답게 보이지가 않는다. 물론 이것은 아무 자리에서나 입 꼭 다물고 침묵하는 것을 좋다고 하는 말은 아니다. 적당한 자리의 적절한 말, 필요한 때의 재치 있는 담화는 여성의 매력을 더할 수 있는 요소이다.

그러나 쓸데없이 말이 많은 것은 정돈되지 못한 인상을 줄 뿐만 아니라 말이 많다 보면 제 자랑, 남의 흉 하여 바람직하지 못한 화제가 등장하게 되는 것이다. 말 안 하는 것이 오히려 낫고 들어도 유익할 것이 없는 화제라면 그 무슨 쓸데없는 낭비란 말인가. 아무래도 그런 말 많은 여성은 아름답게 볼 수가 없을 것 같다.

나는 또 말을 하되 조용하고 나직한 음성으로 말하는 여성을 아름답다고 생각한다. 아무리 낭랑하고 고운 음성을 가진 여성이라도 큰 소리를 지른다면 좋게 들리지 않는다. 고함을 치며 이야기하는 여성이라니 그 사나움을 어찌 감당할 수 있을 것인가. 사람이란 감정의 동물이라고 한다. 평상시에는 안존한 사람이라도 때에 따라서는 흥분하고 고함을 지르게 되는 경우도 있겠지만 그런 때일수록 침착하고 조용한 태도로 말을 한다면 그것은 여성의 큰 미덕이 될 것 같다. 왜냐하면 그것은 단순한 말씨의 태도에 국한되는 문제가 아니라 곧 그 사람 인격과 결부되는 문제이기 때문이다. 감정과 이성의 조화를 이루고 잘 수양된 사람만이 그런 자세를 항상 지킬 수 있겠기에 말이다.

나는 또 언제나 얼굴에 미소를 띠고 이야기하는 여성을 아름답다고 생각한다. 천하의 미인이라도 성난 얼굴은 아름다울 수가 없다.

〈모나리자〉의 매력은 과연 무엇일까. 그것은 레오나르도 다빈치라는 거장의 솜씨 탓도 있겠지만 그 솜씨 못지않게 거론되고 논란의 대상이 되는 그녀의 미소의 힘 또한 큰 것이다.

그녀의 입가에 은은히 떠도는 신비한 미소의 비밀을 풀기 위하여 사람들은 얼마나 고심들을 하고 있는가. 미인을 그린 그림도 많고 조각도 많고 거장들의 명작들이 수다히 많건만 저토록 신비한 미소를 띤 미인은 드물다. 실로 그 미소의 비밀과 매력으로 하여 모나리자는 영원히 살아 있는 여인일 수 있는 것이다.

웃는 집안에 만복이 깃든다는 말이 있듯이 웃는 얼굴에는 기필코 행복이 깃들 것이다. 찡그린 얼굴, 우울한 얼굴, 슬픔에 찬 얼굴, 성이 난 얼굴의 여인이 가정의 주부가 되고 직장인이 되어 있다면 그 가정이나 직장 또한 어둡고 침울해지지 않을까 한다.

세상에는 여러 모습의 아름다운 여인상이 있지만 말수가 적은 여성, 때와 장소에 알맞은 풍부한 화제를 갖되 나직한 목소리로 말하는 여성, 나직하고 조용한 목소리로 말을 하되 항상 웃음 띤 표정으로 말하는 여성이 우리의 어머니, 우리의 아내, 우리의 누이, 우리의 친구라면 그 아름다운 여성을 우리는 참으로 오래오래 사랑하게 되지 않을까.

자유로운 여성

사람들의 취미나 기호는 각양각색이어서 초목을 길러도 어떤 이는 분경이나 분재만을 다루는 이가 있다. 갖은 기교와 정성을 다하여 큰 나무를 축소하고 또는 큰 수풀을 축소하기도 한다. 가지 하나, 잎 하나, 꽃 한 송이, 열매 하나에 이르기까지 그 배치나 모양에는 분을 꾸민 사람의 의도가 그대로 반영되며 이런 까닭에 경우에 따라서는 철사줄로 가지가 묶이기도 하고 성장을 억제받기도 한다.

이런 분재가 자연에 가하는 인공의 극이라면 산과 들에 저절로 자라나서 거친 바람, 눈비, 태양광선을 그대로 맞고 자라는 초목들은 그야말로 자연 그대로 자라는 야생초목들이라 할 수 있다. 어느 영림가의 말씀에 따르면 저들 초목들 사이에도 생존경쟁에 이기기 위한 치열하고도 눈물겨운 안간힘이 있다는 것이다. 밝은 빛을 좇아 마음껏 가지를 뻗고 맑은 물을 따라 땅 속 깊이 뿌리를 내리지만 어떤 경우에는 가지가 부러지고 뿌리가 뽑히는 시련을 겪기도 한다.

여성을 생각할 때 나는 저 분재와 야생화의 두 양태 여성상을 대비하여 보게 된다. 그리고 과거의 우리 여성상이 분재형이라면 현대의 우리 여성상은 야생초목형이 아닌가 하는 느낌이 든다.

타율적 제도와 관습에 의하여 제재받고 그것이 허용되는 범위 내에서만 자라고 꽃과 잎을 피우고 열매를 맺는 여성의 생활범주는 화분이나 온실에 국한되어 버릴 수밖에 없다. 적당한 온도, 적당한 습도, 적당한 영양과 빛이 주어짐으로 그나름의 아름다움이 가꾸어졌었다.

그러나 야생초목인 현대여성은 그 안온한 온실과 한정된 화분을 박차고 나온 여성들이다. 자유를 획득한 대신 사나운 비바람, 덤비는 해충 등 결코 평화로울 수만은 없는 환경에 때로는 순응하고 때로는 싸워야만 하는 것이다. 바꾸어 말하면 누구도 돌보아 주지 않고 누구도 보호해 주지 않는 거친 환경을 저 홀로 헤쳐가는 어려운 길을 선택하는 대가로 자유를 누리게 되었다는 것이다. 모든 것이 자율적인 반면에 거기 모험과 시행착오도 따르게 되어 있다.

자기 의지로 취사선택하고 자기 의지로 시행해가는 자유의 삶에는 그만큼 고독이 따르기 마련이며 그만큼 불안이 따르기 마련이다. 그러기 때문에 오랫동안 여성들은 바깥세계를 동경하면서도 주저하고 망설여왔다. 아무 것도 보장되지 않는 불확실한 바깥보다는 편안하고 안정된 온실세계에 안주하려는 소극성이 저 자유에의 동경을 속박하는 가장 큰 요인이었다 하여도 지나친 말이 아니다.

그러나 용감하고 깨우친 한 무리의 여성들에 의하여 끊임없는 도전이 계속됨으로써 오늘 우리 여성들은 귀여운 인형 아닌 살아 있는 사람으로서의 자리를 얻고 굳혔다. 생리적 특성은 차별대우를 받는 조건이 아닌 한 개성으로 배려되고 인습적 문화적 차별의 굴레를 벗어났다.

많은 여성들이 남성들과 대등한 입장에서 일하고 생각하고 행동하고 살아간다. 능력만 있으면 여성이라고 하여 참여하지 못할 일은 없다. 더없이 분방하고 자유로워진 여성들, 온실과 온상, 조그만 화분으로부터 풀려난 해방된 여성들의 삶은 실로 야생초목의 그것처럼 싱그러움과 풋풋함이 넘친다.

그러나 여기 우리들 자유를 만끽하는 여성들이 결코 지나쳐서는 안될 일이 있다. 그 하나는 자유에는 항상 책임이 따른다는 것이다. 모든 취사선택이 자기 의사대로라면 그 결과에 대한 책임 또한 자기에게 있게 마련이라는 것을 잊어서는 안될 것이다. 또 다른 하나는 자유는 절제라는 미덕이 따를 때에 그 개념이 더욱 확실해지며 그 아름다움과 숭고한 뜻이 빛난다는 것이다. 절제 없는 자유란 어쩌면 속박보다도 더 큰 악덕일 수 있다. 그것은 방종의 나락, 고독의 심연에 빠져들 위험이 다분한 것이기 때문이다.

그러기에 진정한 의미로 속박의 끈으로부터 풀려나서 참다운 자유를 누리는 '자유로운 여성'이란 그만한 의지, 그만한 자아각성, 그만한 능력, 그만한 깊이의 사유와 인격을 갖추지 않고서는 단지 허울이나 그림자 뿐의 자유 추종자에 지날 뿐일 것이다.

겸손한 여성

 노자(老子)의 ≪도덕경(道德經)≫에 보면 다음과 같은 말이 나온다.
 '천하의 지극히 부드러운 것이 천하의 지극히 딴딴한 것을 지배하는 것은 마치 형상도 없는 것으로써 사이도 없는 틈으로 들어가는 것과 같나니, 내 이것으로 하염없음이 유익할 줄 아느리라.'
 또 이런 말도 있다.
 '천하에 물보다 부드러운 것이 없건마는 딴딴한 것을 치는 데는 이 물보다 나은 것이 없나니 이는 그 부드러운 성질을 변치 않는 까닭이니라.'
 노자의 이런 말들이 가리키는 부드러움의 힘은 어쩌면 여성다움의 힘이 아닐까 하고 생각해 본다.
 가령 또 괴테가 〈파우스트〉에서 '영원한 여성은 우리를 이끌어 올리노라'고 한 데서, 우리를 구원하는 여성다움이란 바로 부드러움의 힘으로 딴딴한 것을 이길 수 있는 여성의 속성을 가리키는 것이라고 볼 수 있겠다.
 음양(陰陽)의 이치에 따르지 않더라도 흔히 남성과 여성을 대비시켜 말할 때에 남성은 강하고 적극적이고 능동적이며 저돌적인데 반하여 여성은 약하고 소극적, 수동적, 수비적이라고 일컬어진다. 따라서 유연함이나 부드러움은 여성의 속성에 속하는 것으로 간주

된다.

 그러나 프랑스의 유명한 여류 문인 보브와르 같은 이는 남성의 남성다움이나 여성의 여성다움은 타고나는 천품이라기보다는 후천적 훈련에 의한 것이라고 하였다. 그래서 강제된 교육에 의하여 남성은 남성답게, 또 여성은 여성답게 길들여졌을 뿐이라고 하였다. 이러한 주장을 입증해 주는 예가 세상 어떤 곳에는 있는 모양이나, 굳이 특별난 어떤 곳을 찾지 않더라도 요즈음 우리 여성들의 사고나 행동이나 삶의 양태는 1세기 전이나 혹은 그보다 더 가까운 50여 년 전쯤의 여성들과는 판이하게 달라졌다. 그리하여 옛날에는 도저히 여성답다고 할 수 없는 씩씩하고 활달한 여성들이 가장 현대적 여성으로 군림하게도 되었다. 이것은 어쩌면 수백 년 투쟁해온 여성운동의 결과이며, 여권 회복의 결실일지도 모른다. 혹은 여성의 자아 각성, 발전적 성숙의 표출이라고 할 수도 있다.

 사실에 있어 우리들은 수줍음이 곧 오늘날 여성의 아름다움이라고 생각하지 않으며, 맹목적인 순종이 여성의 미덕이라고 생각하지 않는다. 경우에 따라서는 남성보다 더 강인한 힘이 여성에게도 요구될 수 있고, 더 적극적 활동을 기대하기도 한다. 이러한 요청과 기대에 부응하여 세상에는 여 군주서부터 여 수상, 여 사장, 여자 운전사, 여자 군인 등등 각계각층 각종 각색의 직책을 맡아 여성들이 그 육체적·정신적 힘을 과시하고 있다. 심지어 인도의 어느 곳에서는 가장 난폭한 산적의 두목까지도 아름다운 젊은 여자였다니 여성이 보호받아야 할 약자라는 생각은 전 세대의 유물이라고 하는 말이 나올 법도 하다.

 실제 오늘의 여성들에게 있어서의 그 발랄함과 구김 없는 솔직성, 주저 없는 자기 표현 등 활달한 기상은 큰 매력이며 건강한 아름다움이다. 그러나 이것이 곧 여성이 부드럽지 않아도 된다는 의미는 아닐 것이다. 오히려 여성이 현대 사회의 여러 부문에서 우수한 능력을 발휘할 수 있는 것은 '딴딴한 것'을 감싸고 뚫어내는 '부드러움'의 힘에 의한 것이며, 그러한 부드러운 힘을 인정받는 것이라 볼 수 있지 않을까.

교육을 받아 다소의 지식을 축적하였다는 것으로 오만과 편견에 사로잡혀 있다면 그 지식은 차라리 얻지 않음만 못할 것이다. 현대 여성의 현대화라는 것이 인격의 경직을 의미한다면, 그래서 탄력 있는 유연성과 겸양의 미덕을 잃어버린다면 어쩌면 우리의 삶은 발전이 아니라 퇴보하는 것이나 아닐까.

세계가 놀랄 만큼 과학화·기계화됨에 따라 더욱 인간적인 것의 소중함이 인지되고, 컴퓨터나 로봇이 할 수 없는 정서적 감동과 사랑의 실현을 할 수 있는 인간 능력이 존엄성을 지니는 것이라면, 여성의 겸손함과 부드러움이야말로 언제나 우리 마음을 위무하고 격려하는 향유와 같은 것이 아니겠는가.

'겸손한 여성이 되자.'

나는 이 말을 우리 젊은 여성들에게 하고 싶다.

겸손하다는 것은 자신감이 없어서 뒤처진다는 것과는 다르다. 오히려 커다란 자신을 가지고 내면적으로 알찬 사람만이 겸양의 아름다움까지를 갖추는 것이다. 남과 나의 자리를 바꾸어 생각해 보고, 남과 나의 처지를 바꾸어 놓아 봄으로써 폭 넓은 인간 이해에 뿌리하는 겸양의 마음은 우러나고, 이 마음이 반영되어 겸손한 태도와 예절바른 행동이 나타나는 것이다. 드골 대통령의 부인이 남편의 뒤에 몇 걸음 뒤떨어져 따라가는 사진을 보며 우리는 그 부인이 못났다고 생각하기는커녕 사려 깊고 어여쁜 여심을 읽어 그 국민들이 그녀에게 보낸 신망을 이해할 수 있게 된다.

부드러운 여성이 되자, 나는 또 이 말을 우리 젊은 여성들에게 하고 싶다.

세상의 모든 것을 포용하고 용납하는 큰 힘이 모성애라면 부드러움이란 이 모성애와 가장 긴밀하게 연결되어 있을 것이다. 어머니이건 아니건 여성에게는 천지 만물에 대해 연민과 사랑을 가지는 모성애가 있다. 부드럽지 못한 여성이란 결국 모성애를 잃은 여성이요, 모성애를 잃은 여성은 이미 여성으로서의 개성을 잃은 여성이라 할 수 있지 않을까. 우리가 여성의 부드러운 말씨 하나, 손짓 하나, 눈짓 하나에서 영향받는 바는 실로 크다.

정녕 우리 젊은 여성들은 물과 같은 여성이 되자고 말하고 싶다. 물은 부드러우면서 겸손하다. 부드럽고 겸손하면서도 틈 없는 틈 사이로 스며드는 힘과 모든 딴딴한 것을 능가하는 힘을 지닌다. 그리고 그 힘은 모든 생명의 원천이 된다. 물이 어떻게 괴어 있고 어떻게 흐르며, 또한 어떻게 푸른 수액이 되어 나뭇가지 끝까지 미치는가를 잘 살펴본다면, 우리는 겸손과 유연함이 어찌하여 승자의 자리를 차지할 수 있는지를 알 수 있을 것이다.

세상에는 미녀가 많고 많지만, 그리고 또 그 아름다움의 기준은 시대와 사회에 따라 기호를 달리하겠지만, 온유하고 겸손함이란 시공을 초월한 미녀의 조건이 아닐까 생각해 본다.

분별력 있는 여인

〈구원의 여인상〉이라는 피천득 선생의 수필을 읽으면 많은 이상적인 여인상이 등장한다.

어떤 여인은 마음씨가 아름답고, 어떤 여인은 용모가 곱고, 어떤 여인은 아주 지성적이고, 어떤 여인은 섬세한 심성을 지녔고, 어떤 여인은 멋쟁이이고, 어떤 여인은 예의 바르고, 어떤 여인은 성실하고, 어떤 여인은 온순하고, 어떤 여인은 활달하고, 어떤 여인은 다소곳하다.

따뜻한 여인이 있는가 하면 냉철한 여인이 있고, 뛰어난 재능을 가진 여인이 있는가 하면 너그럽고 포용력 있는 여인도 있다. 진정 그녀들은 하나같이 개성적이면서 매력이 넘쳐 결코 잊혀질 수 없는 구원의 여인들이다.

그런데 그중에 이런 대목이 있다.

'…… 그녀는 찻잔을 윤기 나게 닦을 줄도 알지만 이 빠진 접시를 버릴 줄도 안다.'

이 대목을 읽으면서 또 한 번 '과연' 하고 감탄을 하지 않을 수 없었다. 필자의 날카롭고 빈틈없는 관찰력과 아름다움에 대한 섬세한 감각에 놀라면서 정녕 이런 여인이 구원의 여인일 수 있다는 점에 전적으로 공감하였기 때문이다.

분명 찻잔을 윤기 나게 닦을 줄 아는 알뜰한 여인은 근면과 성실과 청결의 표상으로서 모범적인 주부임에 틀림없다. 이런 여성에 대해서는 일반적으로 예찬의 소리가 높을 수밖에 없다. 그러면서도 이 빠진 접시를 버릴 줄 안다는 것은 곧 슬기로운 분별력과 결단력까지 겸하여 가졌다는 뜻으로 실로 그런 여인은 우리들의 흠모와 경탄을 자아내기에 모자람이 없는 사람이겠다.
　아무리 뛰어난 미모를 지닌 여인이라도 분별력이 모자라면 오히려 그 미모가 주책스럽고 경우에 따라서는 본의 아닌 죄를 지을 수도 있을 것이다. 인류의 역사가 말하여 주고 있듯이 흔히 경국지색의 미인들의 행적은 이를 증거하고도 남음이 있는 것이다. 트로이의 헬렌이나 당나라의 양귀비에게 좀 더 분별력이 있었더라면, 아니 미의 여신인 아프로디테 자신에게 애초에 분별력이 있었더라면 많은 비극은 미연에 방지될 수도 있었을 것이다.
　아무리 뛰어난 재능이나 지식을 가지고 있더라도 분별력이나 결단력이 모자라면 자칫 편협하고 오만한 아집에 빠지거나, 아니면 쓸모없는 헛재능, 헛지식의 소유자에 머물고 말 것이다.
　권력을 쥔 사람이 분별력이 모자라면 권력을 남용하기 쉽고, 금력을 가진 사람이 분별력이 모자라면 다만 졸부에 그칠 뿐 훌륭한 장자가 되기는 어렵다.
　요컨대 분별력이란 인간이 지닐 수 있는 최고의 지혜요 미덕이다. 분별력이 있음으로 하여 무엇이 진실된 것이며 무엇이 거짓된 것인가, 무엇이 선한 것이며 무엇이 악한 것인가, 무엇이 아름다운 것이며 무엇이 추한 것인가, 무엇이 성스러운 것이며 무엇이 속된 것인가, 무엇이 값진 것이며 무엇이 쓸모없는 것인가, 무엇이 정의로운 것이며 무엇이 부정한 것인가를 판단할 수 있다. 무엇을 해야 하고 무엇을 하지 말아야 하는지, 인생에 있어 반드시 성취하여야 할 것이 무엇이고 해서는 안될 일이 무엇인지를 가려낼 수 있을 것이다.

엘리자벳 영국 여왕의 동생 마아가렛의 비련은 세기적인 사건이었다. 그녀와 타운젠트 대령 사이의 열렬한 사랑은 온 세상의 이목을 집중시킨 화젯거리였으나, 신분의 차이가 두 사람의 결합에 장애물이 되었다. 공주는 그야말로 사랑과 의무 사이에서 양자택일을 하지 않을 수 없는 곤경에 처하게 되었다. 어느 쪽을 택하든 그 선택은 슬픔과 두려움을 동반하는 것이 되지 않을 수 없었다. 공주나 타운젠트 대령 두 당사자의 괴로움이나 고통, 영국 황실의 곤혹도 대단한 것이었겠지만 온 세계 사람들은 실은 주먹을 쥐고 그 귀추를 주목하였다.

마침내 공주는 신분이 요구하는 의무의 길을 선택하였다. 그리하여 타운젠트 대령과 마아가렛 공주 사이의 사랑은 세기의 비련이 되고 말았다. 대단한 사랑의 열정이, 대단한 분별의 이성에 의하여 다스려진 경우였다고 하겠다. 우리는 여기에서 대아를 위하여 소아를 희생한 공주의 용기에 접하게 된다. 신분을 초월하여 두 사람이 결합하는 데에는 크나큰 용단이 요구되었을 것이나 그 사랑을 제물로 오히려 의무와 책임의 사명을 다한 결단은 실로 존엄한 자존의지를 지닌 인간만이 해낼 수 있는 일인지도 모른다. 하였기에 그 비련은 한층 처절하고도 아름다웠다.

정녕 분별과 견제의 지혜를 지닌 여성은 예쁜 꽃을 창가에 장식할 줄도 알겠지만, 그 꽃이 시들었을 때 깨끗이 버릴 줄도 알 것이다. 이웃과 어떻게 기쁨을 나누고 또 어떻게 슬픔을 위로할 것인가도 알 것이다.

이러한 여인을 주부로 가진 가정과 이러한 여인을 사원으로 가진 회사는 분명 건실하고 절도 있고 언제나 발전적인 방향으로 나아가는, 밝고 명랑한 분위기에 항상 젖어 있을 것임을 믿어 의심치 않는다. 그녀는 야망의 불을 일구어 타오르게도 하겠지만, 지나친 욕망을 견제할 줄도 알 것이 틀림없기 때문이다.

미인의 길

아기들의 얼굴을 보고 있으면 바로 천사가 저렇게 생겼으려니 싶다. 저절로 마음이 기뻐지고 웃음이 나온다. 미인을 찾는 기준으로 말한다면, 아기들의 얼굴이나 모습은 빠지고 모자라는 점이 많다. 머리칼은 아직 자라지 않았고 눈썹도 희미하며 올려다보는 이마에는 주름살마저 잡혀 있다. 코는 대개 콧대가 꺼진 들창코요, 속눈썹이 덜 난 두 눈두덩은 부어 있다. 이빨도 없고 혹 있다 하여도 두어 개 솟아 있는 잇몸 뿐의 입이다. 목은 지나치게 짧고 주름이 잡혀 있으며 허리 없는 배는 부르고 팔다리의 균형도 영 말씀이 아니다.

그러나 아무도 아기들의 모습을 보고 추하다고 느끼거나 우스꽝스럽다고 느끼지 않는다. 더없이 귀엽고 예쁜 조그만 사람인 아기들을 우리는 모두 사랑해 마지않는다.

그것은 어린 아기의 모습이 비록 어른들이 생각하는 아름다움의 기준에서는 벗어났다 할지라도 아기들이 지니고 있는 무구성이 그 모습과 하는 행동에 그대로 배어 있어 그것이 우리를 감동케 하기 때문일 것이다.

또 나처럼 나이가 좀 든 사람의 눈으로 보면 모든 젊은이들은 하나같이 아름답게 보인다. 정작 그들을 가까이 보면 모두가 다 빼어난 미모의 소유자들은 아니다. 그래서 자신들도 자신의 용모나 자태에 불만을 가진 이들이 적지 않다. 눈이 좀 시원스럽게 컸으면, 살결이 좀 더 희었으면, 코가 좀 더 높았으면, 눈썹이 예쁘게 났으면, 볼에 보조개가 있었으면, 가슴이 좀 더 풍만했으면, 엉덩이가 올라붙고 다리가 더 길었으면, 손이 좀 더 예뻤으면……하는 가지가지 불만과 욕구들이 저들에게는 있다.

그러나 이만큼 떨어져서 바라보는 나에게는 그들이 모두가 미인으로만 보인다. 살결이 희면 희어서 곱고, 까무스름하면 또 그대로 매력적이다. 쪽 고른 이빨이 붉은 입술 사이로 내다보이는 것은 더없이 정갈해 보이지만, 웃을 때 살짝 덧니가 내다보이는 것도 밉지 않다. 눈이 크고 쌍꺼풀져 있으면 이국적 느낌이 들어 좋고, 눈꼬리가 상큼 올라간 눈은 한국적이어서 예쁘다. 키가 크면 시원스러워 보이고 다리가 짧으면 그대로 귀엽다.

이렇게 그들이 결코 규격적 미인들은 아니지만 아름다운 미인들로 보이는 까닭은 그들이 지니고 있는 젊음의 힘 때문이다. 싱싱하고 활기찬 젊음이 있기에 그들의 개성적인 용모는 모두가 호소력 있는 아름다움을 지닌다.

어린 아기나 젊은이들에게 있어서는 무구성과 젊음 그 자체가 아름다움이다. 그것은 일부러 가지려 해서 가져지는 것도 아니요, 안 가지려 해서 안 가져지는 것도 아니다. 그것은 저절로 주어지는 은총이요, 천부의 아름다움이라고도 할 수 있다.

그러기에 정작 사람이 아름다움을 만들어낼 수 있는 의지의 작용은 그 무구함도 젊음도 사라져버린 후부터가 아닐까 한다.

'사람은 나이 40이 되면 자기 용모에 책임을 져야 한다.' 젊은 날 나는 이 말이 두려웠다. 40이 훨씬 넘은 지금 나는 이 말을 새기며 부끄러워한다. 하늘이 주신 무구함과 젊음이 사라진 이후 자기가 자기를 어떻게 관리하였나가 용모에 나타나 있기 때문이다.

요즈음은 화장술이나 성형술 같은 미용술이 발달하여 인조미인이 만들어진다고도 한다. 그래서 자기 용모에 자신이 없던 사람이 성형술의 힘을 빌어 열등감에서 벗어나 행복하게 사는 예도 있다고 한다. 빠진 머리칼도 재생시킬 수 있고 늙어 주름잡힌 피부도 팽팽하게 젊은이처럼 만들기도 한다.

그러나 아무리 화장술, 성형술이 발달하여도 자신이 살아온 족적을 감추기는 어려울 것 같다. 결국 늙은 사람의 용모는 그가 살아온 인생 행로나 마음의 지향과 불가분리의 관계를 맺을 것이기에 말이다. 비록 주름살이 없고 미인의 조건에 빠짐없는 용모라 하여도, 그 표정에 욕심과 이기심이 드러난다면 그런 미모는 오히려 역겨울 것이다. 그 행동에 독선과 아집만이 엿보인다면 누가 그를 아름답다고 할 것인가.

감추어져 있는 영혼의 모습과 표정이 나이 들면서 차츰 그 용모나 자태에 드러난다는 것은 어쩌면 은총일까, 아니면 형벌일까.

세상에는 어려운 일이 많지만 그중에서도 아름답게 늙는다는 일 또한 어려운 일일 것 같다. 무구함도 젊음도 더는 도와주지 않는 용모를 스스로 가꾸어 나간다는 일이 결코 쉬운 일이 아니며, 또 그것이 단순한 겉꾸밈만으로 이루어질 수 없다는 점에 더욱 난점이 있다.

어릴 때 친구 언니 중에 아주 아름다운 미인이 있었다. 바라보고 있으면 호수처럼 빠져들 듯한 그 맑은 눈을 보기 위하여 나는 친구의 집을 자주 방문하곤 하였다. 그러나 십수 년이 지난 후, 다시 그녀를 만났을 때 나는 적잖이 실망하고 말았다. 그녀는 더 이상 미인이 아니었기 때문이다. 변함없이 그 눈, 그 코, 그 입술이었으며 오히려 고운 화장으로 하여 그 미모는 더욱 세련되어 있기까지 했지만, 일찍이 그녀가 나의 가슴에 일으켰던 감동의 파문은 일지 않았다. 그녀에게서 풍기는 너무 지나친 속기 때문이었다. 그 속기의 그을음이 너무 짙어서 그녀의 빛나던 매력을 손상시키고 있었던 것이다.

　무구함이나 젊음 그 자체를 아름다움이라고 한다면, 상대적으로 늙음은 미워지고 추해지는 것이라고 볼 수도 있겠다. 그러기에 실로 늙음의 관리를 어떻게 하느냐에 따라 인생 마지막의 미추가 결정된다고 생각하면 다시 한 번 두려워지지 않을 수 없다.

　'마음씨 고운 이가 정말 미인'이라느니 '겉보다 속'이라느니 하는 다분히 교훈적이고 또 조금은 위무적인 듯 느껴지는 말이 늙음의 아름다움을 좌우하는 데 있어서는 절대적 진리가 아닌가 한다.

　예쁘고 아름답고 싶은 마음은 젊은이 뿐만 아니라 나이 들은 사람들도 변함없이 갖는 욕구이다. 이 욕구를 충족시키기 위해서는 육체의 화장에 못지 않는 정신의 화장도 부지런히, 열심히 해야 할 것이니 아름다운 미인이 되기란 결코 쉬운 일이 아닌 것 같다.

베일을 쓴 여인

 어렸을 적에 발렌티노라고 하는 전설적인 미남에 대한 이야기를 들었다. 그 미남배우는 환호하는 많은 사람들, 특히 여성 추종자들 때문에 마음대로 길을 다닐 수도 없고 자유롭게 어디를 갈 수도 없을 정도였다고 한다.
 그러한 그가 아까운 나이로 요절하였을 때 세상의 여성들은 모두가 애인을 잃은 듯 슬픔에 잠겼었으며 그의 무덤에는 많은 꽃다발이 끊이지 않고 바쳐졌다고 한다. 그러나 세월이 흐를수록 그의 이름도 차츰 잊혀져 가고 또 새로 떠오른 신예의 별들이 빛을 더함에 따라 발렌티노의 무덤을 참배하는 발걸음도 사라져 가게 되었다. 그런데 해마다 발렌티노의 기일이 되면 검은 상복을 입고 베일을 쓴 한 여인이 어김없이 나타나서 그 무덤 앞에 헌화를 해왔다는 것이다. 과연 그 여인은 누구일까에 대하여 수많은 추측들이 있어 왔으나 끝내 그 여인의 정체는 밝혀지지 않았다고 한다. 마침내 수십 년 동안 찾아오던 그 여인이 어느 해부터인가는 나타나지 않았다고 한다. 따라서 발렌티노의 무덤 앞에 바쳐지던 꽃다발도 없었다. 사람들은 이야기하였다. 아마 이제는 그 미지의 여인까지도 저세상으로 갔음이 틀림없다고.
 나는 이 이야기를 신비감에 사로잡혀 들었다. 모든 것이 전설 같은 신비감을 자아내게 하였기 때문이다. 발렌티노의 미모, 그의 죽음, 수십 년 동안 기일마다 무덤을 찾아오는 미지의 여인, 마침내 그 여자마저도 나타나지 않게 된 것, 이 모두가 현실의 이야기이기보다는 영화나 소설 같은 이야기요, 요즈음의 이야기가 아닌 신화시대의 사건같이 느껴졌기 때문이다.

그러나 그 모든 신비한 요소 중에서도 특히 나의 주의를 끈 것은 발렌티노의 무덤에 나타나는 그 여인이 언제나 얼굴에 베일을 쓰고 있어 그녀가 누구인지를 알 수 없었다는 점이다. 얼굴이 베일에 가려져 있었다는 이 점이 사실은 이 이야기의 절정을 이루는 요소일 것이라고 나는 생각하였다. 얼굴이 훤히 드러나고서 그녀가 누구인가를 안다면 그 무수한 추측은 명확한 하나의 답으로 귀결되었을 것이지만 우리의 호기심이나 그 이야기의 신비감이 그토록 짙었을 수가 있었을까. 그들의 이야기가 그토록 아름답고 우리의 가슴이 말할 수 없는 감동에 떠는 그런 일이 과연 있었을까. 아마 그러하지는 못하였을 것이다.

우리는 흔히 '열린 사회'라는 말을 쓴다. 암흑 속에 갇혀 있는 폐쇄적인 사회를 싫어하며 그러한 곳을 철의 장막이라 하여 경원시하기도 한다. 밝게 분명하게 열려 있는 사회를 좋아하며 모든 것이 선명하기를 바란다.

분명 어둡고 의혹에 싸인 알 수 없는 일들이 많은 사회는 좋을 수가 없다. 모든 것이 알려지고, 알고자 하는 사람 누구나 알 수 있는 그러한 일이 많은 사회야말로 밝은 사회라 할 것이다.

그러나 나는 그 밝은 사회가 너무 지나쳐서 요즈음 노출증의 병리현상을 보이는 면도 있지 않은가 싶을 때가 많다. 모든 것이 지나치게 폭로되고 그러다보니 드러내지 말아야 할 것까지 밖으로 드러내는 추태를 보이는 일이 없잖아 있는 것 같다.

공무상 꼭 지켜야 할 국가의 기밀사항, 개인의 사생활, 심지어는 천주교 같은 데서 행하는 고해성사의 비밀까지도 폭로되는 일이 있는 것이다. 아무리 밝은 것이 좋다고 하여도 이런 추하고 부도덕한 폭로들까지 밝은 것이라고 보기는 어렵다.

그렇다. 사물에 따라서는 감추어져 있음으로하여 더 아름다운 것이 있고 또 마땅히 감추어져 있어야만 하는 것이 있는 것이다. 물론 밝혀져야만 할 일이 있고 밝혀짐으로써 더 참되게 정직하게 살아갈 수 있는 일도 있는 것이다.

그러나 요즈음 들어 나는 저 발렌티노의 무덤 앞에 꽃을 바치던 여인의 베일을 좀 빌어오고 싶은 심정이다. 그 베일을 빌어다가 텔레비전이나 라디오, 신문 잡지들에 지나치게 옷을 벗고 나서는 모든 것 위에 가만히 씌워 봤으면 싶다.

손과 여인

어떤 남자 어른이 말씀하시기를, 여성은 얼굴보다 손발이 고와야 미인이라고 하였다. 그중에도 손은 그 놀림이 즉각 눈에 뜨이게 됨으로 흔히 손에도 표정이 있다고들 한다. 또 훌륭한 배우는 손 처리를 대단히 잘 한다고 하는 것을 보면 얼굴 표정에 못지 않게 손가짐이나 손놀림은 중요한 것 같다.

우리나라에서는 미인의 아름다운 손을 섬섬옥수라고도 하고, 삐비 같은 손이라고도 하였다. 부드럽고 갈쌈하게 빚어 놓은 듯한 손을 우리는 이 표현을 통하여 감지할 수 있다. 우리나라 옛 민요의 시집살이 노래 같은 것을 보면 이런 대목이 있다.

> 시집살이 석삼 년에
> 삐비 같던 이 내 손이
> 갈퀴손이 다 되었네

처녀 적에는 옥을 다듬은 듯 아름답고 곱던 손, 갓 돋아나는 삐비같이 부드럽던 손이 시집살이 3년 동안에 나무를 긁는 갈퀴같이 험해졌다는 한탄이다. 그만큼 우리 여인들은 가사노동과 농사노동 등으로 지문이 마모되고 손톱이 저절로 닳아서 깎을 필요가 없을 만큼 손을 많이 썼던 것이다. 피부는 거칠어지고 손마디는 굵어지고 손바닥에는 굳은 못이 박히어 표현 그대로 갈퀴손이 되고 말았던 것이다. 게다가 겨울이면 얼고 터져서 붉게 얼음 박힌 손이 되고 말았으니 처녀 적의 희고 곱던 손의 수줍은 표정은 간 곳이 없을 수밖에 없었다.

그런 옛날 여인들의 손에 비하면 오늘 우리 여성들의 손은 그야말로 공주님의 섬섬옥수라고 할 수 있다. 우선 옛날처럼 부지런한 노동의 손이 아니며 일을 할 때도 장갑을 낀다든가 하여 손을 보호하고 아낀다. 겨울에도 손이 트지 않도록 크림을 바르고 기름을 발라서 부드럽게 한다. 뿐만 아니라 손의 치장이 여간만 한 것이 아니다. 손톱을 길러서 아름답게 깎고 갈고 가지가지 색칠을 한다. 손가락에 끼는 가락지도 여러 가지 제재로, 여러 가지 모양을 만들어 계절과 때와 장소에 따라 바꾸어 끼기도 한다. 옛날에도 물론 팔찌니 가락지니 하는 손을 위한 장신구가 없었던 바 아니지만 그것을 일상적으로 누린 여인들은 극소수의 귀족계급이었을 뿐 대부분의 여인들은 특별한 경우-예컨대 약혼이라든지 결혼이라든지 하는 경우에나 패물 장신구를 마련하기도 하고 또 착용하기도 하였던 것이다. 그러니까 손의 장식을 위하여 마련한 장신구라 하더라도 그것은 사용되기보다는 오히려 농 밑 깊숙이 간수되어 있기가 일쑤였다. 그것은 혼약이나 혼인 때 약속의 표지로서 상징적 의미를 띠는 것 내지 재산의 일부라는 실용적 가치를 지닌 물건 쪽이었지 손을 아름답게 치장하겠다는 심미적 의의는 오히려 이차적인 것이었다. 그러기에 금가락지를 낀 여인네가 이마를 짚으며 머리 아픈 시늉을 하여 다른 여자들에게 금가락지 자랑을 한다는 웃지 못할 과시욕까지 불러 일으켰던 것이다.

그러나 오늘에 있어서는 문제가 다르다. 크림만 하더라도 손에 바르는 크림이 따로 있고 미용실에 가면 손과 손톱만 다듬어 주는 미용사가 따로 있다. 그래서 시집살이 3년이 아니라 10년을 하고서도 부드럽고 고운 손을 가진 이들이 적지 않다.

얼굴보다 손이 고운 이가 미인이라고 한다면 오늘의 여성들의 대다수가 미인이라고 할 수가 있다. 미인은 우리를 즐겁게 하고 항상 우리를 이끌어 들이는 매력을 지닌다. 유달리 미인을 좋아하는 나 같은 사람에게는 미인이 많다는 것이 여간만 기쁜 일이 아니다. 그런데 어느 땐가 나는 미인에게서 기쁨보다는 슬픔을 느낀 묘한 체험을 한 적이 있다.

그 여인은 용모도 단정하였지만 유난히 손이 예뻤다. 보는 이 모두가 그 손의 아름다움을 칭찬할 정도였다. 살집도 알맞고 길이도 알맞으며 손 끝으로 갈수록 조붓해지는 손가락을 지닌 하얀 그녀의 손은 그야말로 대리석 조각 같기도 하고 어쩌면 찹쌀반죽으로 빚어 놓은 것 같기도 하였다. 나는 늘 황홀하여 그녀의 손을 바라보곤 하였다. 손의 임자도 자기 손이 고운 것을 알아 다른 사람들이 자신의 얼굴보다 손의 아름다움을 말해 주길 바랐고 또 손에 대한 칭송에 한껏 만족해 하기도 하였다.

그러나 어느 날 우연히 나는 그녀의 손 옆에 그녀의 손 대신 수고를 하고 있는 손을 발견하였다. 그 손은 거칠고 험하였다. 그 붉은 손 옆에 그녀의 아름다운 흰 손은 한결 돋보였다. 그런데 그 순간 이상하게도 그녀의 손이 옛날처럼 아름다워 보이지를 않았다. 게으르고 욕심스럽기만 한 손으로 비쳤다. 긴 손톱이 불결해 보이고 손톱에 칠해져 번쩍이는 물감도 천해 보였다. 손가락에 낀 비싼 반지도 탐욕스러워 보였다. 그 귀족적인 손이 갑자기 추하고 역겹게 느껴지던 순간을 나는 지금도 잊을 수가 없다.

그러나 그 정반대의 체험도 내게는 있다.

지금은 작고하였지만 L이라는 여류시인은 용모도 몸맵시도 퍽 아름다웠었다. 반듯한 이목구비에 가지런한 치아, 숱 많은 머리칼을 위로 틀어 올리고 한복을 갖추어 입고서 가을 맑은 햇볕 속을 거니는 그녀를 보면 꼭 미인도 속에서 방금 빠져나온 여인 같았다. 하지만 누구라도 그녀의 손을 한 번 보면 좀 심하게 말하여 기겁을 하도록 놀라기 일쑤였다. 그녀의 손은 그녀의 생김새에 비하여 너무나 크고 뭉툭하였기 때문이다. 과장하여 솥뚜껑만한 손에 끝으로 갈수록 굵어진 손가락이 그녀의 다른 부분과는 전혀 조화를 이루지 못하고 있었던 것이다.

처음부터 그녀의 손이 그랬던 것은 물론 아니다. 그녀의 손은 한시도 가만히 있는 적이 없었다. 시를 짓지 않으면 걸레를 들었고, 걸레를 들지 않으면 뜨개질을 하였고, 뜨개질을 하지 않으면 음식을 장만하였으며, 음식을 만들고 있지 않으면 빨래 푸새를 하였고, 빨래를 하고 있지 않으면 흙을 파고 나무를 다듬고 꽃을 가꾸었다. 한시도 노는 틈 없이 움직이는 그녀의 손이 있었기에 그녀 집안에는 먼지 한 톨 찾기가 어렵고 그녀의 집 화초는 항상 윤기가 흐르고 있었다.

"L여사 댁에 가서 방에 들어가면 내 옷에서 방바닥에 먼지 떨어질까 걱정이 됩니다."

이런 농담이 나올 정도로 그녀는 손에 늘 걸레를 들고 있었다.

그녀의 마당에는 철 따라 아름다운 꽃이 피고 나무는 싱싱하게 자랐다. 아침 저녁으로 보살피고 정성을 들이니 거기에 대한 보답이 없을 수 없었다.

'L여사 댁을 찾으려면 ××동, 몇째 골목에 가서 제일 나무 잎새가 윤기 나고 제일 큰 열매가 달려 있는 집을 찾으라' 는 말대로 하여 L여사 댁을 찾았다는 일화도 있다. 항상 흙을 만지는 그녀의 손이 온전할 리가 없었을 것은 당연하다.

나는 처음에 그녀의 체수에 비하여 유별나게 큰 거인의 손을 보고 놀라기도 하고 의아롭게 여기기도 하였다. 그러나 그 손이 그렇게 커지고 거칠어진 이유를 알고, 또 그 손이 해낸 많은 일을 보고는 큰 감동을 받음과 동시에 움칫하지 않을 수 없었다.

그녀의 손이 매만진 아름다운 뜰, 그녀의 손이 지어낸 그림 같은 입성, 그녀가 청소한 정갈한 거처, 그녀가 만든 맛있는 음식, 그리고 그녀가 써낸 많은 시와 산문을 접하였을 때, 그녀의 그 뭉툭한 손이야말로 참으로 아름답고 값진 손임을 절감하지 않을 수 없었으며, 별로 어여쁘지 못하지만 그녀의 손에 비하여 더할 수 없이 게으름이 흐르는 나의 두 손을 슬며시 뒤로 감출 수밖에 없었다. 나는 요즘도 사람을 만나면 손을 보는 버릇이 있다. 그리고 아름다운 손을 접했을 때에는 변함없이 감동을 받는다.

그러나 그 아름다움의 기준이 옛날과는 많이 달라져 겉으로 그냥 예쁘고 고운 손보다는 부지런하고 근면한 손, 무엇인가 늘 창조적인 일을 해내려는 손이야말로 고운 미인의 손으로 생각하게 되었다. 그리고 그런 손을 가진 아내와 어머니는 참으로 훌륭한 남편을 보필하고 자녀를 양육할 뿐만 아니라 자신의 일도 빈틈없이 해내는 참 미인이 될 수 있지 않을까 생각한다.

여자에게 음식솜씨란

'얼굴 예쁜 이는 소박맞는 일이 있어도 음식솜씨 있는 이는 소박 맞는 일이 없다'는 어른들의 말씀을 들은 적이 많다. 이런 이야기를 하시면서 어른들께서는 음식 만드는 데는 '손맛'이라는 것이 있으므로 어려서부터 솜씨를 가꾸어야 하느니라고 하셨다. 어렸을 때 이런 이야기를 들었을 때는 그냥 귓결로 흘려버렸을 뿐만 아니라 잔소리 같이만 들려 다소 귀찮은 느낌마저 들었었다. 그러나 살아가면서 가만히 보니까 참으로 이 말이 생활 속에서 터득된 깊은 생활철학을 담고 있는 것을 알 수가 있었다.

어느 자리에서 있었던 일이다. 화제가 '어떤 여자가 제일 좋으냐'는 데에 이르렀다. 여자인 필자로서는 흠칫하여 귀를 세우지 않을 수 없는 순간이었다.

"여자는 간호사 같아야 해. 모든 것을 세심하게 보살펴 줄줄 아는 간호사 같은 여자가 나는 좋아."

이것은 그 자리의 제일 연세 높은 분의 말씀이셨다.

"여자는 시키는 대로 잘 듣고 편안한 여자가 제일인 것 같아요. 그러니까 마음씨가 순해야 해요."

이런 이야기도 있었고,

"역시 여자란 미모라야 하죠. 보기 좋은 떡이 먹기도 좋더라고 예쁜 여자가 좋지 않겠어요?"

살아 있다는 것의 기쁨 · 137

이런 의견도 있었다.

"인간 사이는 의견을 주고받는 일이 중요하니까 난 똑똑한 여자가 바람직하다고 봅니다."

그 자리의 다수 의견과는 아주 다른 이런 여성관을 내세우는 분도 있었다. 그러나 그때까지 가만히 입다물고 있던 K씨가

"내 생각에는 음식 잘 만드는 여자가 그중 좋지 않을까 합니다만……" 라고 하였다.

그러자 그때까지 여러 가지 의견을 내놓았던 여러분들이 일제히 자기의 의견들은 접어 두고 바로 K씨의 의견에 동의, 찬성을 하는 것이었다.

그런데 필자가 가만히 보니 대게 제일 좋다고 하는 여성상에 대한 의견들이 당신들의 실지 부인들과는 딴판이었다. 가령 간호사 같은 여성을 제일로 친 분의 부인은 상당히 남성적인 국량을 가진 분으로 세심한 가정사에는 대범한 분이었고 여성이 순종적이어야 한다고 한 분은 거꾸로 공인된 공처가라는 별명을 얻은 분이었다.

그러나 K씨의 경우만은 예외였다. K씨의 부인은 음식 솜씨가 뛰어났을 뿐만 아니라 음식으로 가족 부양 잘 하는 분으로 이름이 나 있었기 때문이다. 다른 이들이 모두 안 가진 것에 대한 동경을 하고 있었다면 K씨는 바로 가진 것에 대한 예찬이었으니 그것은 훨씬 힘이 있고 신빙성 있는 주장이 아닐 수 없었다.

사실 따지고 보면 '먹는다' 는 행위는 인간에 있어 가장 중요한 일인 것으로 문명이 아무리 발달하였다고 하여도 생명보존을 위한 인간의 이 제일의적 욕구는 결코 사라지지 않는다. 오히려 발달한 미

각은 더욱 맛있는 음식을 원하고 다른 감각기관까지도 음식에서 즐거움을 찾으려 한다. 그러기에 맛 뿐만 아니라 빛깔, 냄새, 담는 그릇, 씹는 소리들에까지 감각은 미치는 것이다. 이런 형편이니 음식 잘 만드는 부인이 제일이라는 말은 충분히 넓은 공감을 살 수밖에 없는 일이며 음식 잘 만드는 여인을 부인으로 맞는 남편이나 그 가족이 행복하다 함도 일리 있는 일이겠다.

그러나 요즈음은 많은 음식들이 공장에서 가공되어 나오고 있다. 그래서 우리의 입맛도 획일화되는 경향이 있는 것 같다. 바쁜 세상을 급하게 살아가는 세태이니 이는 불가피한 일이 되겠지만 이런 추세로 나가다가는 제일 매력 있다는 '음식 솜씨 좋은 여자' 마저 축출되지나 않을까 적이 염려스럽다. 그러나 바로 이런 추세이기에 더욱 개성 있는 솜씨는 각광받을 수 있다는 역설도 성립된다. 이런 의미에서 우리 여성들은 한결 분발하여 음식솜씨를 가꾸어야 할까 보다.

여성과 말씨

 어느 날 어떤 자리에서 한 아리따운 젊은 여성이 머리칼이 허옇게 센 한 노인에게 "고마워요."라고 말하는 소리를 듣고 흠칫 놀란 적이 있었다. 무엇인가 거부 반응을 일으킬 정도로 틀린 점이 있는 것 같아 곰곰이 생각해 보니 분명 '고마워요'라는 말은 젊은이가 노인에게 쓰는 말투는 아니었다. 이것은 우리 말 어법으로 보면 '예사 높임'의 말로서 오히려 손아래 사람에게나 동료 사이에 쓰는 말이라고 할 수 있다. 이런 말을 '아주 높임'의 말을 써야 할 손위 노인에게 썼으니 이는 단순히 어법상 틀린 말이라는 것 외에 그 젊은 숙녀의 교양 정도까지를 짐작하게 하는 것이었다.
 다 알고 있는 바와 같이 우리말의 특징 중 매우 두드러진 것은 존비어가 대단히 발달되어 있는 점이다. 손위와 손아래, 혹은 친소관계와 성별 등에 따라서 말을 쓰는 법이 각기 다르다. 그러므로 예의 바르고 아름다운 우리말을 쓰기 위하여서는 독특한 우리 말 어법에 어긋남이 없어야 할 것이다.
 한데도 요즈음에 보면 이런 존비어 개념은 많이 사라지고 있어서 손 위아래 뿐만 아니라 남녀 친구나 부부간에 있어서도 말씨의 양상이 옛날과는 많이 달라졌다. 아마도 이것은 우리의 문화나 생활 전반에 걸쳐 지대한 영향을 미치는 서구식 사고 방법과 생활 양식의 탓인 듯싶다. 인간이 종속관계나 수직 관계에서 평등하고 수평한 관계로 나아간 표상이라고 한다면 이는 어떤 의미에서는 발전적이며 바람직한 현상이라고도 볼 수 있다.

그러나 한 민족의 말씨는 곧 그 민족의 얼의 반영이다. 무수한 세월과 전통과 문화의 소산이다. 무슨 유행의 물결처럼 하루아침에 흉내 내다가 버릴 수 있는 성격의 것이 아니다. 양복을 한복 입는 방법으로 입거나 반대로 한복을 양복 입듯이 한다면 퍽 우스꽝스러울 것이다. 말씨는 어쩌면 이보다 더할지도 모른다.

세계 몇 나라를 여행하면서 가장 부럽게 느낀 것은 첫째, 집집마다 높은 담장이 없는 것과 둘째, 만나는 사람마다 상냥하고 부드러운 태도로 '실례합니다' '미안합니다' '감사합니다' 라는 말을 노상 하는 점이었다. 흔히 문화는 물과 같아서 높은 데서 낮은 곳으로 흐른다고 한다. 과거에는 찬란한 동양 문화가 서양으로 흘러들어가기도 하였지만 오늘날에 와서는 발달한 서구 문화가 세계 도처로 흘러들고 있다. 그 거센 힘을 우리는 물리칠 수가 없다. 그러나 우리는 그것을 받아들이는 과정에서 취사 선택을 할 여지는 있다. 진실로 현명한 취사 선택을 통하여 장점은 받아들이고 단점은 버릴 줄 알아야 할 것이다.

오늘 우리나라의 여성들은 세계 어느 나라 여성과 비교하더라도 손색이 없을 만큼 교육 수준도 높고 아름답기도 하다. 그러나 공손하고 예의바르고 상냥한 말씨와 태도 면에서는 아직도 더 많이 세련되어야 하리라고 본다. 그러기 위하여서는 지식의 축적 못지 않은 인격의 도야가 요구된다. 지식이 많으면서 무교양하면 무지한 사람보다 더욱 추하고 위화감을 주게 된다.

　동양적인 것과 서양적인 것, 고전적인 것과 현대적인 것, 세계적인 것과 한국적인 것을 잘 조화시켜 자기 것으로 소화시키는 능력이 우리 여성들에게 더 많이 생겼으면 싶다. 아마도 그렇게 된다면 손아래 사람에게 써야 할 말투를 손위 분에게 함부로 쓰지도 않을 것이며 실로 겸손하고 부드러운 태도로 '고맙습니다' '죄송합니다' 라는 말을 늘상 쓰는 여인들이 되지 않을까 한다. 그리하여 이러한 부드러움이 우리의 삶 곳곳에 스민다면 그때 우리는 경제 발전에 못지않은 정신적 선진국으로 부상하게 되리라 생각한다.

창조적 삶, 개성적 아름다움

'모나리자'의 미소는 신비하다. 그 대신 그녀는 눈썹이 없다. 눈썹이 없는 이유, 혹은 그녀의 미소가 그토록 신비한 데 대하여 연구가들은 여러 가지 의견을 가지는 것 같다. 그 해답이 어떠하든 눈썹으로 가야 할 우리의 시선이 어쩌면 그 입술로 오롯이 모아지는 것은 아닐까.

모딜리아니의 여인들은 눈동자가 없는 이가 많다. 그 대신 긴 목과 조붓한 어깨가 강조되어 있다.

우리는 르느와르의 풍만한 육체에서 아름다움을 느끼지만 자코메티의 수척한 조각에서도 감동을 받는다. 이렇게 우리는 객관적 조화와 균형의 미 이외에도 파격과 부조화의 미, 혹은 개성적 미의 가치를 인정하며 공감하고 감동을 하게 된다.

이러한 것은 비단 미술이나 음악, 문학 같은 예술 작품 속에서 뿐만 아니라 우리의 일상 생활에서도 점차로 강조되어 가고 있다.

과거 우리의 삶은 타율적으로 길들여져 왔지만 이제 우리는 제각기의 소망과 신념에 따른 삶을 살고자 하는 자의식을 지니게 되었다. 물론 우리의 삶을 바르게 이끌고 질서를 유지하기 위한 규범이나 제도가 있지만, 사회 윤리나 도덕에 위배되지 않는 양식과 양심의 테두리 안에서 우리는 얼마든지 자기다운 삶을 창조해낼 수 있고, 또 그런 창조적 삶이야말로 가장 보람있고 바람직하다는 것을 알고 있다.

여인들이 흔히 유행에 민감하고 유행을 뒤쫓기에 급급하다는 질책을 받는 일이 많지만, 이는 그 민감한 감수성이나 수용성을 비난함이 아니라 사실은 무분별함과 무비판, 무성격함을 나무람하는 뜻이 더 강한 것이다. 여인들이 만들어내는 아름다움이 가장 독창적·개성적이 될 때야말로 매력이 있는 것이다. 솔직히 말해서 우리는 남이 하는 대로 남의 눈치나 보면서 다수라는 물결에 휩싸이며 사는 일이 허다하다. 그러나 이러한 삶은 엄밀히 말해서 자기의 삶을 사는 것이 아니라 남의 삶을 사는 것이다.

자기의 삶을 살기 위하여서는 자기만의 특이한 가치관, 인생관이 세워져야 하고, 자신의 개성적 아름다움을 창조해내기 위하여서는 맹목적으로 유행의 물결에 휩쓸리는 무지를 벗어나야 한다.

그러나 여기서 유의해야 할 일은 개성적·독창적 삶이라는 것이 괴이하고 비상식적인 것만을 가리키는 것은 아니라는 것이다. 실로 독특하며 창의적인 것은 지극히 개별적 개성을 지니면서 동시에 시간과 공간을 초월하는 일반성을 지닌다는 것을 명심하여야 한다.

눈썹 없는 여자, 목이 긴 여자, 살이 찐 나체 그림, 혹은 쇠약한 조각 작품이 어느 한 사람의 완상자에게 한결같이 아름다움이라는 느낌을 안겨준다는 놀라움을 우리는 잊지 말아야 할 것이다.

이런 생각을 우리 행위의 저변에 한 교양으로 갖출 때 우리의 간단한 옷입기 하나, 머리빗기 하나, 전화받기 하나에서도 우리는 우리의 인격 실현의 파편을 찾아볼 수 있을 것이다.

이렇게 될 때 우리의 삶 전체는 정녕 다양성과 개성이 조화를 이룬 혼돈과 질서의 미학 속에서 운영될 수 있지 않을까.

직업여성과 가정

　오늘날처럼 직장에 나오는 여성들이 많지 않았던 시절 사람들은 직장 여성들에게 '직장과 가정의 양립이 퍽 어려운 것'이라는 우려를 표명하였고 당사자들도 이 말을 대부분 수긍하였던 것으로 안다.
　그런 시절에 있어서는 다소 예외는 있었지만 여성들의 직업은 어떤 전문직에의 종사이기보다는 대부분이 남성을 보조하는 역할의 직종이었다. 그때에 또 대부분의 남편들은 아내를 직장에 내어 보내는 것을 약간은 수치로 여기기도 하였는데 그것은 자신이 무능하여 아내를 직업 전선에 내어 보내는 것으로 볼지도 모르는 타인의 시선을 강렬히 의식한 까닭이었다.
　그러나 오늘날에 있어서의 직업여성은 자신의 능력이나 전공이나 전문기술에 상용하는 전문직을 가졌으면서 직장과 가정의 양립이 어려운 것이라는 일반적 우려를 배제하고 있을 뿐만 아니라 많은 남성들이 함께 일하는 아내를 원하고 있는 형편이다. 생각해 보면 우리들의 의식이나 생활양상이 그만큼 놀랍게 변한 것이라고 할 수 있겠다.
　직장에서 여성이라고 하여 차별하는 일도 많이 시정되어 가고 또 남편들이 가사의 여러 가지를 도와주는 협조에 힘입기도 하였겠으나 직업여성들이 직장과 가정의 양립에 성공하고 있는 것은 그 무엇보다도 여성 자신의 피나는 노력의 결실이라고 보아야 할 것이다. 사실에 있어 직장의 일도 혼신의 힘을 다하여야 하고 가정의 일도 혼신을 다 쏟아야 하는 일이다. 그런데 사람의 능력에는 한계가 있는 만큼 어느 한쪽 일에 성의를 다하다 보면 한쪽은 다소 소홀해지기 마련이다. 그러므로 두 쪽을 다 성공적으로 이끌어가기 위하여서는 두 배의 힘과 두 배의 노력을 경주하지 않을 수 없는 일이다. 이것은 참으로 많은 인내와 의지를 요하기도 하는 일이다. 그런 의미에서 오늘의 여성들은 대단히 유능하고 또 강인하다고 할 수 있다.

어느 날 나는 동료인 K여사에게 물어보았다.

"당신은 거의 완벽하게 모든 일을 다 해내는데 참 놀랍군요. 도대체 어떻게 그렇게 잘할 수가 있나요?"

이 물음에 대하여 K여사는,

"잘하긴요. 그러니까 직장 일도 잘 못하고 가정 일도 잘 못하고 모두 잘 못 투성이지요."라고 대답하였다.

그러나 이는 겸손의 말일 뿐 실지에 있어 K여사는 자기의 전공 분야에 있어 뛰어난 인재일 뿐만 아니라 아이들 돌보는 것은 물론 남편의 많은 손님들까지 결코 밖에서 초대하는 일 없이 집으로 모시는 현처요, 양모인 것이다. 그러면서도 틈틈이 정구도 치고 자기의 취미생활을 즐기기도 한다. 그녀는 결국 남보다 많이 움직이고 현명하게 시간을 관리하고 대단히 부지런함으로써 남의 두 몫 일을 그 어느 편도 하자 없이 잘 해내고 있다.

요즈음 직장 여성들은 누구나 K여사처럼 부지런하여 여성 직장인이 가정과 직업의 양립을 꾀하기 어렵다는 종래의 고정관념을 많이 깨뜨리고 있다. 그리하여 여성들은 가정에 있어서 어머니와 아내로서 막중한 자리에 있을 뿐 아니라 사회의 각 분야에 있어서도 매우 중요한 인력자원으로서 각광을 받고 있다.
  그렇다. 유능한 직장인이라면 훌륭한 주부로서의 자질 또한 갖추는 것이요, 현숙한 주부라면 직장에 있어서도 항시 성실 근면한 직업인일 수 있다는 것을 사람들은 알아둘 필요가 있을 것 같다.

젊은 여성을 위한 글

세상에서 가장 아름다운 것이 무엇이냐고 물으면 여러 가지를 들 수 있겠지만 그중의 하나로 나는 '젊은 여성'을 들 것이다.

필자도 예전에 '젊은 여성'이었던 시절이 있었지만 그때는 자신이 아름다운 존재라는 것을 전혀 모르고 있었다. 오히려 자신의 능력의 미흡함이나 용모의 자신없음 등이 겹쳐 커다란 열등감을 안고 있었다고 함이 옳을 것이다.

그러나 지금 와서 보면 젊은 여성은 특별히 미모가 아니더라도 하나같이 아름답고, 오히려 아직 무엇이라 이름 붙여지지 않은 미숙 내지 미완성이라는 여백으로 하여 커다란 가능성을 내포하고 있는 점에서 고귀한 값이 있는 존재라고 할 수 있다.

실로 젊음은 젊음 그 자체로서 귀중하다는 말이 성립될 수 있음은 젊음의 건강과 젊음의 기능을 겨냥하는 데서인 것이다. 그런데 우리는 젊은 날 이런 사실을 잘 모르고 자기의 아름다움을 황폐하게 만들고 소중한 젊음의 시간을 함부로 낭비하는 어리석음을 범하는 일이 적지 않다.

혹은 젊은 날의 값짐을 깨닫는다 하여도 도무지 어떻게 하는 것이 그 젊음을 보다 아름답게 가꾸고 그 젊음의 시간을 보람되게 쓸 수 있는 것인지를 잘 몰라서 방황하는 사이에 젊음을 다 잃어버리고 마는 일도 있는 것이다.

꿈꾸는 이상과 발을 딛고 선 현실과의 어긋남, 자기의 욕망과 능력 사이의 갈등 등이 얼마나 젊음을 슬프게 하고 안타깝게 하며 허기지게 하는 것인가.

정녕 봄에 꽃을 즐기지 않은 사람이 여름에 후회한들 무슨 소용이 있겠으며, 여름의 신록에 눈 멀어 있다가 가을이나 겨울에 이르러 아쉬워한들 되돌아갈 수 없음과 마찬가지로 인생의 계절에 있어서도 반드시 그 시기, 그 장소에서 해야만 하는 일, 할 수 있는 일이 있다. 젊은 날에는 그 나름의 일이, 중년에게는 중년으로서 해야만 하는 일이, 그리고 노년은 노년대로 할 수 있는 일이 각기 있기 때문에 그때를 놓쳐버린다는 것은 곧 생명의 소모요 통탄의 원인이 될 것이다.

인생은 길지 아니하며 두 번 있는 것도 아니다. 젊음의 시간도 대단히 짧다. 그러므로 젊은 날 그 아득하고 서럽고 시장한 열병을 빨리, 그리고 아주 성공적으로 치러낼 수 있도록 노력하여야 한다고 본다. 병이란 잘못 치르면 목숨을 잃게 되지만 잘만 이겨내면 강한 면역이 생겨 더 건강할 수 있는 것이다.

인생의 열병도 마찬가지다. 그 고뇌와 번민과 회의를 승화시키고 해결해냄으로써 보다 풍요롭고 긍정적이고 올바른 삶을 살아갈 수 있는 것이다. 그러므로 젊은 날의 고민이란 보다 성숙한 내일의 삶을 위하여 절대적으로 필요한 것이 되겠지만 그것에 너무 많은 시간을 빼앗기는 것도 유한한 인생, 유한한 젊음에 있어서는 어리석음이 될 수 있다. 사실 우리는 억만금을 아끼기보다는 시간과 생명을 가장 아껴야 하기 때문이다.

도저히 불가능한 일이겠지만 필자에게 다시 한 번 젊음이 주어진다면 무슨 일을 하며 어떻게 그 젊음을 훌륭하게 완전히 연소시킬 수 있을까 하고 때로 생각해 보는 일이 있다. 현명한 '파우스트' 박사조차도 되돌려 받은 젊음을 지혜롭게 관리하지 못하였는데 하물며 필자 같은 범부로서야 어쩔 수 없는 시행 착오를 저지를 게 뻔한 일이겠지만, 그 젊은 날로 되돌아갈 수 없는 지금의 처지에서 상상하기로는 다시 한 번 젊어질 수만 있다면 하고 싶은 일들이 참으로 많다.

첫째로, 필자는 건강한 여성이 되도록 노력할 것이다.

앞서도 이야기한대로 젊은 여성은 젊다는 것으로 이미 아름답지만 그 젊음을 더욱 빛나게 하기 위하여서는 정신이나 육체가 모두 건강하여야 한다고 믿기 때문이다.

'가슴을 앓는 연인 옆에서 하루 종일 책을 읽어주고 싶다.'

젊은 날 나는 어떤 작가가 쓴 이런 글을 읽고 얼마나 많이 가슴을 앓고 싶어했는지 모른다. 병약함이 주는 가엾고 연약한 아름다움이 대단히 낭만적으로 느껴졌기 때문이다.

또한 외국의 어느 시인이 실성해버린 자기 아내에게 시를 지어 바쳤다는 이야기를 듣고 그 여성은 참 행복했을 것이라는 생각이 들어 부러웠었다. 그러나 이런 이야기들은 소설 속의 이야기나, 전해 듣는 남의 일로서는 낭만적일 수 있겠지만 사실과 현실로서는 비극적인 현상인 것이다. 엄밀한 의미에서 정신이나 육체가 건강하지 못하고서는 옳은 젊은이라 할 수 없고, 또 젊음의 속성이며 특성인 패기 있는 도전이나 진취성을 기대하기도 어려운 것이다.

아름다운 명화나 조각 작품의 여주인공은 하나같이 젊고 건강한 모습이 아니던가? 가령 미켈란젤로의 〈피에타〉를 두고 말할 때, 서른 살이 넘은 아들 그리스도를 안고 있는 마리아의 모습은 그 아들보다 오히려 젊다. 이런 것을 우리는 사실성의 결여라 하여 타매하지는 않는다. 오히려 그것의 예술적 사실성을 값지게 사며 마리아를 통하여 높이 승화된 예술미에 감탄하게 되는 것이다. 건강한 젊음이란 그토록 아름다운 것이기 때문이다.

세상에 대하여 절망적으로 피해 망상증을 가지며 모든 것을 냉소적으로만 바라보거나 부정적으로만 생각하는 것 또한 정신적으로 건강한 것이라고는 볼 수 없다. 어떠한 역경 속에서도 긍정적 요소를 찾고 어떠한 고통 속에서도 행복의 불씨를 찾아 자기를 성장 발전시킬 수 있는 건강한 정신의 소유자가 결과적으로 승리할 수 있음은 자명한 일이다. 그러므로 필자는 육체적·정신적 건강미를 최고의 아름다움으로 손꼽는다.

둘째로, 필자가 젊은 여성이라면 지성의 연마에 보다 힘을 쏟겠다.

현대에 와서는 '여성 상위 시대'라는 말이 생겨나고 있다. '남존여비'라는 말을 귀가 아프도록 들어온 것이 엊그제인데 세상은 급변하여 정반대의 현상이 통상적 사실로 된 것이다. 그러나 이렇게 된 것은 아무 까닭없이 이루어진 것이 아닐 것이다. 사람들의 의식개화와 더불어 여성 자신의 각성과 피나는 노력이 있음으로써 스스로의 지위를 향상시킨 것이다.

그리하여 현대에 이르러서는 여성이라고 하여 교육을 덜 시키거나 전문영역이 제한을 받거나 하는 일은 드물다고 볼 수 있다. 능력 여하에 따라서는 얼마든지 많은 지식의 습득이 가능하다.

이것은 퍽 바람직한 현상이며 고등 교육과 전문 교육을 받은 많은 여성들이 사회 각 분야에서, 또 가정에서 그들의 전 능력을 십분 발휘하고 있는 것은 우리 가정, 사회, 국가, 인류의 복된 삶을 위하여 얼마나 바람직한 일인지 모른다.

그러나 우리는 지식의 축적이 곧 지성은 아니라는 것을 안다. 지식의 축적은 지성의 연마를 위한 수련 방법이라 할 수 있다. 그러므로 우리에게는 일차적으로 지식의 축적이 절대 필요하지만 그 속에서 선악과 진위, 미추를 가릴 줄 아는 분별력을 기르는 일이 따르지 않고는 단순한 지식 창고에 머물 우려마저 없지 않다.

그러므로 지적 호기심을 늘 잃지 않음과 더불어 그 호기심을 만족시키려는 노력, 나아가서는 그것을 평가·비판하여 취사 선택을 올바르게 하고, 선택하고 취한 바를 삶에 적용시키고 행동으로 표현하는 적극성까지 두루 지녀야 비로소 지성인의 소지를 어느 정도 갖추는 것이 될 것이다.

이를 위하여서는 옛 것을 익히고 새 것을 바르게 받아들이며 다른 이의 삶을 잘 관조하는 자세가 필요하겠다. 따라서, 책을 읽고 전문 학문을 공부하고 여러 가지 새 정보를 받아들이고 전문 기술을 습득하고 여러 사람들과 대화의 자리를 마련하는 것들이 대단히 중요한 일이겠다.

필자는 왜 그때 젊은 날 더 많이 공부하지 않았던가, 더 많은 사람들의 이야기를 경청하지 않았던가 하고 후회하는 적이 많다. 공부란 꼭 책이나 학교를 통하여서만 하는 것이 아니다. 공부란 어쩌면 평생을 통하여 하는 것이겠지만, 시간이나 소화 능력에 있어서나 이제 막 자신의 인생을 출발하려는 출발점에 도달하여 있다는 점에서 젊은 날의 공부야말로 가장 효과적인 것이 된다. 지성이라는 것도 궁극적으로는 행복한 인생을 살기 위한 지혜인 것이다. 그러므로 지성의 연마를 통하여 사물을 보다 뚜렷이 인식하고 의지가 작용하는 명랑한 삶을 사는 것은 가장 인간다운, 가장 큰 힘이기도 하다.

셋째로, 필자는 따뜻한 가슴을 가진 젊은 여성이고 싶다.

인간이 가진 재산은 많지만 그중 보배로운 것은 사랑이요, 인간이 지닌 능력은 많지만 그중 뛰어난 것은 사랑할 줄 아는 능력인 것 같다.

아무리 용모가 아름답고 훌륭한 교육을 받은 지적 여성이라 할지라도 따뜻함이 결여되어 있다면 그는 로봇 인형과 다를 바 없을 것이다.

약한 자에 대한 연민, 포악한 자에 대한 분노, 이웃에 대한 동정, 허물있는 자에 대한 용서, 사나움을 감싸는 온유함, 고통에의 인내 이런 것들은 참으로 큰 여성의 미덕일 수 있으며 그 바탕에는 따뜻한 사랑의 마음이 항상 깔려 있는 것이다.

우리 인간의 삶에서 가령 이런 요소들이 빠져버린다고 하면 얼마나 무서운 일이 일어날 것인가. 인생은 얼마나 삭막해지며 세상은 얼마나 살벌할 것인가. 아니 어쩌면 인간 존재가 말살되지나 않을까.

연인에 대한 사랑, 남편에 대한 사랑, 자녀에 대한 사랑, 친구에 대한 사랑 등과 같은 직접적이고 주변적인 것에서부터 조그만 들꽃

한 송이, 흘러가는 구름 한 점, 저 어둡고 막막한 우주 너머에까지 기울이는 우리들의 따뜻한 마음이 있을 때 우리들의 삶은 참으로 빛나는 것이 될 수 있을 것이다.

현대 인간은 인간성을 상실하고 이기적인 이해 타산에 급급한 기계 인간이 되어 간다는 자성의 소리가 높다. 기실 제일로 사랑스럽지 못한 여성이란 정서가 고갈된 메마른 여성임에 틀림없다.

'다시 젊어질 수 있다면……' 하는 것이 하나의 꿈이기에 필자가 어쩌면 너무 많은 욕심을 이야기한 것인지도 모르겠다.

그러나 참으로 젊어질 수만 있다면, 더 많은 것을 계획하고 준비하기 위하여 필자는 일 분 일 초의 시간이라도 아껴서 쓰는 깍쟁이가 되겠다. 시간이 황금이라는 말을 이토록 실감하고 있기에 모든 우리 젊은 여성들에게도 간곡히 이 말을 되풀이하고 싶다.

'어머니'하고 부르면 꺼지는 불

　피에타 - 십자가에서 내려진 예수를 안고 있는 성모 마리아의 두 볼에 방울져 흘러내리는 눈물의 의미를 나는 예전엔 잘 몰랐었다.
　호미도 날이지만 낫같이 들 리 없고, 아버님도 어버이시지만 어머님같이 우리를 사랑해 주시는 분이 없다는 고려 속요 〈사모곡〉의 의미를 나는 예전엔 잘 몰랐었다. 〈엄마〉라는 피천득 선생의 수필에서 '엄마랑 숨바꼭질을 하면 나는 금방 엄마를 찾아내는데, 엄마는 왜 그토록 나를 찾아내지 못했는지 어린 그때는 그것을 몰랐다'고 하는 대목의 감격을 나는 예전엔 잘 몰랐었다.
　어미 사자가 어린 새끼들을 왜 높은 언덕에서 떨어뜨리는지 그 이야기를 이해하게 된 것은 훨씬 뒤의 일이다.
　백범 김구 선생께서 장성한 어른이 되고, 더욱이 많은 동지들을 이끄는 지도자가 된 연후에도 그 어머니께서 가끔 아들의 종아리를 때리신 이유를 알게 된 것은 더 훨씬 뒤의 일이다.
　자식에 대한 어머니의 사랑은 맹목적이며 본능적인 것이다. 그것은 무엇으로도 끌 수 없는 뜨거운 불길이며, 무엇으로도 막을 수 없는 도도한 물줄기이다. 이러한 모성애는 우리들의 생명을 보존케 하고 종족을 번성케 하는 근원이 되는 힘이다. 그러기에 짐승이나 벌레, 심지어 식물까지도 그 새끼나 씨앗을 위하여 살신의 희생을 아

살아 있다는 것의 기쁨 · 155

끼지 않는 것을 발견하고 감탄을 금치 못하게 된다.

　이처럼 본능적, 맹목적 모성애는 사람 뿐만 아니라 미물들까지도 두루 지니고 있는 갸륵함이다.

　그중에서도 사람의 모성애는 본능적인 것 위에, 그리고 맹목적인 것 위에 이성적인 사려분별이 함께 하는 점에서 미물과 구별되는 고귀한 사랑의 실체가 드러난다. 그러기에 어머니의 꾸짖음은 꾸짖음을 위한 꾸짖음이 아니라 간곡한 사랑의 호소이며, 어머니의 매는 아픈 매가 아니라 고마운 '사랑의 매'인 것이다.

　모든 사람들이 우리를 버리고 떠나갔을 때에도 오직 한 사람 우리를 버리지 않고 옆에 있어 주는 분은 어머니이다. 모든 사람들이 우리를 미워하거나 싫어할 때에도 끝까지 우리를 사랑해 주는 분은 어머니이다. 우리들이 무엇을 잘못하였을 때, 모든 이들이 그것을 벌주려 할 때도 이해하고 용서하고 감싸주는 이는 어머니이다.

　그러기에 우리는 가장 외롭고 괴로울 때 어머니를 찾는다. 또 병들어 아프고 불행할 때 어머니를 찾는다. 가장 절박한 순간에 어머니를 찾는다. 어머니라는 이름은 언제나 우리에게 다정하고, 어머니라는 이름은 언제나 우리에게 위안을 준다. 절망의 끄트머리에 섰을 때에도 어머니를 부르면 환히 불이 켜진다.

　어머니는 자녀에게 항상 예쁘게 자라라, 참되고 착한 사람이 되라고 타이르신다. 정녕 어머니가 아니라면 어찌 우리가 이 세상에 나왔겠으며 건강히 자랐겠으며 어찌 한몫을 하는 사람이 되었겠는가.

　그러나 어머니의 큰 사랑, 큰 은혜를 나는 예전엔 잘 몰랐었다. 어머니가 얼마나 고마운 분이고 소중한 분인 줄을 나는 예전엔 잘 몰랐었다. 얼마나 놀라운 인내와 헌신이 어머니라는 이름과 더불어 있는가를 나는 예전엔 잘 몰랐었다.

내가 어머니가 되고 내가 자식을 길러본 연후에야 비로소 나는 어머니라는 이름의 참뜻을 알게 되었다.

예전에 나는 거리에서 아기를 안고 앉아 구걸하는 여인네를 비정한 어미라고 괘씸하게 생각하였지만 이제는 실로 측은한 마음으로 바라보게 되었다. 그 품의 아기를 늘 안쓰럽게 생각하면서 그냥 지나치는 나보다는, 비록 남루 속에나마 그 아기를 꼭 껴안은 가슴이 열 배 스무 배 훨씬 따스한 것임을 이제 나는 알기 때문이다.

할머니

유년기의 나에게 많은 영향을 끼치신 분은 돈독한 불교 신자이셨던 내 할머님이다. 이 어른은 나에게 인자한 할머님이시면서 마음의 이야기를 서로 나누는 친구요 슬기로운 스승이셨다.

새벽에 눈을 뜨면 할머님은 벌써 일어나셔서 찬물에 세수하시고 단정히 앉아 천주(千珠)를 헤아리고 계셨다. 먼 마을에 사는 가난한 사람들에게 보시를 하시고 단식과 참선으로 수련을 하시는 할머님에게서는 항시 맑은 바람이 이는 듯하였다. 어린 나는 할머님 옆에서 가부좌를 틀고 참선하는 흉내도 내고 율무나 보리수 열매로 만든 염주를 얻어 목에 걸고 다니기도 하였다.

그러나 뭐니 뭐니 해도 가장 즐거운 일은 일요일마다 법문(法文)을 들으러 절에 가는 일이었다. 이야기를 좋아하는 나에게 스님의 법문 말씀은 그야말로 달콤한 꿀물같이 들렸다. 집으로 돌아오는 길에 할머니와 나는 그날 들은 법문에 대하여 토론을 하기도 하였는데 언제나 우리의 의견은 일치하는 것이다.

내가 초등학교에 입학하여 국어를 익히자 할머님께서 제일 먼저 주신 책은 〈석가여래 십지행록〉이었다. 이 책을 통하여 나는 석가모니의 고난의 수련과 무량한 자비심을 배웠다.

관세음보살의 위력, 지장보살의 슬픔, 목련존자의 효성 등 할머님이 나에게 가르쳐 주신 이야기는 어린 나의 영혼을 기르는 따스한 햇빛이요, 기름진 자양이 되었지만 그중에도 유독 잊혀지지 않는 몇 가지 일이 있다.

어느 날 할머님과 나는 길을 가고 있었는데 하얗게 흩어져 있는 쌀알을 보았다. 할머님은 걸음을 멈추시고 손수건을 펼쳐 흩어진 쌀을 주워 모으셨다. 나도 할머님을 따라 쌀을 주웠다. 그때 할머님은 나에게 이런 말씀을 하셨다.

"이 쌀 한 알 한 알에는 농부의 수고와 땀이 배어 있다. 쌀 한 알이 땅에 떨어지면 하늘의 제석천왕께서 그 한 알이 다 썩어 없어질 때까지 지켜보신단다."

이 말씀을 들으면서 나는 무한한 안도감과 무한한 두려움을 동시에 느꼈다. 사람의 목숨은 쌀알보다 훨씬 중요한 것이니 제석천왕이나 부처님께서는 결단코 우리의 목숨을 소홀히 보시지 않으시리라는 점과 아울러 우리의 목숨이 어떻게 쓰이나를 끝까지 지켜보실 것을 생각하니 두렵지 않을 수가 없었다. 무량중생을 긍휼히 여기는 자비심을 나는 이 쌀알 사건에서 배웠다.

또 한 가지는 이런 일이다. 어느 날 나는 학교에서 파리와 모기가 얼마나 나쁜 해충인가를 배우게 되었다. 할머니는 살생(殺生)을 해서는 안 된다고 하셨고 사월 초파일에는 방생(放生)행사도 하는 것을 나는 알고 있었다. 그날 나는 할머님께

"할머니, 우리 선생님께서 파리와 모기는 나쁜 벌레니까 잡아 없애야 한데요."

불쑥 이렇게 말씀드리곤 아차 했다. 할머님이 얼마나 대답하시기

곤란하실까 생각되었기 때문이다. 그런데 내 이야기를 듣고 한참 생각에 잠기셨던 할머님께선 조용히 대답하셨다.

"그래, 아가, 나쁜 벌레는 잡기로 하자. 그런데 죽어서 후생에서는 그 나쁜 벌레들도 좋은 생명으로 다시 태어날 수 있도록, 우리 진언(眞言)을 읽어주기로 하자."

참되고 착한 삶과 신앙에의 개안(開眼)을 유도한 것은 어떤 위대한 종교 서적이나 이론보다도 내 할머님의 이 지극히 소박한 실천 종교였다고 하면 어떤 이는 그저 고소(苦笑)할 것인가.

최고의 이상주의자

젊은이는 꿈이 있고 이성이 있는 이라고 흔히 말한다.
나이가 아무리 젊더라도 그의 영혼 속에 꿈을 쫓고 이상을 추구하는 힘이 결핍되어 있으면 그것을 헛된 젊음이라고 한다.
우리가 어떤 어려움 속에 놓이더라도 항상 젊은 세대에게 큰 기대를 걸고 위안을 얻는 이유는, 그들에게 꿈과 이상이라는 인생 최고의 자산이 있기 때문이다. 이상이란 곧 인생의 최고 궁극의 목적인 참됨과 착함과 아름다움의 합일점이다.
젊은이는 언제나 이상주의자이다. 현실과 타협하지 않고 자기 한 몸의 희생을 불사하고라도 보다 나은 세상, 정의로운 사회, 아름다운 인간화를 위하여 노력하려는 의지와 정열을 가진 이가 곧 젊은이기 때문이다.
세상의 종말은 물의 홍수에 휩쓸리거나 불비가 내리는 날이 아니라 마지막 이상주의가 사라지는 날이라고 말한 이가 있었다. 옳은 말이다. 세상 만물이 그대로 다 존재한다 하더라도, 적어도 인간 세계에 있어서는 꿈과 이상이 없어서는 멸망의 세계가 아닐 수 없는 것이다.
세상에는 생물과 무생물이 헤아릴 수 없이 많이 존재하지만 미래에 대한 꿈을 가진 생물은 오직 인간 뿐인 것이다.

꿈과 이상을 가지고 그 실현을 위하여 부단히 노력하여 온 것이 곧 인간의 역사이며, 인간이 만물의 영장일 수 있는 소이인 것이다.

우리는 누구나 꿈을 가지고 있다. 크든 작든 하나의 이상을 향하여 나아가고 있다. 흔히 사람을 그릇에 비유하여 큰 그릇은 대인, 작은 그릇은 소인에 비유한다. 우리들은 저마다 큰 그릇은 큰 그릇만큼, 작은 그릇은 작은 그릇만큼 제 역량껏 이상을 품고 살고 있다.

석가나 공자, 예수, 소크라테스 같은 분들은 큰 이상을 품었던 큰 그릇들이었다. 큰 이상을 품고 있었기에 석가는 수행자로서의 고행을 기꺼이 감내하였으며, 공자는 천하를 헤매며 모든 굴욕을 참고 자기의 뜻이 세워지도록 설유하였었다. 큰 이상의 실현을 위하여 예수는 핍박받으며 십자가에 매달려 죽었고, 소크라테스는 독한 사약을 받아 마셨다.

만약 이분들에게 이상이 없었다면, 석가의 나무 밑의 고행이 어찌하여 궁궐의 호사로운 생활보다 나았겠으며, 만승 천자의 자리가 어찌하여 부처님의 자리보다 못했겠으며, 사랑하는 부모 처자와 온갖 영화를 버리고 스스로 머리를 깎아 비단옷을 풀잎으로 바꾸어 입은 행위가 얼마나 어리석은 짓이었겠는가. 문전걸식하는 걸인처럼 여러 나라의 제후들에게 업신여김을 당하면서 때로는 죽음의 위협도 불사하고 춘추 제국을 두루 섭렵한 공자의 삶이 한 평범한 초부의 삶보다 나을 것이 무엇이겠는가. 진실로 큰 이상이 없었다면 예수의 죽음보다 헛된 일은 다시 없었을 것이다. 십자가에 매달려 죽는 죽음이란 흉악한 도둑이나 못된 죄수의 죽음의 흔한 한 사례에 불과하였을 것이다. 제자들이 그토록 간곡하게 탈옥을 간청하였으나 그것을 거절하고 사약을 받아 꿀꺽꿀꺽 삼킨 소크라테스의 행위 또한 얼마나 현명치 못한 일이겠는가.

그러나 이분들에게는 평범한 세속인이 따라가지 못할 높은 이상이 있었기 때문에 그 고행이나 죽음이 실로 값졌을 뿐만 아니라, 인류의 삶에 큰 혁명을 가져오고, 인류의 역사에 큰 빛을 비추어 주었다.

현실은 항상 우리 가까이에서 손목을 잡으며 달콤하게 유혹한다. 이상주의자는 현실과 타협하거나 현실에 안주하는 자가 아니다. 항상 더 나은 것을 향하여, 더 값지고 보람 있는 일을 향하여 나아가는 사람이다. 그러므로 그들의 가는 길은 현실적으로 보아서 고난의 길이요, 험한 길이다.

그러나 생각해 보라. 오늘이 아무리 화려하고 평안하더라도 내일이 없다면 오늘의 평온은 암담한 어둠이요, 구원 없는 불안으로 변하고 말 것이다. 비록 오늘은 어려움 속에 있을지라도 내일에 대한 꿈이 있다면 오늘은 내일을 위한 초석이 되는 것이다.

이상주의자는 실로 기꺼이 오늘을 내일을 위한 초석으로 다지는 자이다.

우리가 애써 공부를 하고 신체를 단련하며 인격을 연마하고 교양을 쌓아 가는 것도 다 내일을 위한 초석을 마련하는 일이다. 내일이 없다면, 정녕 이상을 달성시킨다는 목표가 없다면, 지식이나 교양이 지식과 교양 그 자체로서 무슨 값어치가 있겠는가. 꿈과 이상이 없다면 비록 생존하고 있을지라도 생활하는 참 삶은 못된다.

아름다워라 청춘이여

'장미의 생명은 한순간에 있다' 라는 말이 있습니다. 장미꽃이 개화의 전 과정을 통하여 가장 향기롭고 아름다운 시간이 지극히 짧은 것을 가리킨 말입니다. 그러나 그 찰나적인 짧은 시간에 장미꽃은 한껏 그의 생명을 불태워 사르는 까닭으로, 진실로 그 순간은 장미꽃이 장미꽃으로 확인되고 장미꽃이 피어난 까닭이 비로소 해답을 얻는 시간이라 하겠습니다.

우리 인생에서도 저 가열한 장미꽃의 극치의 아름다움과 같은 때를 찾는다면 그것은 두말할 것도 없이 청춘이 이에 해당합니다.

청춘은 우선 때문지 아니하여 결백하며, 기상천외의 아름다운 꿈을 가지고 있습니다. 때문지 아니하여 깨끗하므로 정의와 불의, 아름다움과 추한 것, 착한 것과 착하지 못한 것을 가리는 맑고 밝은 마음을 가집니다.

또 청춘은 꿈이 많은 연고로 무한한 가능성을 가지며, 자잘한 현실 세계에 물러나거나 주저앉지 않습니다. 현실의 부조리를 극복·개조하여 최선의 이상향을 구현하고자 끊임없이 노력합니다.

청춘의 또 하나 특질은 그 불타는 정열에 있습니다. 일단 옳고 바른 것이라는 판단이 내리면 과감히 실천하는 힘과 모험심은 젊은이들만이 가질 수 있는 용기입니다. 결백함과 꿈과 정열, 이것은 청춘의 귀한 요소들입니다. 저들이 쉽사리 타협하고 현실에 만족하여 새로운 것을 모색하지 않는다면, 인생이란 피어 보지도 못하고 지는 장미꽃과 같을 것입니다.

봄을 맞는 K양에게

K양!

멀리 보이는 산봉우리에는 아직도 흰 눈의 화관이 그대로 씌워져 있지만 긴 겨울 동안 얼어붙었던 강물은 풀려 봄의 찬가를 가만히 읊조립니다. 양지쪽 버들강아지는 어느 곁에 은빛 털을 보풀려 봄맞이 채비를 서두르고 있습니다.

K양!

이제 머지않아 우리나라 산천에 아름다운 꽃이 피고 잎이 싹트는 봄이 올 것입니다. 만물이 생명과 삶의 기쁨을 드높이 만세 부르는 봄.

K양!

이 봄을 맞는 K양의 가슴은 또 얼마나 힘차게 뛰고 있을는지요.

봄은 젊은이의 계절이라고 흔히들 말합니다. 메말랐던 대지에 모든 생명들이 깨어나 가득 차고, 숨어 있던 모든 어여쁜 것들이 쏟아져 나와 한바탕 눈어리는 잔치를 벌이는 그 풋풋함이 젊은이의 푸른 기상과 닮아 있기 때문에 그런 말이 있는 것인지도 모릅니다.

그러나 한 번 더 생각해 보면 봄이 젊은이의 계절이라고 하는 데에는 봄이나 젊은이 모두 '처음 시작'과 '출발'의 의미에서 동일하기 때문인 것에 더 큰 까닭이 있지 않은가 합니다.

K양!

그렇습니다. 네 계절의 처음 시작이 봄이듯이 인생의 처음 계절은 젊음입니다. 봄이 저렇듯 눈부시게 아름답듯이 젊은이 또한 가장 아름다운 사람입니다. 그러므로 우리 인생에서 젊은 시절이 없다면 곧 사람이 가장 아름다울 수 있는 시절이 없는 것이 되겠습니다. 아름다운 시절이 없는 인생이란 얼마나 삭막한 것이겠습니까. 또한 젊은이가 없는 인간사회란 얼마나 정체되어 있으며 추한 것이 되겠습니까.

K양!

실로 젊은 시절이 있기에 노년의 쓸쓸함이 위로받을 수 있는 것이고 젊은이들이 있기에 인류는 항시 새로울 수 있고 살아 있을 수 있습니다. 그러기에 젊음은 귀하고 소중한 것입니다.

젊음이 귀하고 소중한 것이기에 그것이 손상당하지 않고 낭비됨이 없도록 경영함이 필요합니다. 젊음의 빛을 찬란하게 가꾸는 지혜야말로 인생의 첫 씨앗을 올바로 심는 것이며 그 싹을 튼튼히 기르는 첩경이라 할 것입니다.

K양!

우리는 누구라도 행복한 삶을 살고 싶고 또 자기를 성취하고 싶은 큰 꿈을 지니고 있습니다. 모든 사람들이 하나같이 이런 큰 꿈을 지니고 있음에 비하여 그 꿈을 현실로 성취시키는 이의 수는 아주 적습니다. 그 이유는 여러 가지가 있겠으나 젊음의 관리는 어떻게 하였느냐 하는 것은 아주 대단히 중요한 열쇠가 되리라 믿습니다.

K양!

그러므로 오늘 나는 그대에게 인생의 첫 출발인 젊은 시절을 어떻게 보람되게 헛됨이 없이 지낼 수 있을 것인가에 대하여 이야기하고 싶습니다.

K양!

무엇보다 먼저 말하고 싶은 것은 자기의 삶을 충실히, 그리고 자신감을 가지고 살아나갈 수 있는 힘을 젊은 시절에 길러 두자는 것입니다. 그것은 어떤 전문지식이어도 좋고 어떤 전문기능이어도 좋습니다. 자기의 능력을 십분 발휘하고 거기서 성취의 기쁨을 맛볼 수 있는 그런 자기의 영역을 가지라는 것입니다. 그런 힘을 길러 두지 않으면 아무리 원대한 꿈이라도 하나의 환상과 물거품으로 흩어질 뿐 그것이 사실로 이루어지기가 어렵습니다. 그리고 어쩐지 자신의 삶이 공허롭다는 후회를 막을 길이 없게 됩니다. 실천되지 못하는 꿈이란 한낱 허황된 것에 지날 뿐이기 때문입니다. 실로 우리들의 꿈이 다만 꿈에 그치지 않게 하기 위하여서는 꿈을 실현할 수 있는 능력이 절대적으로 필요합니다. 그런 능력은 젊은 날에 길러 두어야 합니다. 가장 왕성한 지적 호기심과 또 그것을 수용 소화할 수 있는 넘치는 의욕이 젊은 날에는 있기 때문입니다.

K양!

봄의 씨앗이 기름진 토양 위에 심어지지 못하고 또 튼튼하게 발아하지 못한다면 가을의 잘 익은 열매를 기대하기 어렵듯이 젊은 날의 자기 계발이 없이는 자신 있는 자기의 삶을 계획하기 어려울 것이고 또 그 삶의 결산이 실로 허망할 것임은 두말할 필요조차 없을 것입니다.

반대로 자기가 세운 뜻을 실행하고 꿈을 현실화하기 위한 능력을 갖춘 이는 항상 떳떳하게 살아갈 수 있고 기쁨과 보람이 넘치는 삶을 이룩할 수 있습니다. 그리하여 그가 하는 일이 어떤 것이든 항상 큰 성취감을 얻을 수 있습니다.

K양!

나는 또 우리 젊은이들이 한없이 시간을 아껴쓰기를 바랍니다.

세상에는 가끔 어디라 견줄 수 없을 만큼 큰 욕심을 가진 이들이 있습니다. 그들은 재물에 인색하고 권세에 탐닉하는 수가 많아 세상 사람들의 빈축을 사는 일도 없지 않습니다.

우리 젊은이들은 재물이나 권세가 아닌 시간을 가장 귀한 것으로 알고 시간을 쓰는 데 있어 어떤 욕심쟁이보다 인색하기를 빌어마지 않습니다. 재물이나 권세는 있다가도 없고 없다가고 있을 수 있지만 시간은 한 번 잃으면 영영 되찾을 수가 없습니다. 그런 의미에서 시간의 낭비만큼 큰 손실이 없고 시간의 허비만큼 큰 죄악이 다시 없다 하겠습니다.

K양!

젊음은 찬란하지만 그리 긴 것이 아닙니다. 그것은 눈 깜박할 순간에 지나가는 신기루와 같은 것입니다. 금싸라기보다 귀한 젊음의 시간을 허송해 버린다면 농사를 짓지 않은 농부가 수확을 바라고, 그물질하지 않은 어부가 물고기 잡기를 바라는 것처럼 염치없는 자가 되고 말 것입니다. 일 초 일 분을 알뜰히 관리하는 이가 성공하는 이가 될 것임은 거듭 말할 필요조차 없는 일입니다. 인생은 영원한 것이 아니고 유한한 것이기에 한정된 시간을 어떻게 운용하느냐에 따라 굵고 다양한 삶을 살 수도 있고 가늘고 단순한 삶을 살 수도 있기 때문입니다.

K양!

생각해 보면 황금보다 더욱 소중한 것이 시간임에도 불구하고 그 소중함을 미처 깨닫지 못하여 한 푼의 황금에는 극히 인색하면서도 시간을 쓰는 데는 선선한 것은 대단히 안타까운 일입니다.

K양!

젊은이들은 또한 스스로 착한 품성을 기르도록 노력해야 하겠습니다. 사람의 품성을 말하는 데는 성선설도 있고 성악설도 있습니다. 비록 관점은 극단적으로 상대적이나 둘 모두가 일리 있는 주장입니다. 또 둘이 모두 인간에 대한 긍정과 사랑이 바탕이 되어 있다는 점에서도 공통됩니다. 성선설의 주장은 인간은 근원적으로 선한 존재이니 그 선한 기질을 갈고 닦으면 훌륭한 인간이 될 수 있다는 것이고 성악설은 비록 인간은 타고난 기질은 악하나 역시 노력하여 갈고 닦으면 훌륭한 인간이 될 수 있다고 보기 때문입니다.

K양!

그러나 사람이란 선한 기질과 악한 기질을 동시에 공유한 복합적인 존재일 것이라는 생각이 들 적이 많습니다. 그러므로 자기 속에 존재하는 착하지 못한 생각이나 요소를 제거하고 착한 품성을 드높이어 갈고 닦는 일은 곧 자기 자신을 가장 아름답게 성장시키는 일이 될 것입니다. 사실 인간의 값을 따짐에 있어서는 그 어떤 능력보다 값진 것이 착하고 어진 품성인 것을 우리는 압니다. 아무리 지적 능력이 뛰어났더라도 표독하고 자기 중심적이기만 한 사람은 사랑스러운 사람일 수가 없습니다.

착하고 어진 이는 널리 사랑을 받을 것입니다. 착하고 어진 그 자체가 이미 사랑에 뿌리하고 있기 때문입니다. 바꾸어 말하면 사랑하는 이는 곧 사랑받을 수 있다는 것입니다.

  오늘 우리 젊은이들은 대단히 영특하고 건강하고 아름답습니다. 그러나 아름다운 꽃을 시샘하는 비바람이 있고 탐스러운 과일을 침노하는 독벌레가 있듯이 젊음을 노리는 온갖 퇴폐적인 마수들이 적지 않습니다. 우리를 멸망의 길로 이끄는 모든 악의 유혹을 과감히 물리칠 수 있는 용기와 의지를 길러야 하겠습니다. 그러한 의지와 용기가 있을 때에 온갖 시련은 오히려 면역체계와 저항력을 길러주는 좋은 계기가 되리라 믿습니다.

  K양!

  봄이 옵니다.

  젊음의 꿈이 한껏 부푸는 아름다운 계절에 그대의 모든 새 설계가 부디 대지에 굳건히 내리는 식물의 뿌리처럼 건강하기를 간절히 빕니다.

시를 쓰려는 여대생에게

이 세상에는 수많은 사람들이 살고 있고 그들은 모두 자기가 선택하거나 맡은 바의 임무를 큰 사명감을 가지고서 해 나가고 있습니다.

그리하여 천하를 장중에 쥐고 소신을 펼쳐가는 경륜가가 있는가 하면 세속적인 입신양명이나 영달을 멀리하고 푸른 나무 그늘을 지붕 삼아 수신(修身)과 대오(大悟) 각성을 위하여 도를 닦는 수도승도 있습니다. 높은 권좌로부터 방랑객의 찬 잠자리에 이르기까지, 등이 굽고 눈이 멀도록 성당의 천장에 그림을 그리는 일로부터 먼 대양에 그물을 치고 은비늘 번뜩이는 물고기를 낚아올리는 일에 이르기까지. 실로 인간이 할 수 있는 일과 하고 있는 일은 셀 수 없이 다양하고 그것은 모두 그나름의 중요한 의미를 지니고 있습니다.

이처럼 각양각색의 길을 앞에 하고 아직 그 어느 것도 선택하지 않았으면서 그러나 그 모두를 선택할 수 있는 무한의 가능성과 권리를 지니고 있는 젊은 여대생 여러분! 그중에도 시를 쓰고 싶어하는 여대생 여러분!

그대들이 '시를 쓰겠다' 고 마음먹은 그 순간 이미 그대들은 중요한 한 결단을 내린 것이며 중요한 한 선택을 한 것입니다. 바꾸어 말하면 '시를 쓰겠다' 혹은 '시를 쓰고 싶다' 고 하는 마음가짐, 이것은 곧 시를 쓰고자 하는 사람이 맨 먼저 갖추어야 할 조건이라 할 것입니다.

　다음으로 중요한 것은 재질과 천품의 문제입니다. 우리 주변을 잘 살펴보면 어떤 이는 대단히 아름다운 목소리를 가진 이도 있고 손재주가 뛰어난 사람, 몸이 날쌘 사람, 감수성이 예민한 사람 등 심신 양면에 있어 특이한 개성들을 지니고 있습니다.

　시를 쓰고자 하는 사람은 자기의 성정 속에 어떤 문학성 - 언어에 대한 예리한 감각이라든가 사물의 심층과 정수를 꿰뚫어 볼 수 있는 영혼의 눈이 어떠한가를 스스로 살펴볼 필요가 있습니다. 왜냐하면 시인이란 악기와 같아서 무심히 흐르는 한 가닥 바람으로도 아름다운, 또는 웅장한 멜로디를 지어내기 때문입니다. 대수롭지 않게 스치는 작은 자극을 정서화하여 한 편의 시를 빚는다는 것은 여간 미묘한 현이나 공명상자를 그 영혼 속에 지니고 있지 않아서는 안 됩니다.

　다음으로 아무리 시를 쓰고자 하는 마음이 있고 또 천부적인 재능이 구비되어 있다 하더라도 노력과 공부가 없어서는 역시 좋은 시를 짓기 어렵습니다. 때에 따라서는 저절로 우러나오는 절창이 있을 수도 있습니다만 그것은 실로 요행일 뿐이며 또 한두 편에 그칠 예외적인 일입니다.

　사람이 하는 모든 일이 그러하듯 시를 쓰는 일도 많은 지식과 체험과 다소의 수사적인 학문을 터득하고 있지 않아서는 안 됩니다. 사물에 대한 깊은 이해와 인식, 문학 이외의 여러 학문에 대한 어느 수준의 해박함, 예술 일반에 대한 조예 등이 갖추어질 때 유치하거나 졸렬하거나 편벽되지 않은 시론에 입각한 훌륭한 시를 제작할 수 있습니다.

그러나 시를 쓰고자 하는 의욕과 재질과 후천적 노력만으로도 어쩌면 좋은 시를 쓰는 일이 잘 되지 않을 수도 있습니다. 괴테 같은 이가 '시는 나의 참회'라고 하여 시인의 인격과 시와의 밀접한 관계를 이야기하고 있듯이 고결한 시인의 인품은 시의 깊이와 감동력과 가치와 영원성을 부여하는데 대단히 중요한 역할을 합니다. 그러므로 시를 쓰고자 하는 사람은 능숙한 기교의 숙달만으로 공부가 다 끝난 것이 아니라 어쩌면 이 세상을 마칠 때까지 자기를 갈고 닦지 않아서는 안 될 것입니다.

시를 쓰고자 하는 여대생 여러분! 이렇게 말하면 시를 쓴다는 일이 참으로 어렵고도 고통스럽게 느껴지겠지요. 정말 그것은 언제나 회의와 갈등을 가져야 하는 고달프고 어려운 일입니다. 그러므로 장차 시를 쓰고자 결심하는 사람이 마지막으로 갖추어야 할 조건은 이 고단하고 쉽지 않은 길을 기꺼이, 그리고 굳은 의지로 난관을 뚫으며 극기와 인내로 이겨 나아가는 자세라 할 수 있습니다.

그때 비로소 그는 예지로 빛나는 아름다운 시를 짓는 좋은 시인이 될 수 있을 것이며 그의 시는 시공을 초월하여 많은 사람들에게 기쁨과 위로와 감동을 줄 것입니다.

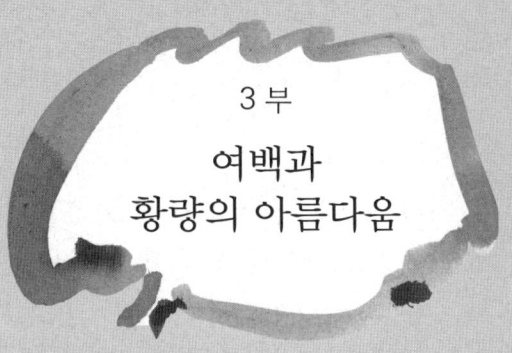

3부

여백과 황량의 아름다움

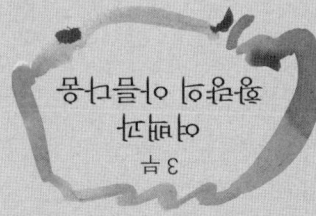

젊은이여, 실패하고 또 실패하자

　자신과 관계되는 일로서 한 가지 소원만을 말하라고 한다면 나는 서슴없이 '다시 젊어지고 싶다'고 말하겠다.
　이것은 지금 내가 나이가 많이 들어서도 아니요, 또는 오래 살고 싶은 생명에 대한 애착에서도 아니다. 다시 젊어지고 싶은 소원을 가짐은 바로 저 싱싱한 젊음이 갖는 무한한 가능성과 정열에 대한 선망인 것이다.
　젊다는 것은 좋은 일이다.
　어떤 부귀 공명도 젊음을 능가할 수는 없으며 어떤 대가를 치르고도 젊음은 살 수 없다. 일찍이 어떤 패자의 권력으로도 어떤 성자의 지혜로도 젊음은 얻어지지 않았다. 때문에 젊음은 더욱 귀하고 소중한 것이다.
　젊음이 좋다는 말은 젊음이 곧 편안하다는 뜻은 아니다. 청춘 시절이란 어쩌면 가장 고뇌롭고 아픈 시기인 것이다. 그것은 감수성이 가장 예민하고 결백을 고수하는 시절이기 때문에 실로 잎새를 스치는 엷은 바람결에도 상심하고 티끌만한 불의도 용납하려 하지 않는 시절이다. 괴로워하고 피흘리고 저항하는 날카로운 힘, 이것이 곧 젊음의 속성인 것이다. 옥죄는 기성의 제도, 비정한 조직의 만용, 어두운 인습의 굳은 벽에 이마를 부딪쳐 생명의 시를 쓰고 새로운 창조의 문을 여는 것이 젊음이다.

또한 젊음은 정직하다.

회칠한 가면과 허위가 횡행하는 거리에서 홀로 맨 얼굴에 돌팔매를 맞는 것이 젊음이다. 어떠한 감언이설에도 타협이 없이 묵묵히 행진하는 고독한 길, 그것이 젊음이 가는 길이다. 젊음은 웃음을 도금하지 않고 울음을 분칠하지 않는다. 실로 이 정직성 때문에 젊음은 항시 인류의 양심을 대변하며 그 미래에 희망이 있음을 시사해 준다.

젊음은 또 물과 같고 불 같으며 바람 같은 것이다.

형태가 없으면서 형태가 있고 형태가 있으면서 하염없이 자유로운 것, 어떤 형식에도 순응하면서 어떤 형식에서도 속박당하지 않는 것, 유연하면서도 한없이 뜨겁고 강한 것이다.

그러기 때문에 젊음은 무한한 가능성을 내포하고 있다. 아직은 무어라 이름 지을 수 없는, 아무 것도 아니면서 그러나 무엇이나 될 수 있는 많은 이름을 담고 있다. 조각되지 아니한 석재이며 그림 그리지 않은 백지이다. 열리지 아니한 꽃봉오리며 숱한 비밀을 담고 있는 마술상자이다.

청춘은 야망의 계절이다.

젊은 날에 광대한 꿈과 이상을 지녀 보지 못한 자는 그 일생을 빛깔과 향기가 없는 팍팍한 회색의 사막으로 일관하게 될 것이다. 결과적으로 그것이 달성되지 못하거나 불가능하다 하더라도 젊은 날의 야망은 인생을 풍요롭고 윤기 돌게 하는 향유이다. 인류의 삶을 한결 더 고차원적으로 상승시키는 원동력이다. 미명의 검은 하늘에 아름다운 꿈을 그리는 젊은 야망이 없다면 인류는 이미 오래전에 멸망하고 말지나 않았을까.

청춘은 또한 가장 순수한 정신적 사랑과 동경의 날이다. 젊은 날은 우리의 신체가 건강하게 성숙하는 때이지만 육체의 성숙이 곧 육욕적인 것과 연결되는 것은 아니다. 오히려 젊은 날이야말로 가장 순결하고 영혼적인 사랑을 이룩하는 때이다. 젊은 날의 사랑이 구체적 대상 없이도 미지의 대상에 대한 동경과 기다림만으로 가능한 것은 바로 그것의 정신성을 말하여 주는 것이다. 오히려 구체적 대상에 대하여서 혐오감이나 환멸을 느껴도 동경의 대상에 대하여서는 절대적인 순정으로 임하는 것이다.

어른들의 사랑이 즉시 권태로워지고 타성적으로 되는 것은 그것의 육욕적·수성적 측면이 더 강조되어 있기 때문이다. 그러나 젊은 날의 사랑은 종교에 가깝도록 청결하고 엄숙하다. 그것은 그 사랑이 그만큼 순수무구한 영혼의 직업인 까닭에서이다.

젊은이는 끝없이 모험을 하는 이다. 한 자리에 머물러 안이한 삶에 만족을 얻는 것은 늙은이의 일이다. 젊은이는 끊임없이 움직이고 탐색하고 모험을 한다. 비록 그 앞을 가로막는 것이 가파른 산악이요, 험한 파도 이는 대양이라 하여도 주저함이 없이 그 난관에 도전 분투하여 돌진하는 이다. 때로 이들은 좌초당하여 무수히 상처 입으며 또 헤일 수 없는 추락을 하겠지만 언제나 이들은 아침에 새로 뜨는 태양처럼 재기하며 절망을 모른다.

젊은이여.

혹 그대들에게 불면의 서러운 밤이 있다면 기뻐하라. 그것은 그대들에게 젊은이다운 고민이 있기 때문이다. 고민이 없는 삶은 짐승의 그것과 다를 바 없다.

혹 그대들이 끝없는 목마름과 시장기를 느낀다면 그것은 그대들의 가슴에 야망이 불타고 있는 연유인 줄을 알아 위로를 받으라. 그대들이 캄캄한 어둠 속의 고독에 몸부림친다면 그 어둠을 밝힐 등불이야말로 바로 그대들 자신들인 줄로 알아 힘을 얻으라. 위대한 선구자는 항시 쓰러지고 핍박받고 외로웠다. 젊음이 형벌이며 외로운 것은 그것이 정의롭고 결백한 까닭이다.

또한 그대들이 사회적으로 명성을 떨치는 명사이거나, 재벌이거나, 권력자가 아직 아닌 것을 다행으로 알자. 제아무리 훌륭한 것이라도 무어라고 명명되어진 것은 이미 한정적인 존재이다.

혹, 그대들이 실연하여 마음에 상처를 입고 방황한다면 또한 좋은 일이다.

실연한다는 것은 사랑하였다는 증거이며, 사랑한다는 것은 그대들에게 뜨거운 가슴이 있음을 증거하는 것이다. 사랑할 줄 모르는 삶보다 더 비극적인 삶은 없다. 차가운 그 자리에는 오직 이기심과 이해 타산만이 인간을 흥정하고 있을 것이다. 사랑의 기쁨과 사랑의 슬픔을 통하여 우리는 얼마나 많이 새로운 것을 깨달으며 파악하며 이해하게 되는 것이랴. 또한 그 극기와 인내와 봉사를 통하여 우리는 얼마나 놀랍게 성장하는 것이랴.

열심히 공부하고 건강한 육체를 기르도록 하자.

젊음이 한때 반짝하는 섬광으로 스러지지 않고 크나큰 저력과 끈기를 갖기 위하여서는 그 바탕이 되는 인품과 실력과 건강이 구비되어 있어야 한다. 내용이 빈 허상의 젊음은 거짓 젊음이요, 오래지 않아 시들어 떨어질 병든 젊음이다. 수양된 정신과 단련된 육체는 젊음의 긍지요, 재산이다.

혹, 그대들이 원하는 바가 단시일에 달성되지 않는다 하여 절망하지는 말자. 인생은 단거리 경주가 아니다. 보다 먼 곳에 그 결승점은 있는 것이다. 발은 땅에 디뎌도 항시 먼 곳을 바라보며 살자.

혹, 그대들이 목적하는 바가 영원히 성취되지 않는다 하더라도 결코 절망하지는 말자. 인생에 있어 보다 중요한 것은 그 과정과 경로가 아니겠는가. 청춘의 날은 길지가 않다. 매 순간순간을 꽃처럼 순열하고 피처럼 진하게 살자.

젊음은 항시 앓고 있어야 한다.

젊음은 항시 번민하고 있어야 한다.

젊음은 아리는 상처 아래 돋아나는 새 살이어야 한다.

젊음은 의롭고 발랄하고 패기가 있어야 한다.

젊음은 무수히 자기를 죽이고 다시 무수히 소생시켜야 한다.

젊음은 한 시대와 한 사회를 개조하고 선도하는 맑은 한 줄기 빛이어야 하고 비분강개의 기상이 있어야 한다.

십자가를 지고 가는 노한 다윗.

두려워하지 말자. 실패를 두려워하지 말자. 기존의 것을 흉내만 낸다면 거기 실패란 없을 것이다. 새 것을 모색하고 새 삶을 창조하려는 데서 시행 착오도 있고 실수도 있다. 저 미답의 처녀지를 향하여 첫걸음 하는 이의 행로는 가시에 찔리기도 하고 구렁이에 빠지기도 하는 법이다. 실패라는 모험을 용기 없는 자는 못한다.

젊음이여, 황금의 날이여.

정녕 웅비의 내일을 위하여 오늘은 모름지기 실패하고 또 실패하자.

우리 무엇을 꿈꾸었다 말하랴

젊은 날의 꿈은 찬란하다.

오색 무지개의 영롱함도 저 먼 별들의 반짝임도 젊은 날의 꿈의 광휘에는 못미치리라.

인간에게 꿈이 있다는 것은 희망이 있다는 뜻이다. 희망이 있다는 뜻은 곧 내일이 있다는 뜻이요 내일에 대한 믿음이 있다는 뜻이다. 또한 꿈이 있다는 것은 오늘의 고난과 오늘의 고통을 극복할 수 있는 의지를 가진다는 뜻이요 삶을 긍정하는 커다란 힘을 가진다는 것이다.

실로 인간에게 꿈이 없다면 우리의 삶이란 얼마나 가난하고 무의미한 것이 될 것이며 우리가 만들어낸 문화니 문명이니 하는 것도 이룩될 수 없었을 것이다.

아기에게 젖을 물린 가난한 어머니가 그 아기의 빛나는 미래를 꿈꾸면서 느끼는 행복은 비록 그 아기가 누더기에 싸였다 하더라도 실로 솔로몬의 영화보다도 더 큰 기쁨이 될 것이다.

하늘을 날고 싶은 인간의 꿈이 없었다면 비행기며 우주선이 어떻게 있을 수 있었겠으며 저 미지의 우주를 어찌 탐험해 볼 수 있었겠는가.

인간에게 꿈이 없었다면 저 깊은 바다 밑을, 높은 산봉우리를, 어두운 동굴 속을 어찌 정복해 볼 수 있었겠는가. 어찌 저리 아름다운 음악을, 그림을, 조각을, 시를 창작해 낼 수 있었겠는가.
  꿈이란 무형하고 또 허황된 것 같으면서도 모든 창조와 발전의 원천이 되는 것이니 실로 묘하다 할 수 있다.
  불행한 불구의 소녀가 아주 명랑하게 사는 것을 보았다. 그 까닭을 묻는 사람들에게 소녀는 말하였다.
  "저에게는 꿈이 있기 때문이지요."
  소녀의 일기장에는 한 시인의 시가 적혀 있었다.

> 나는
> 나는
> 죽어서
> 파랑새 되리
>
> 푸른 하늘
> 푸른 들
> 날아다니며
> 푸른 울음
> 푸른 노래
> 울어 예오리
>
> 나는
> 나는
> 죽어서
> 파랑새 되리

  그 소녀는 지금 비록 불행하더라도 이 다음 세상의 아름다운 삶을 꿈꿈으로써 고통스러운 현실을 이겨내고 있었던 것이다.

꿈이 없다는 것은 바꾸어 말하면 미래를 생각하지 않는다는 뜻이므로 눈앞의 현실에만 집착하는 이가 되고 만다. 눈에 보이는 것, 있는 현실에만 천착하기 때문에 찰나주의나 향락주의에 빠질 우려가 있으며 현실이 각박할 때 금방 절망하고 좌절해버리고 만다. 그러나 꿈이 있는 이는 풍요로운 미래가 있기 때문에 쉽사리 무너지거나 포기하거나 비관적이 되지 않는다.

'없는 것을 꿈꾼다'는 말이 있는데 꿈을 가진 이는 현실이 각박하고 어두울수록 더욱 찬란한 꿈을 꾸게 되는 것이 아닐까.

꿈을 꾸는 젊은이는 세상 누구보다도 부유한 사람이다. 꿈 속에서는 무엇이나 되고 무슨 일이든지 가능하고 어디든지 갈 수 있다. 꿈 속의 세상은 항시 아름답고 분쟁이 없고 평화롭다. 꿈 속의 사람들은 누구나 다정하고 따뜻하고 그리고 서로 사랑한다. 꿈 속에서는 슬픔이 없고 미움이 없고 믿음과 환희가 충만하다.

그렇다. 젊은 날 우리 무엇인들 꿈꾸지 않았으랴.

내가 아무리 훌륭한 명성을 얻고, 아무리 큰 권력을 쥐고, 아무리 많은 부를 쌓았다 할지라도 꿈을 잃었다면 그 얻은 것이 과연 무엇이랴. 어찌 그 자유롭고 천의무봉하던 찬란한 꿈과 맞바꿀 것이 이 세상에 있을 것이랴.

영원과 무변을 향하여 가이없는 날개를 펼치는 꿈이여, 꿈이여, 젊은 날의 희망이여.

우리가 늙어 은발이 되었을 때 참으로 우리가 자신에게 물어볼 수 있는 총결산의 말은

"젊은 날 우리 무엇을 꿈꾸었다 말하랴."

바로 이 말 한 마디가 아닐까.

봄, 그리고 젊음

　젊은이들이 참으로 아름다워 보인다고 말하였더니 누군가가 이제 당신도 나이 들었나 보다고 하였다. 어쩌면 그런지도 모른다. 하지만 젊음이 곧 아름다움인 것만은 틀림없는 것 같다.
　더욱이 세상 곳곳에 새 빛이 돌고 활기찬 새 삶이 시작되는 봄날의 청춘남녀는 더할 수 없이 신선한 느낌을 준다.
　젊은 여인들이 곱게 단장을 하고 가벼운 봄옷 차림으로 걸어가며 무어라 지껄이는 모습은 흡사 즐거운 한 떼의 철새무리 같기도 하고 한 무더기 꽃다발 같기도 하다. 그리하여 저들이 지나간 자리마다엔 풋풋한 향기가 고이는 것 같다.
　그런가 하면 젊은 청년들이 발걸음도 드높게 봄빛을 뚫고 나아가는 것을 보면 어쩐지 미래는 밝고 인류는 영원하리라는 긍정적 생각을 하게 된다. 그들의 나풀거리는 머리칼 위에 봄볕은 무지개를 이루고 그들의 어깨를 스치는 바람에는 신나는 음악소리가 담겨 있다.
　누구에게나 저런 청춘 시절이 있었겠거니 하면 더할 수 없는 아쉬움 같은 것이 가슴에 서린다. 또한 스스로는 젊음의 아름다움을 깨닫지도 못한 채 언뜻 지나쳐 버리고 만 것을 생각하면 알 수 없는 슬픔조차 치밀어 오름을 느낀다.
　그렇다. 흔히 하는 이야기지만 청춘은 인생의 봄철이다. 꽃다운 영혼, 꽃다운 육체의 무구함을 인생의 또 어느 계절에서 찾을 수 있겠는가. 한 점의 티끌조차 용납지 않으려는 결벽과 정의로움을 또 어느 세대에서 기대할 수 있을 것인가.

　세상에 곱고 황홀한 것이 적잖이 있지만 그 모든 것 중에서도 제일 신묘하게 어여쁜 것이 사람이요, 사람 그중에도 젊음이라는 생각이 든다.

　봄날 꽃밭에 피어나는, 아니 모든 산과 들에 피어나는 꽃들이 저마다 제 고움을 지니듯이 청춘은 젊음이라는 공통 분모를 가지면서도 저마다의 개성이 더욱 소중한 아름다움이다. 길가에 피어나는 조그만 민들레꽃의 앙징스러움이 아름답다면 백목련의 우아함도 아름답다. 양귀비의 고혹적인 빛깔이 매혹적이라면 달밤에 피는 박꽃의 조촐함도 또한 매혹적이다. 라일락의 짙은 향기를 외면할 수 없듯이 눈 속에 피는 매화의 암향, 혹은 동양란의 저 은은한 향기를 모른다 할 수 없다. 나무 가득히 만개한 꽃으로부터 바람에 떨어져 흩어지는 낙화에 이르기까지 꽃은 그 자태, 빛깔, 향기에 따라 제가끔의 아름다움이 있다.

　꽃같이 사람에게도 사람에 따르는 독특한 생김새, 분위기, 생각, 표현 등의 개성이 있고 또 그것은 하나같이 소중한 것이다.

　특별히 젊은이에게 있어서는 이 개성미는 더욱 귀한 것이 된다. 젊은 여인이 중년의 부인 같은 몸차림이나 화장을 한다면 그 발랄한 생기는 죽어버리고 말 것이며 젊은 청년이 늙은 사람처럼 타성에 젖으려만 들면 우리는 새 문화 새 삶을 창조해 내기가 어려울 것이다.

　젊음이란 무엇인가?

　새로운 창조를 위한 힘이 아니고 무엇이겠는가.

　하다면 어떤 젊음은 복사꽃이기도 하여야 하고 또 어떤 젊음은 장미꽃이기도 하여야 한다. 해바라기처럼 오연한 젊음도 있어야 하며 물망초처럼 애잔한 젊음도 있어야 한다. 설한풍 속에 피어나는 국화꽃 같은 기개도 있어야 하며 흙탕 속에 천국을 이루는 연꽃의 고요한 미소도 있어야 한다.

갖가지 꽃들이 어우러져 현란한 꽃밭을 이루듯이 젊음의 개성이야말로 인간 세계를 보다 아름답게 꾸미는 빛깔이며 향기이다.

체력이 뛰어난 이는 체력으로, 지능이 뛰어난 이는 지능으로, 예능이 뛰어난 이는 예능으로 저만큼의 창의적이고 개성적 삶을 꾸며 나감으로써 인간의 삶은 기계적 획일성을 벗어난 다양한 모습을 지닐 수 있을 것이다.

봄이 오는 것은 기쁜 일이다.

얼었던 강물이 녹아 흐르고 어두운 그늘에서 풀려난 천지 만물이 하나같이 찬양의 노래를 드높이 부르는 이 계절이 즐겁지 않은 이가 어디 있겠는가. 그러나 이보다 더 기쁜 것은 인생의 봄인 젊은이를 보는 일이다. 우리가 어떤 절망 속에 놓일지라도, 또 어떤 좌절감에 사로잡힐 때라도 화안하게 비쳐드는 봄 햇빛처럼 발랄한 저들의 웃음소리를 들으면 쌓인 눈이 녹아내리듯이 모든 근심 걱정은 사라진다.

아름다운 자연의 봄과 아름다운 인생의 봄이 한데 어우러진 곳에 비단아지랑이 피어 오르고 새 삶의 희망찬 설계는 세워지리니 봄 만세, 청춘 만세의 환호성이 4월 천지에 가득하여라.

바다가 있는 고향

 흔히들 봄은 여자의 마음이 달뜨는 계절이라고 한다. 또는 봄은 가볍고 화사한 여성들의 옷차림으로부터 온다고도 한다.
 그러나 봄에 달뜨는 것이 어찌 여자의 마음 뿐이겠으며 새 입성을 바꾸어 입는 것 또한 어찌 여자들 뿐이겠는가. 말없는 산천 초목도 새 단장을 하고 죽은 듯이 숨어 있던 벌레들도 깨어나며 머언 숲 속 산짐승마저도 털갈이를 하는 봄이 아닌가.
 그러므로 봄은 여자의 마음만이 설레는 계절이 아니라 실로 안존하고 다소곳한 여자의 마음까지도 설레지 않고는 못 배기는 마술의 계절이라 함이 옳지 않을까 싶다.
 물가 오를 걱정, 환절기 건강 걱정, 집수리할 걱정…… 봄이 와도 없어지기는커녕 새로 생겨나는 걱정거리가 태산 같지만 실로 은은하고 고운 가락, 신선하고 연연한 빛깔로 어려 오는 봄의 입김 앞에는 그 모든 어려운 문제들을 잠깐 잊어 보고 싶어진다.
 쳇바퀴 돌 듯이 반복되는 생활의 가락 속에 새 음률을 한 소절쯤 끼워 넣어 변조시켜 보고 싶은 욕구도 인다.
 집안의 먼지를 털어 내고 가구의 배치를 바꾸고 뜨락을 일구어 채전을 갈며 창변에 화분을 장식하는 일, 달래·냉이·두릅 같은 봄 채소로 식탁을 꾸며 보는 일, 겨우내 닫았던 문을 열고 이웃을 청하여 차 한 잔 나누는 일, 거리의 상점에 나가 새 음반을 고르거나 전시회가 열린 화랑을 기웃거려 보는 일, 도시락을 싸들고 근교의 농촌에 나가 봄갈이의 들판에서 바람과 햇빛을 맞는 일 등등 이런 모든 것들은 비록 그것이 지극히 사소한 일일지라도 새 봄을 탄주하는 경쾌한 가락이 아닐 수 없다.

봄이 올 적마다 나는 한 그리움에 몸을 떤다. 나의 제2의 고향인 부산바다에 대한 향수가 구름처럼 피어오르는 것이다. 바다의 소금 냄새, 바다의 뒤척임, 끼룩거리는 갈매기 울음, 사투리가 왁살스럽고 손마디가 굵다란 바닷가의 사람들, 그들이 못 견디게 보고 싶어지는 것이다. 가슴은 소녀처럼 울렁이고 짧은 봄밤은 온통 바다의 꿈으로 수놓인다. 완행·급행·우등열차, 더 빠른 새마을호, KTX도 있고 시간에 구애를 받지 않는 고속버스도 있으니 언제든지 저들을 타기만 하면 부산에 갈 수 있다는 안도감이 주말마다 떠나지 않는 나의 여행길을 위로한다.

사실 가고 싶을 때마다 달려갔더라면 향수는 쉽사리 달랠 수 있었겠지만 이렇게 가슴 저미는 그리움이 봄마다 되살아나지는 못하지 않겠는가. 옛날과는 너무 달라져버린 마을, 세련된 낯선 사람들, 고층 건물에 가려서 잘 내다보이지 않는 바다, 지난날의 고즈넉함을 송두리째 잃어버린 거리들에 어쩌면 실망마저 하였을지도 모른다. 그러나 내 꿈의 고향은 은비늘 물결이는 봄바다가 항시 출렁이고 그 바닷가 모래톱에는 물새 발자국 어지러이 수수께끼의 상형문자로 찍혀져 있다.

구슬프게 목이 잠기던 뱃고동소리 여기 머언 서울 하늘까지 울려오려나 문득 귀 기울여 보는 마음, 이 어리석음을 진정 봄의 여심이라 이르랴.

목련

6·25가 난 이듬 해 우리는 가까스로 중학에 진학을 하였다. 그러나 학교 교사라는 것이 산비탈에 천막을 친 가교사였다. 전쟁은 아직도 치열하였으며 전선에서 무수히 부상을 입어 오는 상이 군인들을 위해 우리의 본교사는 육군 병원이 되어 있었다.

우리 친구들은 산비탈 멀리에서 동경의 눈길로 본교사를 내려다 보기도 하고, 들어가 보지 못하였기 때문에 더 한층 웅장하게 느껴지는 그 건물에 감탄을 하기도 하였다.

그러나 정문에도 후문에도 군인이 보초를 서 있는 그 건물이나 교정에서는 항시 죽음의 냄새가 풍겼다.

그랬기 때문에 멋진 교사에 매혹을 당하면서도 감히 가까이 갈 엄두가 안 났다.

4월 어느 날, 병원 앞을 지나서 산비탈을 오르던 우리들은 문득 발길을 멈추었다. 폐원처럼 방치되어 있는 학교의 뜰에 희디흰 꽃을 달고 섰는 실로 우아한 꽃나무를 발견한 것이다.

우리들은 눈을 비비며 보고 또 보았다. 분명 꽃이었다. 그 나무는 비극적인 병원의 뜰을 환히 밝혀 주고 있었을 뿐만 아니라 전쟁의 두려움으로 움츠러져 있었던 우리들 마음에 무한한 위로를 주는 것이었다. 정녕 기적을 보는 듯한 감격이었다. 그 흰 꽃이 바로 목련이었다.

이 감동적인 추억 때문에 나는 나의 좁은 마당에 목련 한 그루를 심었다. 10여 년 전에 회초리만한 묘목을 갖다 심은 것이 지금은 눈부신 화관을 쓴 듯 몇백 송이의 꽃봉오리가 벙그는 한창 당년의 훤칠한 나무로 자라났다.

해마다 목련이 피는 적이면 어린 시절의 티없던 기쁨이 되살아난다. 아아, 나에게 삶의 환희를 일깨워 준 꽃! 그 청초한 모습은 옛날과 다름없이 나의 가슴을 뛰놀게 한다.

올해도 어김없이 봄은 오고 목련꽃은 피었다. 오묘한 섭리를 헤아리며 우러러보는 나뭇가지에는 이제 막 피어나는 꽃, 활짝 핀 꽃, 이미 한 잎씩 이울고 있는 꽃들이 한데 어우러져 미의 제전을 벌이고 있다. 그것은 흡사 동화의 나라 왕자님이 사시는 궁전에 켜인 신비한 샹들리에처럼 흔들린다.

은은한 그 그늘에 들면 내 마음은 잠시 생활의 슬픔이나 거리의 소음 따위는 저만큼 멀리 잊어버리게 된다.

마음에도 푸른 나무를

 4월 식목일을 다시 맞는다. 식목일을 맞을 때마다 몇십 년 전 우리나라의 산이 붉게 벗겨져 있던 때를 생각하면 오늘 푸르른 숲을 이루고 있는 산과 들이 새삼 대견스럽고 자랑스럽다. 그때 그 붉은 산들은 가난하고 피폐한 우리들 살림과 황막하고 슬픈 우리들 정신을 그대로 반영하고 있는 듯하였으며 황토흙이 드러난 붉은 산은 마치도 우리 한국의 상징인 듯 꼽혔기에 더더욱 오늘 우리의 푸른 강산은 기쁨이며 자랑이 아닐 수 없다.
 오늘에 이르기까지 우리들은 나무를 심고, 심은 것을 가꾸고, 가꾼 것을 보호하는 육림정책을 펴기도 하고 또 범국민적 계몽운동을 펴는 등 푸른 국토를 만들기 위하여 기울여온 정성이 여간 아니었다. 우리나라는 국토의 70퍼센트 이상이 산지이기에 산에 나무를 심어 가꾸는 것이 곧 나라 전체를 아름답고 풍요롭게 살찌우는 일이 되기도 한다. 그러므로 우리들이 산에 나무를 심는다는 것은 단순한 식목 이상의 의미, 즉 우리들 의식의 개화요, 나라 사랑 정신의 표상이라는 의미를 갖는다고 할 수가 있는 것이다.
 현대 산업화 시대로 접어들면서 산림의 육성과 보호는 더 한층 중요한 의미를 지니게 되었다. 산업 찌꺼기의 공해로 인하여 모든 자연이 파괴되고 그 생태계가 바뀌어 인류의 생존을 위협하고 있는

다급한 현실에서 동·식물, 산과 바다, 토양과 암석, 물과 대기 등 자연과 그 조화의 현상은 모두가 인류의 생존과 긴밀히 연결되고 있지만 그중에도 산림은 홍수방지나 기상 조건의 조절, 생물의 서식지 제공이라는 재래의 공익성 위에 오염된 대기를 정화시켜 주는 대단히 중요한 자연회복의 몫을 차지하고 있기 때문이다. 그러므로 오늘 우리가 한 그루 나무를 심는다는 것은 인류의 생명보전이라는 매우 근본적이며 거룩한 사명을 다하는 것이라 하여도 결코 지나친 말이 아닐 것이다. 그런데 오늘 산업사회의 공해 노폐물은 비단 눈에 보이는 세계만이 아니라 눈에 보이지 않는 우리들의 정신세계마저도 오염시키며 잠식하고 있는 느낌을 금할 수 없다. 만연하는 퇴폐풍조와 냉소주의, 지나친 현실의식과 세속주의, 불안, 초조 등 심각한 병리현상이 한두 가지가 아니다. 하루빨리 이러한 정신공해 요인을 제거하지 않으면 우리의 미래는 암담할 것이다.

  식목일! 산에 나무를 심는다. 더불어 우리들 마음에도 맑은 바람을 일으킬 푸른 이상과 소망의 나무를 심자. 이는 다 함께 자칫 공해로 파멸될지도 모르는 세계와 인류와 우리들의 미래를 구하고 우리들 삶을 건강하게 회복시키며 신선한 엽록소를 내뿜는 생명의 꿈나무를 심는 일이 될 것이다.

생명의 계절

　우중충한 그늘과 회색빛으로 덮여 있던 나의 뜨락에 봄빛이 깃들었다. 잊지 않고 해마다 봄이 나의 이 좁은 마당을 찾아준다는 것은 이루 말할 수 없는 감격이며 기쁨이다. 참말이지 지난 겨울은 유난히도 추운 위에 눈조차 자주 내려 그 눈발이 어느 결에 그칠까, 얼어붙은 천지가 어느 때에 풀릴까, 생각조차 할 수가 없었다.
　하지만 매섭던 겨울의 흔적은 거짓말처럼 사라지고 오늘 나의 뜨락에는 탐스러운 목련이 봉오리져 피어나고 있다. 진정 봄은 생명의 계절! 잠자던 모든 것이 깨어나 수런대고 빼빼 말랐던 회초리에 꽃순과 잎순이 다투어 돋아난다. 햇볕 다사로운 양지 쪽 노오란 개나리 덤불은 황금의 궁궐보다 호화롭고, 선연한 진달래 꽃빛은 머언 먼 유년의 추억을 불러 일으킨다.

　어린 시절 나는 지금은 얼굴도 잊어버린 노마 둘레와 함께 개나리 덤불 아래 소꿉장 살림을 차리고 진달래를 뜯어다가 밥을 짓곤 하였었다. 그때 사금파리 그릇 위에 빛나던 햇빛, 노마의 다박머리를 간질이던 바람, 저만큼 떨어져서 졸던 삽살개…… 이런 것들이 손에 잡힐 듯 가까이 되살아온다. 이는 부질없는 봄의 백일몽이라기보다는 애틋한 그리움이 불러 오는 아름다운 봄의 추억이다.

하늘도 설레이고 땅도 설레이고 천지 만물이 하나같이 설레이지 않는 것이 없는 봄날이다. 이런 봄날 어찌 나의 마음인들 안존하게 있을 수 있을까. 지난 주말 나는 더 이상 참지 못하고 보자기 하나를 챙겨든 채 교외로 가는 전철을 타고 나섰다. 들에는 농부들이 밭갈이를 시작하고 있었으며 덤불을 태우는 연기가 멀리 피어오르고 있었다. 분주하고 각박한 일상에서 풀려난 해방감과 잠깐 동안이나마 도회의 소음을 멀리한 한가로움이 나의 마음에 얼마나 크나큰 위안을 주었는지 모른다.

풍경이 그중 시골다운 마을에 멈추었을 때 나는 역명을 읽어 보지도 않은 채 내렸다. 확 끼쳐 오는 풀냄새에 몸도 마음도 푸르게 물드는 것 같았다 민들레, 할미꽃, 오랑캐, 제비꽃 등 눈물겹도록 예쁜 풀꽃들이 발 밑에 밟혔다. 이런 것들이 다 어디에 숨어 있다가 봄인 줄 어떻게 알고 이처럼 보는 이 없는 풀섶에 피어난단 말인가! 한편 가엾고 한편 오묘한 생명에 대한 경탄을 금치 못하게 하는 것들이었다.

발바닥에 감촉되는 탄력 있는 흙은 어머님 젖가슴처럼 부드럽고 포근하였다. 흙을 밟으며 흙냄새를 맡으면 진실로 흙이야말로 생명의 모태이며 인간 또한 흙의 자식임을 절실히 느끼게 된다.

젊은 농부 내외가 들판에서 일하고 있었다. 남편은 경운기로 논을 써레질하고 아내는 호미로 밭을 매고 있었다. 옛날 같으면 그러한 정경이 한 아름다운 전원 풍경으로만 보였으리라. 그러나 이제 나는 나이 들고 철이 들어서랄까 그 노동의 고단함과 수고에 대한 감사와 동정을 느끼게 된다. 구경꾼의 눈에는 한가롭고 멋있게 보이는 일일지 모르지만 당사자들에게 있어서는 끝없는 도전이며 힘드는 작업이 아닐 수 없다. 흙에 뿌려지는 고귀한 땀에 우리는 깊이 머리를 숙여야 하리라는 생각과 함께 하얀 나의 손이 부끄러워 얼른 뒤로 감추고 말았다.

밭두렁 논두렁에는 봄나물이 푸짐하였다. 쑥, 씀바귀, 냉이들을 보자기에 캐어 담았다. 오래잖은 옛날, 우리들 살림살이가 궁핍하여 보릿고개가 가파롭던 시절에는 봄푸성귀로 연명을 해왔다고 한다. 무성할 정도로 자라고 있는 봄나물을 보면서 이제 우리 살림이 많이 펴졌구나 하는 안도감도 생겼다.

저녁 밥상에 오른 봄의 미각에 식구들은 모두 탄성을 올렸다. 된장 푼 냉이국과 고추장에 무친 씀바귀나물, 그리고 후식으로 내놓은 쑥버무리들을 맛나게 먹으며 저마다 봄의 예찬에 여념이 없었다. 한 소쿠리의 봄나물이 가져다 준 기쁨과 행복이 그날 저녁 우리 집을 환하고 빛나게 하였다. 사실 따지고 보면 행복이란 마음의 위안이요, 마음의 위안은 거창한 일이나 값비싸고 호사로운 물건에서만 얻어지는 것은 아니다. 한 움큼의 봄푸성귀 같은 소박하고 하찮은 것에조차 행복의 요소는 깃들여 있으니 말이다.

봄!

시멘트 벽에 갇혀 있는 조그만 나의 마당조차 그냥 지나치지 않고 밝고 다사로운 입김을 불어 넣어 꽃과 잎의 요정을 불러내는 봄!

이것이 단순한 절기의 변화라고만 풀이하기에는 너무나 감격스러운 계절!

우리가 우리의 밥상을 싱그러운 봄나물로 꾸미는 것처럼 영혼의

식탁에도 봄의 환희를 담뿍 차려 놓는다면 우리의 삶은 한결 생기 있고 살맛이 나는 것이 되지 않을까.

 온갖 모습으로 피어나는 초목과 온갖 형상으로 되살아나는 벌레들, 새로 태어나는 짐승의 새끼들 같은 것을 보고 있으면 조물주의 조화의 진면목을 새삼 깨닫게 될 뿐만 아니라 봄이야말로 창조의 계절임을 또한 일깨우게 된다. 이 창조의 계절에는 새로운 각오로 출발하겠다는 생각, 무언가 값지고 보람 있다고 생각되는 일을 찾아 성취시키고 싶은 의욕이 인다. 이러한 의욕은 젊은이의 마음에 불탈 뿐만 아니라 나이 든 사람의 마음에도 문득 찾아든다.

 때의 흐름은 덧없다.

 오래지 않아 이 아름다운 봄날도 다 가고 말 것이다. 그러나 그 덧없음을 한탄하진 말자. 지금 바깥에는 저리도 흥성스런 봄의 활갯짓이 있지 않은가. 분홍 노랑 하양 빨강 초록이 다투어 겨루는 봄의 잔치에 우리의 생명과 삶도 가장 향그럽고 가장 고운 빛깔로 채색하도록 하여야겠다. 향그러웁고 고운 꽃은 틀림없이 튼튼하고 탐스러운 열매를 맺을 테니까 말이다.

공존의 의미를 헤아리는 지혜

애초에 창조주가 빛과 어둠을 창조하였다는 구약성경의 이야기는 퍽 상징적 의미를 가지는 것 같다.
정녕 우주의 어떤 사물 속에나 빛과 어둠이라는 이 이율배반적 요소는 서로 갈등하며 공존하기 때문이다.
사람에 따라서는 빛 쪽만 보기도 하고 또 다른 사람은 어둠 쪽만을 보기도 한다. 전자와 같은 사람을 우리는 사물의 긍정적인 면만을 보는 낙관주의자라고 하고 후자와 같은 사람을 사물의 부정적인 면만을 보는 비관주의자라고 한다.
이렇게 볼 때 얼핏 생각되기로는 낙관주의자가 되어 사물의 긍정적이고 밝은 면만을 보고 사는 사람은 인생을 행복하게 살 것 같고 반대로 사물의 부정적이며 어두운 면만을 보고 사는 사람은 인생을 불행하게 비관만 하며 살 것 같다.
그러나 사물 그 자체에 빛과 어둠, 곧 긍정적 요소와 부정적 요소가 공존하는 이상 긍정적 요소 한 쪽만을 보고 행복한 낙관론자가 되거나 부정적 요소 한 쪽만을 보고 비참한 비관론자가 되어서는 사물의 실체나 우주의 원리, 인생의 진면목을 바로 파악한 것이 아닌 만큼 그 낙관이나 그 비관은 바르거나 값진 것이라고 할 수가 없다. 그러기에 그런 낙관이나 비관은 삶의 본질과는 동떨어진 비극적인 것이라 할 수 있다.

참으로 삶을 삶답게 사는 길은 정직하게 삶에 깃들인 빛과 어둠을 파악하고 또 그것을 수용하며 이겨나가는 데서 얻어지는 것이라 여겨진다. 아프고 괴롭다고 하여 어둠의 면을 인정치 않는 삶이나, 빛의 부분은 영 도외시한 채 어둠만을 안고 사는 삶은 둘 다 우직한 것이 아닐 수 없다.

빛과 어둠의 공존이 사물의 실체임을 헤아리는 것은 지혜이다. 그러므로 인간의 삶을 삶답게 수용하는 첫째의 길은 이런 지혜로운 눈을 뜨는 일에서 비롯된다고 하겠다.

또한 그 헤아린 바를 인정하는 것은 용기이다. 용기가 없으면 정직하게 인생이나 사물의 본질을 바라보려 하지 않고 어느 한 면을 덮어 두려 한다든지 모르는 척하려 한다. 이런 것은 무지 아니면 회피라 할 수 있다.

이렇게 되면 긍정적 측면은 수용될 수 없고 부정적 측면은 극복되어질 수 없을 것이다. 실로 인생이란 기쁨을 내 것으로 수용하고 슬픔은 이겨냄으로써 보람되고 승리하는 것이 아닐까.

때는 4월이다.

온갖 아름다운 꽃들이 피어나고 다사로운 봄의 입김이 깃들이지 않은 곳이 없다. 움츠렸었던 생명들이 다시 등불을 켜들고 행진하는 계절이다. 모든 곳에 빛과 봄의 찬가만이 넘치고 있는 것 같다. 우리의 삶도 신바람이 날 것 같고 꿈꾸는 일은 하나같이 이루어질 것 같다. 자연이나 사람의 마음이나 한결같이 희망찬 새 출발을 다짐하며 발걸음을 내딛는 것 같다.

그러나 다른 한편 잘 살펴보면 이 봄은 얼핏 눈에 뜨이는 그런 단순한 기쁨만으로 채워져 있지는 않다.

'사월은 잔인한 달.'

이렇게 노래한 시인의 말을 굳이 인용하지 않더라도 한 송이 꽃이 피는 옆에 사납게 나부대는 꽃샘바람이 있으며 이제 막 겨울잠에서 깨어난 개구리 옆에는 붉은 아가리를 벌린 뱀의 차가운 눈초리가 있다. 한 잎의 풀싹이 돋아나기 위하여는 얼마나 긴 어둠의 길을 더 듬어야 하는가. 사람의 몸과 마음도 봄의 기쁨을 느끼는 것과는 달리 나른한 춘곤과 환절기의 변덕스러운 일기 때문에 시달리게 된다.

이렇게 보면 '봄이 좋다'라는 말은 추상적이며 관념적일 뿐 많은 부분에서 관념과는 어긋난 괴로운 요소들이 없지 않다.

이 봄을 온전히 자기 것으로 한다는 것은 곧 봄의 환희와 고통을 잘 알고 그 긍정적인 면과 부정적 면을 조화시켜 나가는 일이 될 것이다.

꽃이 핀다. 그러나 저 꽃은 오래지 않아 떨어지고 말 것이다. 닥쳐올 낙화의 비극을 알기에 오늘 이 순간 저 꽃의 아름다움은 한결 더 찬란하고 황홀하다.

4월에 생각나는 사람

'4월은 잔인한 달' 이라고 노래한 T.S.엘리엇의 시구는 너무도 유명하다.

얼었던 흙이 녹아 부풀고 마른 가지에 속잎이 트며 고운 꽃들이 다투어 피는 봄, 잠자던 벌레, 짐승도 기지개를 켜며 깨어나는 4월은 소생의 계절이요, 생명의 계절이다.

함에도 불고하고 '잔인한 달' 이라고 노래한 시인이나 또 그 시에 공감하는 많은 사람들이 있다는 것은 기이한 일이다.

그러나 이것은 다시 한 번 잘 보면 이 시의 내면 깊이 감추어져 있는 다중적 의미내용, 곧 이율배반적 정서의 표출이며 또 그에 대한 공감인 것을 알 수 있다.

굳이 이 시구를 상기하지 않더라도 봄과 4월을 맞이하는 우리들의 마음은 환희와 비애의 모순된 감정을 떨쳐버릴 수가 없다. 저 넘치는 생명의 환호 속에 더불어 들려오는 4·19의 외침소리를 듣기 때문이다. 또한 그 외침의 정신이 오늘 바로 이해되고 있지 못하다는 느낌을 떨쳐버릴 수 없기 때문이기도 하다.

4월이 돌아올 적마다 나는 그때 희생된 한 사람의 이야기를 상기하곤 한다. 사실 나는 그의 이름도 얼굴도 모르지만 그의 정신, 그의 행적은 가슴에 깊이 새겨져 있어 일생 지워지지 않을 것이다.

그는 4·19 당시 대학 1학년 학생이었다. 학생들이 경무대 앞에 집결하였을 때 발포 명령이 내렸고, 총을 맞은 많은 부상학생들이 흰 옷을 입은 의대생들에 의하여 속속 눈에 띄는 병원으로 옮겨졌다.

갑자기 들이닥친 부상자들로 병원들은 혼잡을 이루었고 의사선생님들도 정신이 없었다. 손이 모자랐고 진단이나 치료의 순서를 가릴 여지없이 응급실이며 복도에 넘치는 환자들을 급히 돌보아야만 하였다.

예의 학생은 평소 과묵하고 내향적인 성격의 사람이었지만 이때만은 모든 이의 앞장을 섰었다. 그리고 그도 부상을 입어 어느 병원으로 운반되었다. 그 병원 역시 아비규환을 이룰 정도로 부상자들로 넘쳤고 여기 저기서 신음소리가 그치질 않았으며 그런 중에도 연방 들것에 실린 부상자들이 줄을 이어 들었다.

그 병원의 의사 선생님들도 어디서부터 손을 써야 할지 몰라서 드러누운 순서대로 응급치료를 해 나갔다.

마침내 그 학생의 순서가 되었다. 의사 선생님이 그 학생에게 다가갔을 때, 그러나 그 학생은 말하였다.

"선생님! 저보다도 저기 저 동생을 먼저 치료해 주세요."

의사 선생님이 그 학생이 가리키는 곳을 보니 한 고등학교 학생이 신음하고 있었다. 의사 선생님은 자기의 치료 차례를 양보할 만한 학생이라면 그 부상이 중태가 아닐 것이라고 생각하고 학생이 가리킨 고등학생을 먼저 치료하였다. 그러나 고등학생을 치료하고 그 학생에게로 갔을 때 그 학생은 이미 숨져 있었다. 그는 죽어가면서도 자기보다 어린 동생을 사랑하는 이타(利他)의 정신을 실현한 것이었다. 그야말로 거창하게 내건 어떤 명분도 없이, 아무 것도 따지는 것 없이 자기를 바쳐 남을 사랑하는 인간애의 거룩한 실현이 거기 있었던 것이다.

가장 비인간적 살생이 자행되던 아비규환의 혼잡 속에서 가장 인간적이며 혹은 인간 그 이상의 숭고한 헌신과 사랑이 있었다는 것은 얼마나 놀라운 일인가.

4·19의 정신을 사람들은 여러 가지 측면에서 이야기하고 그 외의 또한 여러 가지로 측정되어 논의된다. 그러나 그 가장 주되며 뿌리되는 정신은 바로 이런 선(善)의 의지요, 사랑의 정신임을 망각하지 말아야 할 줄 안다.

이런 것을 제대로 파악하는 바른 정신의 소유자라면 함부로 4월을 팔아 사리(私利)를 추구하거나 그 정신을 몰각하는 일은 아마 없을 것이다.

4월!

잊을 수 없는 그 사람이 더할 수 없이 그리워지는 달이다.

보리밭

보리밭은 유년의 추억을 떠올리는 아름다운 꿈밭이다. 햇볕에 그을은 건강한 갈색 살갗, 맨발로 논두렁 밭두렁을 뛰어달리던 그 무구하던 시절을 생생하게 되살려내는 마법의 초록 보자기이다.

보리밭에는 문둥이가 아기를 잡아먹는 원색의 공포가 살고, 이솝의 우화가 살고, 종달새가 새끼를 기르며 살았다. 이 모두는 얼마나 많은 호기심을 불러일으키는 보리밭의 매력이었던 것인가. 영원히 퇴색하지 않을 추억의 그림 한 장!

보리밭에 일렁이는 천파만파 바람의 파도, 혹은 바람에 흔들리는 초록의 물결, 그것은 너무나 즐겁고 신명나는 생명의 율동이다. 삶의 기쁨을 간단없이 탄주하는 흥겨운 가락이다. 그 율동, 그 가락에 몸과 마음을 실으면 생명이란, 삶이란, 얼마나 감격스러운 축복인가를 뜨겁게 감지하게 된다.

때로 우리는 죽음의 충동을 느낄 적이 있다. 그것은 우리들 심층 깊숙이 내재하는 파괴적 욕구요, 소멸에의 지향이기도 하다는 것이다. 이런 무의식적 욕구는 접어 두고라도 죽음이 지니는 퇴폐적이며 원색적인 탐미성은 실로 고혹적이다. 죽음은 어쩌면 자학의 쾌감을 가장 온전하게, 한 푼의 이지러짐 없이 이루어 내는 예술인지도 모른다. 그러나 또 이러한 비정상적인 미의식은 접어 두고라도, 죽음은 때로 우리를 달콤하게 유혹한다. 희·로·애·락이 엇갈리는 인생살이 도처에서 더는 앞으로 못나갈 난관에 부딪힐 때 죽음이라는 망각은 유일한 돌파구로 생각되기 때문이다.

그러나 보리밭의 저 풋풋한 생기, 넘치는 생명의 찬가는 그 어떤 병적 욕구나 미학, 그 어떤 절망과 좌절도 치유시키는 힘을 갖는다. 가녀린 바람에도 드러누웠다 일어나는 생명의 유연성은 삶의 근원을 깨치기에도 부족함이 없다. 굳고 딱딱하고 부러지는 것이 죽음이라면, 부드럽고 움직이고 융화하고 조화를 이루는 것이 곧 삶의 속성인 것을 가르쳐 준다.

보리밭은 때로 원시의 거센 숨결이다. 구김 없고 부끄러움 없는 태초의 몸짓과 태초의 말씀이 흘러넘치는 제전이다.

그러나 때로 보리밭은 완벽한 정적이다. 불타는 염천 아래 까딱도 않는 고즈넉함은 준열하고 엄숙하다. 그 괴괴한 고요의 초록들판 위로 원색의 해가 뜨고 달이 진다. 저 미친 듯 열정적인 율동과 숨 죽인 고요가 섞바뀌어 자리하는 보리밭. 그것은 가장 싱싱한 생명의 역동과 정체의 유열을 드러낸다.

부처님께서는 일찍이 사바세계를 고해라고 하셨다. 전생에 저지른 업고, 이생의 탐욕이 빚어내는 갖가지 번뇌와 고통은 고해라는 말씀에 열 번 백 번 고개 숙이게 한다. 하루라도 빨리 저 인과의 업고에서 풀려나고 싶고 한시라도 빨리 오뇌의 고해를 헤어나고 싶다.

하지만 저 출렁이는 보리밭 앞에 서면, 문득 시름이 가셔지며 세상은 눈부신 빛으로 다가온다. 또 부처님께서는 무상을 말씀하셨다. 생각해 보면 모든 것이 허무요, 허망하다. 도처에서 벽에 부딪히는 유한한 존재로서의 자기인식이란 참으로 비극적인 것이 아닐 수 없다.

하지만 저 푸르른 보리밭 앞에 서면 수유의 생명도 불꽃처럼 찬란한 의미와 소중한 값이 있음을 느끼게 된다.

그것은 순응의 미덕을 가르치며 운명을 수용하고 사랑하는 겸허를 보여 주는 생령의 몸짓이다. 그러기에 보리밭 초록빛 속에 묻히면 고해인 세상도 살아 볼 만한 곳으로, 슬프고 덧없는 인생도 사랑과 아름다움으로 가꾸어야 할 보배로운 것으로 문득 변모함을 느낀다.

여백과 황량의 아름다움

다시 맑고 투명한 계절이 돌아왔다. 일 년 사시(四時)는 다 제나름의 모습과 아름다움으로 사람의 마음을 감동케 하는 것이로되 가을만큼 계절감을 느끼게 하는 철은 없는 성싶다.

여름 내내 드러내 놓은 살갗을 부드러운 입성으로 가려 우선 우리 육신의 모습이 단정해지는 것은 말할 것도 없고 이 철이면 우리의 영혼까지도 희게 바래어져 맑고 깨끗해지는 느낌이 든다. 그러기에 예로부터 많은 사람들이 가을이면 더욱 유정해지고 등불을 돋우어 책을 읽고 깊은 사색에 잠기고 하였는가.

가을을 일러 흔히 '조락의 계절'이라 함을 듣는다. 이는 아마도 가을의 쓸쓸함과 처량함을 염두에 두고 한 말이리라.

그득히 영글은 오곡백과를 거둬 들인 뒤의 빈 산야, 짙푸르게 무성하였던 녹엽들이 붉게 누르게 물들어 지천으로 떨어져 쌓인 위에 찬 빗줄기라도 뿌리는 밤이면 아닌 게 아니라 가을은 구슬프고 쓸쓸한 계절이란 느낌이 든다.

그러나 우주 만물이 '가득 채움'에 앞서 '온전히 빈 것'이 그 어미란다면 쓸쓸한 가을의 모습이야말로 어쩌면 자연미의 진면목(眞面目)이 아닐까 생각해 본다.

우리는 또한 검은 먹으로만 그린 동양화에서 보는 것과 같은 여백의 아름다움을 가을에 발견한다. 온갖 색채와 윤기로 현란하던 봄 여름의 기억을 우리는 가지고 있다. 꽃 피고 새 우는 천지, 푸른 숨결 드높은 녹음의 천지는 얼마나 아름다우며 얼마나 즐거운가.

그러나 삽상한 가을 바람이 옷깃으로 스며들 때 가을 나그네 되어 여행을 떠나 본 사람이라면 가을의 황량함이 주는 격조 높은 아름다움을 문득 발견하고 놀랄 것이다.

아득한 회색의 들판, 미루나무 위의 빈 까치집, 풀솜 같은 흰 머리를 바람에 풀고 섰는 억새풀 무더기 - 우리 마음을 흔드는 그 쓸쓸한 표정의 신비한 매력을 무어라 표현하면 좋을까.

가을을 사람으로 치면 고결한 선비의 풍모라고나 할까. 아니면 싱싱하고 발랄한 젊음의 고비를 이제 막 넘어서 더욱 무겁고 그윽한 깊이를 지니는 여인네라고나 할까. 철없는 젊음도 아니요, 적막한 노년도 아닌 실로 원숙한 아름다움이다.

그 안정감과 조용함이 우리를 이끄는 힘은 큰 것이어서 가을철이 올 적마다 나는 덤벙대던 생활의 자세를 다시 한 번 가다듬곤 한다. 좀 더 참되게 살아야겠다는 의식이 강렬하게 솟아나며 자꾸만 상실되어 가는 자기를 되찾고 싶어진다. 진정 가을이 나를 교훈하고 깨우치는 바는 크고 많다.

그러나 따지고 보면 이 자연의 변이도 온 우주를 창조하시고 주재하시는 신의 섭리일진대 그 전능의 힘과 가없는 사랑 앞에 그저 묵묵히 고개 숙일 따름이다.

가을의 아름다움

밤 자고 뜨락에 나가면 낙엽이 수북이 쌓여 있다. 거리를 거닐어도 노란 은행나무, 갈색의 플라타너스, 아직은 녹색의 여흔(餘痕)이 연연히 남아 있는 수양버들 등 가로수들이 물든 잎새를 발 밑에 떨구며 섰다.

이제 참으로 가을이 깊었나 보다. 도회지에도 만추(晩秋)의 기색이 이토록 역력하거늘 유현한 산곡(山谷)이나 전원의 들판에서는 아마도 가을은 그 풍성한 황금마차를 맘놓고 부려 놓고 있을 게다. 문 밖의 벌레 울음소리가 나날이 야물어져 가는 가을밤에 뿌리는 찬 비는 한층 사람의 심사를 어지럽히고 바람 소리는 구슬프며 맑게 갠 날의 달빛조차도 적막감을 돋운다.

모든 것이 떠나가고 천지가 비어 간다는 느낌, 우리 인생도 또한 저토록 덧없는 것이며 지향없이 방황하는 존재라는 생각이 뼈에 사무치도록 절실해진다. 그래서는 공연히 감상적이 되거나 처연해져서 밤늦도록 전전반측(輾轉反側) 잠 못 이루기 일쑤이다.

누가 가을을 일러 천고마비(天高馬肥)의 계절이라 하였던가. 심지(心地)가 그다지 깊지도 못한, 실로 위대하고 큰 고뇌와는 거리가 먼 한 아녀자조차 가을이면 이토록 상심하여 여위어 가거늘……

그러나 새로 눈을 잘 씻고 고요하고 맑은 심안(心眼)으로 헤아리면 가을은 그저 잃어버리는 계절이거나 비어 가는 계절만은 아니다. 오히려 잡스러운 것, 번거로운 것을 말끔히 치우고 만상이 그 본래의 참모습을 찾는 때라고 할 수 있다.

오곡을 거두어 들인 붉은 땅의 맨살에서 우리는 사랑스럽고 위대한 모체를 발견하며 여름 동안 현란한 꽃과 무성한 잎으로 치장하였던 나무의 진면목을 오히려 드러내는 나목에서 찾게 된다. 실로 그 본래의 모습이 후덕한 자는 후덕한 모습으로, 초라하고 비루하였던 것은 초라하고 비루한 모습 그대로를 가차없이 드러낸다.

우리 인생에도 어느 땐가 이 가을과 같은 계절은 깃들 것이다. 번다한 세속의 일이 끝나고 제 자신의 세계로 돌아와 자신을 총결산하여 보는 시간에 우리는 어느만큼 부끄러움과 회한에 잠기지 않을 수가 있을 것인가. 그때에 많이 통탄하고 눈물을 많이 흘리는 사람이 나 되지 않을까 두려운 생각이 든다.

가을이면 유난히 유정해지고 각별히 자기를 돌아보며 인생의 의미를 되새겨 보게 되는 것도 묘한 일이지만 사람의 정서를 강렬하게 자극하는 가을이란 계절이 있음은 참으로 고마운 자연의 은혜가 아닐 수 없다.

그리고 비단 나 혼자만의 느낌은 아니겠지만 이상하게도 아름다운 것이 슬프게 보일 때가 있고 우리를 슬프게 하는 것들이 형언하기 어려운 아름다움을 지니고 있을 때가 많다. 절묘한 자연의 경치가 문득 우리를 눈물짓도록 감격케 하는 것이라든지, 도타운 인정이 눈시울을 붉히게 하는 것, 아름다운 미인의 눈물 머금은 모습이 한층 고혹적이라든지 하는 것 등이 모두 그러하거니와 가을의 정취 역시 쓸쓸하고 황량한 것이 저 풍요의 윤기에 못지않은 아름다움을 지니고 있다.

  포플러 잔 가지가 하늘을 쓸고 억새풀 물결치는 가을, 이 계절이 없었던들 이렇게 감상적이지 않았을지 모르지만 마음이 아리도록 슬픈 저 아름다움 또한 몰랐으리라.

눈 속에 꽃피는

2월은 신춘(新春) 첫 달이다.

그러므로 같은 눈이라도 2월에 내리는 눈은 신설(新雪)이며 서기(瑞氣) 어린 눈이다.

보이지 않는 땅 속에서 이미 봄의 역사는 시작되며 수목의 잔 뿌리는 오랜 잠으로부터 깨어나는 기지개를 켠다.

아직 바람은 매웁고 얼음은 다 녹지 않았지만 분분한 흰 눈발 속에서 기우뚱 기운 매화 등걸에 꽃이 피는 것이 2월이다.

차가운 매화의 암향(暗香)!

이것이야말로 2월의 내음이며 더할 수 없이 고귀한 경지를 우리 영혼에 펼쳐 보인다.

먼 곳으로 날아갔던 철새들은 깃을 다듬고 돌아올 채비를 할 것이고 천지만물은 새 삶을 시작하려 한다.

2월의 바람 속에는 음악회가 시작되기 전 악사들이 저마다 악기의 음률을 고르는 그런 소리들이 들어 있다. 실로 가만한 긴장과 흥분을 불러일으키는 계절이 2월이다.

어릴 때 소풍을 갈 때면 막상 소풍 가는 날보다 그 전날 배낭 속에 여러 가지를 챙겨 넣으며 말할 수 없는 기쁨과 기대로 가슴이 부풀던 그런 느낌이 2월에는 생긴다.

소리 없는 설레임이 가득 차 있으면서 그것은 순리를 따라 하나의 질서를 이룬다.

이와 같은 설레임의 불길은 우리 마음에도 생활에도 점화되어 활기차고 정열적인 기운이 복돋운다. 움츠러들어 기를 펴지 못하였던 삶이 조금씩 조금씩 즐거운 리듬을 찾게 된다.

2월에는 괴롭지 말자.

어두운 음지를 적시며 다수운 햇살이 저렇게 퍼져 오고 있으니.

2월에는 슬프지 말자.

고운 은실비 땅에 스미어 죽었던 혼을 모두 불러내고 있으니.

2월에는 마음을 열어 화해하고, 있는 것을 있는 그대로 사랑하자. 무리나 강요가 없는 자연의 법칙에 순응함으로써만 가능한 저 조화의 세계를 보아라. 우리의 모든 행동, 생각, 느낌 뿐만이 아니라 사람 사이의 모든 관계 또한 그러할지니 굳게 닫힌 가슴의 빗장을 뽑아 우리는 서로 손을 잡아라.

정녕 2월에는 신(神)의 끝없는 자비로우심에 경건한 감사를 드리자.

오늘 이 뜨거운 생명 위에 은총의 고운 꽃가루를 뿌리는 그분께.

그분은 저 눈발 속에조차 아름다운 꽃을 피워 우리의 마음을 위로해 주시고 계시다.

눈 오는 날

 어릴 때 눈이 오는 것을 보면서 그것이 모두 쌀이었으면 좋겠다고 생각한 적이 있었다. 그 쌀을 퍼담아서 쌓아 두었다가 산 너머 노마네 집으로 보내주고 싶었다. 내 친구 노마는 쌀밥을 큰 그릇으로 한 그릇 먹어 보는 것이 늘 소원이라고 말했기 때문이다.
 또 그 눈이 설탕이었으면 좋겠다고 생각한 적도 있었다. 할머니께서 어렵게 사오신 설탕 한 근은 유리 단지 속에 넣어져서 찬장 맨 위 꼭대기에 놓여져 있었다. 그리고 그 설탕은 일 년 동안 아주 귀한 손님이 오셨을 때나 맛있는 음식을 만들 때만 조금씩 사용하였다. 설탕 한 숟갈을 얻으면 나는 그것을 접시 위에 쏟아 놓고 손가락으로 찍어먹기도 하고 혀 끝으로 핥기도 하면서 하루 종일 먹었다. 그때 그 설탕의 달콤한 맛이란 어디다 비유할 수 없는 것이었다.
 그래서 하얀 눈이 펑펑 쏟아지는 것을 보며 그것이 모두 맛있는 설탕이라면 얼마나 좋을까 싶었다. 그러면 그것을 퍼다가 물에도 타 먹고 한 입 가득가득 퍼넣어 녹여 먹고 싶었다.
 나는 〈아라비안 나이트〉 같은 동화를 읽으면서 혼자 스스로 만든 마술의 주문을 외우며 그 눈이 쌀이나 설탕으로 변하라고 소원하였다. 그러나 번번이 나의 마술은 실패했고 그때마다 나는 크게 실망을 하곤 하였다.

그렇게 나의 마술은 비록 실패하였지만 눈이 오는 날은 마음이 포근하고 따뜻하였다.

이제 나는 쌀도 설탕도 넉넉하고 흔한 세상에 살고 있다. 그러면서도 마음이 공허하고 고독한 느낌을 금할 수 없다. 우리들이 너무 타산에 밝고 자기 중심으로만 살기 때문에 모두 슬프고 고독하고 공허로운 느낌을 갖는 것 같다.

눈이 오는 날 나는 그것이 우리의 육신을 배부르게 하는 쌀이나 설탕이기를 이제 소원하지는 않지만 그것이 우리의 영혼을 따뜻하게 덥혀주고 살찌우는 쌀이 되고 설탕이 되기를 소원한다.

창조주가 만들어낸 세상 만물은 어느 것 하나 신묘하고 조화롭지 않은 것이 없지만 눈도 예외가 아니다. 하늘에서 수증기가 얼어 내리는 눈의 결정이 모두가 육각형이라는 것, 또 그것이 너무나 아름다운 꽃 모양을 하고 있는 것도 신기하기 그지없다.

눈이 내릴 때의 모습은 흡사 천지가 흔들리는 것처럼 분분하다. 눈송이들은 저마다 다른 몸짓으로 춤을 추며 온다. 떨어지는 낙화 같기도 하고 날아드는 흰나비 떼 같기도 하다. 그것들은 마치 생명이 있는 것처럼 보이기도 하며 크나큰 함성처럼 느껴지기도 한다.

그러나 일단 눈이 내리기를 그치면 그것은 앙상한 겨울 나뭇가지를 호사롭게 꾸미는 꽃이 되고 온갖 지저분한 것을 깨끗이 지우는 지우개가 된다. 그리고 온 세계를 정적 속으로 이끈다. 절대적요의 세계가 있다면 바로 눈 덮인 은세계가 그중 하나일 수 있을 것이다.

눈이 연출해 내는 그 흔들림과 정지는 참으로 대조적이면서도 정지가 있음으로 하여 그 흔들림은 더욱 설레이고 흔들림이 있음으로 하여 그 정지는 더욱 고요하다.
 아아, 미숙하고 시장한 나의 영혼도 그 설레임의 함성과 그 고요의 침묵을 공유하는 날이 있을 것인가.

작은 멋

　무릇 모든 예술가들이 예술품을 창작할 때에는 끝없는 고뇌와 아울러 그 고뇌를 극복하고도 남을 환희의 영광을 동시에 느낀다고 한다. 말하자면 이것이 창조의 기쁨이 아닌가 한다.
　불후불멸의 걸작품을 빚는 예술가와는 다를지라도 우리 일반 생활인들이 일상의 생활에서 약간의 기지와 관심으로 마련해 낼 수 있는 아름다움은 자칫 메마르기 쉬운 우리 생활을 부드럽게 하고 윤기 흐르게 하여 준다.
　며칠 전에 나는 Y선생 댁에 들렀다. 그 댁 사랑방에 무심히 앉아 있던 나는 환히 비쳐드는 가을 햇볕을 눈으로 좇다가 문득 창호문에 시선을 멈추고야 말았다. 갑자(甲子) 창살 위에 새로 바른 창호지는 퍽 정갈하였다. 그러나 나의 눈길이 머문 것은 그것 때문이 아니라 그 창살 한 간에 창호지와 함께 붙여진 나무 잎사귀의 아름다움 때문이었다. 양옥의 유리문만 보아 오다가 실로 오래간만에 창호문에 도배된 단풍잎을 보노라니 아련한 향수조차 느껴졌다.
　그 창호문으로 흘러드는 가을 햇살 속에서 마시는 차는 한결 향기롭고 우리의 담소는 한층 탄력이 있었다.
　창호문을 바르면서 흔하게 떨어져 구르는 낙엽 한 잎을 주워다 함께 붙이는 여유와 지혜, 이것이야말로 생활인이 창조해 내는 한 작은 멋이요 낭만이 아닐까. 이러한 멋과 낭만의 유물을 우리는 현명하였던 우리의 조상들로부터 많이 물려받았다. 아니 유물 뿐만이 아니라 바로 그러한 멋을 향유하는 기질과 지혜를 물려받았다 함이 옳을 것이다.

이러한 재질들이 가까이는 우리 가정과 사회에 밝은 웃음을 주고 나아가서는 세계에 그 이름을 떨치는 음악가·화가·문인 등 예술가로 자라나지 않나 생각한다.

오늘도 나의 우리 옆집 진이 엄마가 짝 잃은 진이의 코고무신에 물을 담고 들국화 몇 송이를 꽂아 현관의 신발장 위를 꾸미는 것을 보면서 이런 나의 생각에 확신을 갖는다.

방의 표정

　가을이면 도배를 하였다.
　묵은 도배지를 뜯고 새 도배지를 바른 방은 단장한 새색시처럼 고왔다. 창호문을 깨끗이 씻어 말린 후 새 문종이를 바른 방에 앉으면 비쳐드는 가을 햇빛은 어찌 그리도 맑았던지 모른다. 도배지를 바꾸는 것으로 방의 모습이나 집안 분위기를 변화시킬 줄 알았던 사람들은 참으로 지혜로운 사람들이었던 것 같다. 내가 어렸을 때만 하여도 종이가 귀한 때라 신문지나 헌 책을 뜯어 방을 바르는 집도 많았다. 그러나 요즈음은 갖가지 도배지가 만들어져 재질도 다양하고 문양이나 빛깔도 다채로워졌다. 사람들은 방의 용도나 채광이나 자신들의 기호에 따라 알맞은 도배지를 골라 도배를 한다. 그래서 우리는 도배지 한 장으로도 그 방 주인의 연령, 취미, 성격 등을 파악할 수 있을 정도다.
　요즈음은 도배지 정도가 아니라 주택의 모양이나 내부구조도 그 집에서 사는 사람의 직업, 취미, 가족구성에 따라 설계되어 매우 개성적으로 되는 경향이 있다. 이런 집은 누구라도 한 번 보면 즉각 그 주인을 알 수가 있다. 이런 개성적인 집이 있는가 하면 아파트니 연립주택 혹은 다세대주택이라 하여 일률적으로 지어지는 집들도 많다. 이것은 현대산업사회의 획일성의 한 면을 보여 주는 것이라 하여 문학작품 같은 데서 신랄히 비판받는 일도 있었다.

그러나 개성적인 집은 말할 필요도 없고 똑같은 크기 똑같은 구조로 지어진 집이라 하여도 그곳에 거주하는 사람에 따라 그 집이나 방은 여러 가지 분위기를 자아내게 된다. 우리가 옛날에 만났던 매우 인상적인 사람을 안 잊는 것처럼 독특한 분위기를 가진 집이나 방도 오래오래 기억에 남는 수가 있다.

내가 중학생이었을 때 우리 선생님 댁을 우리는 '푸른 집'이라고 불렀다. 담쟁이덩굴이 집의 외벽을 둘러싸고 있었으며 마당에는 갖가지 나무와 꽃들이 자라나고 있었다. 도르래로 자아올리는 선생님 댁의 샘물 맛은 참으로 달고 시원하였다. 큰 저택도 아니었고 한 그루에 거금을 투자한 비싼 나무나 화초들이 아니었지만 그 댁은 푸른 냄새와 푸른 바람이 이는 별천지였다. 우리는 모두 꿈의 동산이런 듯 선생님 댁을 생각하였다.

서책으로 가득 찼던 어느 노시인의 서재도 안 잊히는 방 중의 하나이다. 그 책들은 손때가 묻어 있었고 어떤 것은 낡아 퇴색하여 있기도 하였다. 그러나 그 서책들에는 주인의 애정과 체취가 가득 배어 있어 주인과 서재는 혼연일체를 이루고 있었다.

난(蘭) 몇 분이 조촐히 한 옆에 놓였던 지금은 작고한 어느 여류 문필가의 방 역시 언제나 생각나는 방이다. 은은히 번지던 난의 향기, 윤기 돌던 푸른 잎새는 그 안주인의 기상을 그대로 나타내는 것이었다.

지금이야 그런 곳이 적지 않겠지만 비단으로 도배를 한 어느 부잣집을 처음 방문하고 깜짝 놀랐던 일도 있었다. 비단치마 한 벌을 갖는 것도 호사롭던 그 시절에 사방 벽과 천장을 온통 비단으로 바른 방이라니 놀라지 않을 수 없었다.

그러고 보면 세상에는 갖가지 집과 방이 있는 것 같다. 그야말로 황금보옥으로 호사를 다하여 꾸민 방이 있는가 하면 흙벽 토방에 자리 한 자락도 없는 방이 있다. 부드럽고 따뜻한 방이 있는가 하면 싸늘하고 냉랭한 방도 있을 것이며 권위가 충만한 방이 있는가 하면 퇴폐적이며 음울한 방도 있을 것이다. 병실이나 감방 같은 슬픈 방이 있는가 하면 아름다운 가구와 음악과 그림이 있는 즐거운 방도 있다.

많은 방들을 두루 구경한 것은 아니지만 대단히 인상 깊었던 방 중의 또 하나는 몇 년 전 어느 산사(山寺)를 찾아갔을 때 들렀던 방이었다. 말하자면 스님이 기거하시는 절간의 방인데 아무 가구도 없이 그저 정갈히 흰 한지로 도배가 되어 있는 방이었다. 옷장이다 거울이다 탁자다 자질구레한 장식품이다 하여 가구들로 둘러싸인 세속의 방에 익숙한 몸에는 전혀 낯선 분위기였다. 그러나 그 방에 한참 자리를 정하고 앉아 있는 사이에 정녕 그 방이 얼마나 커다란 안도감과 편안함을 주는 방인가를 알 수 있었다. 마음이 가라앉고 더할 수 없이 청정해짐도 느낄 수 있었다. 텅 빈 그 방에 사실은 참으로 커다란 화평과 고요가 가득 넘치고 있었던 것이다. 그래서 갑자기 자세가 숙연해지지 않을 수가 없었다.

이러고 보면 옛날부터 좋은 자리에 알맞은 규모의 집을 앉힐 줄 알았던 옛 어른들의 지혜는 참으로 현명한 것이라 하겠다. 실로 방의 분위기 하나로 우리의 몸놀림, 마음가짐까지 크게 영향 받는다는 것을 생각할 때 도배지 한 장 고르는 일에까지 신중을 기하고 마음을 쓰는 자세는 매우 중요한 일이 아닐까 생각된다.

소박한 아름다움

　옛부터 우리 사람들은 나무와 밀접한 관계를 맺어 왔다. 그 열매로 식량을 삼고, 섬유를 얻어 의복을 만들었으며, 목재를 사용하여 집을 짓고, 땔나무를 구하여 거처를 덥게 하는 등 인간의 의식주 생활 전반에 걸쳐 나무가 담당한 몫은 자못 크다.
　슬기로웠던 우리 조상들은 일찍부터 나무가 지닌 질박하고 순한 성질을 지혜롭게 이용하여 왔다. 그리하여 위로는 부처님의 거룩한 말씀을 담아 새긴 대장경판으로부터 아래로는 일상의 자잘한 생활 용구와 부엌 기명(器皿)에 이르기까지 가지가지의 나무로 만든 물건들이 있다.
　우리 생활 주변에서만 얼핏 손꼽아 보아도 목(木)장승, 장롱, 반달이, 갑게수리, 사방탁자, 문갑, 책상, 연상, 경대, 빗집, 반짇고리, 함, 찬장, 뒤주, 서장궤, 돈궤, 그릇궤, 약장, 보석함, 소반, 퇴침, 산통, 지통, 필통, 망건통, 제기, 등잔대, 목안, 떡살, 표주박, 재떨이, 나막신…… 등 무수한 목가구, 목기, 목물(木物)들을 찾아볼 수 있다.
　이들은 각기 그 쓰임새나 생김새에 따라 또다시 여러 종류로 나누어 볼 수 있으니, 예컨대 소반만 하여도 호족반, 구족반, 두리반, 완자상, 공고상, 다반, 약상 등등 얼마든지 꼽을 수 있다.

뿐만 아니라 목재도 다양하여 소나무, 피나무, 엄나무, 배나무, 밤나무, 은행나무, 오동나무, 먹감나무, 박달나무, 대나무, 괴목 등이 모두 그 연하고 단단한 성질에 따라 적절히 쓰이었다.

어떤 목재로 무엇을 만들었건 간에 우리의 옛 목물들은 하나같이 실팍하고 소박하면서도 섬세한 아름다움을 지니고 있다. 못을 사용하였으되 대못을 사용하고, 사개를 파서 맞물린 것을 보면 신통하기 그지없다.

정밀한 계산에 의하기보다는 느낌이나 요량(料量)으로 만들었을 것임에도 불구하고 높은 데는 서랍, 낮은 데에는 큰 문짝을 해 단 것이라든지, 헐겁게 여닫기는 서랍의 여유는 비정밀성을 탓하지 못할 높은 심미안을 헤아리게 한다.

자귀 자국, 칼자국이 그대로 남아 있어 고인(故人)의 숨결을 오히려 오늘에 느낄 뿐만 아니라, 자국의 요철에 따라 칠이 더 묻고 덜 묻고, 더 벗겨지기도 하고 덜 벗겨지기도 하여 특이한 무늬와 빛깔을 드러낸다.

무릇 세상에 존재하는 것들 중에는 새 것일 때만 산뜻하고 곱고 값나가는 것이 많으나, 우리의 옛 목물들은 이상하게도 나이 먹을수록 더욱 은근해지고, 늙을수록 더욱 그윽해지는 참되고 값진 아름다움을 지니고 있다.

차(茶) 와 생활

예술의 기원을 논의할 때에는 흔히 그 심미적 목적과 실용적 목적의 두 가지 의견이 맞선다. 앞의 것이 예술 지상주의적 견해라면, 뒤의 것은 공리성에 초점을 맞춘 견해라 할 수 있겠다.

그러나 우리가 다시 잘 보면 모든 예술 작품 속에는 어느 쪽이 먼저냐, 그리고 어느 쪽 요소가 더 많으냐 하는 선후와 정도의 차이는 있더라도 심미성과 실용성이 공존하고 있음을 발견한다.

그런데 이러한 현상은 예술 작품 속에서 뿐만 아니라 일상 생활용품 속에서도 역시 찾아볼 수가 있다. 즉, 심미적 목적이 더 강한 예술 작품 속에서도 실용적 요소가 발견되듯이, 실용적 목적이 우선하는 일상 생활용품 속에서도 한편으로는 심미성이 추구되고 있다는 말이다. 가령 우리가 옷을 입는다는 것은 추위와 더위를 피하고 눈비를 가려서 신체를 보호하겠다는 것이 원래의 목적이겠지만, 체형과 취향에 맞추어 색깔과 모양을 고르고 때와 장소에 따라 옷매무시를 다르게 하는 등의 행위는 옷의 아름다움을 염두에 두는 행위라 할 수 있다.

최근에 와서 우리들의 생활에서 퍽 관심을 갖게 된 것 중의 하나로 전통차를 마시고 보급하는 일을 들 수가 있겠다.

여름에는 샘에서 길어 온 냉수, 겨울에는 숭늉을 마시는 것이 차를 대신 하는 것으로 알아 오다가, 서양 사람들에게서 커피와 홍차 마시는 것을 보급받아 거리마다 즐비한 다방에서 파는 것은 으례 커피였던 우리 생활에, 잃어버린 전통차의 향기와 그 예법을 되찾고 그것을 널리 일반화하려는 움직임은 참으로 바람직한 일이다.

그런데 전통차를 이야기함에 흔히 그 물리적 효능만을 강조하는 일이 많아 약간 저항감을 느낄 때가 있다. 전통차에는 비타민 C, 아미노산, 카페인 등이 많아 미용에 좋다느니, 소화가 잘 된다느니, 성인병에 유효하다느니, 각성제 및 이뇨제로서 효과가 있다느니 하는 것 등은 물론 녹차의 장점을 이야기하는 과학적 설명으로서, 이것을 아는 것은 퍽 필요한 일이기는 하다.

그러나 이런 효과나 효능 면만을 따진다면 굳이 녹차 아닌 다른 건강 식품도 얼마든지 있을 수 있으며, 또 그것은 분위기니 예법이니 격식이니 따질 것 없이 아무도 안 보는 데서 자주 많이 끓여 마시는 비약(秘藥)이면 될 것이다.

우리가 한 잔의 전통차를 마신다는 것은 그것을 마셔서 얻는 약리적 효과도 효과겠지만, 물을 끓이고 불을 지피고 그릇을 씻고 그림을 완상하고 고요히 사색하고 하는 다도(茶道)의 과정 그 자체를 즐기는 행위와 연결이 될 것이다. 그렇기 때문에 찻잔을 고르고 마음 맞는 손님을 맞고 손놀림 하나까지 마음을 모으고 하는 일이 모두 중요시되는 것이 아니겠는가.

요컨대 우리가 우리 전통차를 생활화한다는 것은, 그것이 우리 육체를 건강하게 하고 정신을 쇄락하게 하는 데에 도움이 된다는 이득 추구만이 아니라 우리 생활을 문화적으로 상승시킨다는 의미가 있다고 하겠다. 그러므로 그 보급 운동에 있어서도 이런 점이 이해되고 공감받아져야 비로소 다도라는 것이 까다로운 격식 아닌 자연스러운 생활의 몸놀림으로 정착될 수 있으리라 본다.

 차 한 잔을 끓이는 시간의 여유, 차 한 잔을 머금는 마음의 여유란 그 실용적 측면만을 강조할 때는 이 바쁜 세상에 있어 어리석은 낭비랄 수 있겠지만, 그 문화성(?)을 감안한다면 이는 실로 아름답고 고도한 문화 생활의 한 편린이며 멋이랄 수 있을 것이다.

한국인의 솜씨

최근 경복궁 민속 박물관에서 전통 보자기 전시회가 열렸다.

보자기는 펼치면 넓게 쓸 수 있고 접으면 손아귀에 들 수 있는 것으로, 생활 공간이 좁았던 한국인의 살림살이에 있어 매우 긴요하게 쓰인 필수품이었다.

그런데 전시된 보자기를 보면 대단히 합리적인 생활을 꾀한 선인들의 슬기와 지혜를 헤아려 새삼 놀라게 되는 것은 물론, 이 지극히 실용적인 용도의 물건이 그 실용성에 못지 않게 갖추고 있는 아름다움 앞엔 실로 감탄을 금치 못할 지경이다.

종류도 가지가지, 궁에서 쓰던 궁보가 있는가 하면, 민가에서 쓰던 민보가 있고, 그 만듦새에 따라 홑보·겹보·솜보·누비보, 수를 놓은 수보, 조각천을 이어 맞춘 조각보 등 다채롭다.

크게는 이불이나 함을 싸 두었던 보에서부터 노리개보·주발보·사주보 같은 작은 것까지 있고, 보자기를 만든 감도 베·모시·비단·무명, 심지어는 기름 먹인 종이인 식지까지 있다.

수보의 문양 하나만 보아도 꽃·새·나비·열매·나무들이 제각기 상징적인 의미를 띠고 정성스럽게 수놓여 있다.

또 바느질법도 감친 것, 홈질한 것, 박음질한 것, 누빈 것, 가름솔·통솔·쌈솔 등, 바늘을 손에 쥔 고운 손길이 금방 눈에 보이는 듯하다.

조각보는 분명 폐품을 이용하여 만든 것이련만, 그 조각조각 이어 붙인 것이 네모도 있고 세모도 있고 여의주 모양도 있고 색동도 있으며, 천 생긴 대로 이 모양 저 모양 오색을 두루 모아 만든 것도 있는데, 현대의 추상화에 못지 않은 배색과 구성의 묘를 보이고 있다.

보자기 하나를 만드는 데도 이런 인내와 정성과 뛰어난 솜씨를 보인 조상을 모신 우리들이 계속해서 세계 기능 올림픽에서 우승을 한 것은 어쩌면 당연하다고도 할 수 있다.

정녕 우리 한국 민족의 가장 뛰어나고 개성적인 장기라 할 수 있는 이러한 재능과 슬기와 솜씨는 끊임없이 개발되고 전승되어 세계적인 자랑거리가 되었으면 하는 마음이다.

반짇고리가 주부의 안방에서 차츰 그 자리를 잃어 가고, 바지 단 하나를 접는 데도 세탁소나 양장점 문을 두드리는 여인들이 적지 않은 오늘에 저 전통 보자기 전시회는 오붓한 자기 정화의 길을 일러 주는 좋은 본보기가 되었다.

이런 훌륭한 구경거리, 공부거리는 서울에서만 전시될 것이 아니라 여러 지방에서 두루 전시된다면 얼마나 좋을까 싶다.

고소 공포증, 저소 염오증

나는 어렸을 때부터 겁이 많았었다. 강아지가 물까 봐 겁이 났으며 말이 뒷발로 걷어찰 것만 같아 가까이 갈 수가 없었다. 깜깜한 한밤중엔 귀신이 나올까 봐 꼼짝도 못하였고 대낮에도 함부로 나섰다가 길을 잃어 집을 못찾으면 어쩌나 걱정이 되었다. 특히 겁이 났던 것은 한 번도 만나지는 못하였지만 우는 아이 업어간다는 '망태 할아버지'였다.

그러나 좀 더 크면서 나의 공포의 대상은 조금씩 달라졌다.

보리밭에서 아이를 잡아 먹는다는 나병 환자, 서커스단에 아이들을 끌고 가서 식초를 먹이고 그네를 타게 하거나 통을 돌리게 한다는 서커스 단장, 아이들의 연한 살을 섞어 맛있는 요리를 만든다는 중국 요리사…… 등은 자다가도 소스라쳐 깨어날 만큼 무서운 존재들이었다.

그러나 이러한 공포들이 실로 아름다운 동화의 세계와 연계되는 고운 추억거리로 될 만큼 나이가 들었을 때에는 참으로 무시무시한 공포거리가 세상에 없지 않다는 것을 알게 되었다. 증오, 전쟁, 핵무기의 발달 등 생각하면 모골이 송연해질 정도로 두려운 것들이 너무나 많은 것이다.

그러나 우리는 죽음이 우리들의 궁극적 운명이라는 것을 알면서도 죽음을 잊고 나날을 살아가듯이 이런 공포거리들을 가까이 두고도 모르는 척 살아가고 있는 것이다. 그렇다고 아는 척하여 무슨 묘수가 생기는 것도 아니며 겁내고 걱정만 한다고 하여 해결되는 것은 더더구나 아닌 것이다. 오히려 겁에 질림으로써 인생을 쓸모없이 만들 우려마저 없지 않은 것이다.

그런데 사람들에게 물어 보면 저마다 두려워하는 존재가 있지 않을까 싶다. 어떤 것은 여러 사람에게 공통되는 것도 있을 것이고 또 어떤 것은 특정한 어떤 사람에게만 겁을 주는 그런 것도 있을 것이다.

어려서부터 지금까지의 나의 공포의 대상은 여러 가지로 변하여 왔지만 한결같이 겁이 나는 것은 '높은 곳에 오르는 일'이다.

사다리에 오르는 일, 나뭇가지에 올라가는 일, 철봉에 매달리는 일, 담장을 뛰어넘는 일, 이런 일들이 나에게는 너무나 어려운 일이었다. 요즈음은 고층 건물이 대단히 많아져서 예사롭지만 그때는 5층 백화점이 아주 높은 건물이었는데 그런 집에 올라가면 나는 현기증이 나서 견딜 수 없을 지경이었다.

이런 두려움은 지금껏 고쳐지지 않아서 시내 곳곳에 세워져 있는 육교를 지날 때, 엘리베이터를 타고 높은 건물에 올라갈 때 나는 여전히 겁나고 땀이 난다. 설악산 금강굴을 학생들과 더불어 올라가다가 오금이 붙어 온몸이 굳어지던 일, 도봉산 능선의 한 봉우리에서 바위를 부여안은 채 오도 가도 못하였던 기억도 전신을 엄습하는 공포의 체험 중 하나이다.

그런데 이런 것이 '고소(高所) 공포증'이라는 이름이 붙어 있는 병이라는 것을 나는 훨씬 후에야 알았다. 그리고 나는 이러한 병의 원인이 어렸을 적의 과잉 보호로 인하여 그런 위험한 일을 안 하고 높은 곳에 올라가는 장난을 안 하였기 때문이겠거니 하고 막연히 생각하였는데 그런 것이 아니라 심리적 불안과 관계되는 것이라는 말을 듣고 놀라지 않을 수 없었다. 즉, 자기가 자신의 실체보다 터무니 없게 높은 자리에서 대단한 대접을 받게 되는 경우 헛된 허영과 자신의 보잘것없는 내실(內實)과의 간극이 갈등을 일으켜 그것이 무의식 세계에 잠재하였다가 나타나는 것이 고소 공포증이라는 것이었다.

이 말을 들은 뒤 나는 처음으로 상당한 당혹감을 가졌었다. 내가 그런 이상한 병자라면 충격적인 것이 아닐 수 없었기 때문이다. 그리고 그것은 치료되어야만 한다고 생각하였다. 그래서 겁내지 않고 육교를 건너려 애를 썼고 높은 건물의 옥상에 올라가서 내려다보는 연습도 쌓았다. 뿐만 아니라 자기가 정말 자기의 참모습과는 너무나 차이나게 겉모습을 꾸미고 세상을 살지나 않았는가 하고 반성도 하게 되었다.

이렇게 하면서 나는 처음에 당혹감을 느꼈던 것과는 달리 새로운 수양을 할 수 있게 되었다.

결국 우리 사람들에게 갈등을 일으키고 긴장과 불안을 초래하고 초조하게 만드는 것은 자신의 겉과 속, 현실과 이상, 욕망과 능력 사이의 간극 때문인 것으로 생각되었기 때문이다.

그리하여 높은 곳에 올라갈 적마다 어지럼증을 느끼고 겁이 나면 나는 자신에게 타이르는 것이다. '너는 아직도 너의 실체와 네 이름

사이에 큰 틈을 가지고 있다'라고.

　이러고 보면 나의 인격이 완성되지 않는 한 나의 '고소 공포증'은 계속될 것이고, 인격의 완성이란 기대하기 어려울 터이니 죽을 때까지 이것은 나의 지병이 되지 않을까 싶다. 그러나 고마운 것은 이런 '고소 공포증'이 있는 한 나는 언제나 자기 성찰과 반성을 할 수 있을 것이니 실로 병듦으로써 건강하게 산다는 역설이 성립된다고나 할까.

　그런데 요즈음 들어 나에게는 이와 정반대의 병이 하나 생겨서 여간 걱정이 아니다.

　지하철이 생기고 건물들에도 지하실이 생기고 하여 우리들이 지하로 들어갈 일이 많아졌는데 이 지하실에 들어가는 일이 도무지 나에게는 유쾌하지가 않다.

　금방 무너져버릴 것 같은 그런 강박 관념까지는 아니더라도 썰렁하고 습기찬 지하 다방이나 지하도를 들어가는 것이 싫은 것이다.

　높은 곳을 두려워하는 것이 '고소 공포증'이라고 한다면 낮은 곳에 들어가기를 싫어하는 것은 '저소(低所) 염오증'이라고 할는지…… 또 '고소 공포증'의 원인이 제 자신하고는 안 어울리는 너무 높은 자리에 있을 것이 송구스러워 낮은 데로 가고 싶어하는 마음의 무의식의 표출이라면 '저소 염오증'의 원인은 또 무엇인지 궁금스러워진다.

　혹시라도 더 잘 살고 싶고, 유명해지고 싶고, 남 위에 올라서고 싶고 한 바람직하지 못한 욕심의 무의식적 발로라면 나는 참 얼마나 큰 병에 든 것인지 겁이 나지 않을 수 없다.

세상이 복잡해지고 변화의 속도가 급격해진 현대 사회에서는 이전에 없던 병도 많이 생기고 또 그 병을 밝혀내고 치료하는 의약품과 의학 기술도 많이 발달하였다. 또한 그에 못지 않게 소위 예방 의학이라는 것이 많이 운위되기도 한다.
　앞으로 우리 사회에는 더욱 높은 건물이 많아질 것이고 지하철, 지하 가옥이 많아질 것이니 나의 '고소 공포증', '저소 염오증'은 더욱 심각한 징조를 나타내지 않을까 싶다.
　이런 공포증을 예방하는 예방 의학에는 어떤 것이 있는지, 또 이런 공포증을 두려워하는 공포증의 예방을 어떻게 하면 좋을 것인지 날씨 풀린 어느 따스한 날, 너무 높지도, 또 낮지도 않은 건물의 병원을 찾아가 의사 선생님께 여쭈어 보아야 할까 싶다.

연극 관람의 재미

 아리스토텔레스 같은 분은 인간의 본성 속에 무엇을 모방하고자 하는 욕구가 있어서 그것이 마침내 예술을 발생시켰다고 하였는데 이러한 주장이 퍽 오랫동안 힘을 발휘할 수 있었던 것은 그만한 타당성이 있었기 때문일 것이다.
 사실 우리의 생각이나 삶의 양상의 대부분은 모방이며 새로운 창의성이나 창작마저도 모방을 기저로 한 어떤 것임을 알 수 있다.
 울 밑에 차려 놓은 아이들의 소꿉장 살림을 보면 그대로 엄마나 아빠의 살림의 모방이다. 그래서 어떤 유치원 선생님이 말하기를 그 아이나 아이의 가정 환경을 가장 파악할 수 있는 방법은 아이에게 소꿉장을 시켜 보는 일이라고 하였다.
 연극은 예술 중에서도 가장 많이 인생을 모방한 것이 아닌가 생각된다. 그래서인지 인생은 연극이라고도 하고 연극은 곧 인생이라고도 한다. 인생은 그만큼 파란 만장한 것이기도 하고 극적이기도 하다는 뜻과 아울러 현실의 삶보다 삶을 모방하여 재연시킨 것에서 더 많은 감동을 받는 것임을 시사하는 말이다.
 나는 어린 시절부터 연극을 무척 좋아하였다. 어릴 때는 연극을 하기도 하였지만 커서는 주로 관람을 즐겼다. 연극을 하거나 연극을 보는 재미, 그것은 연극이 인생의 모방이며 재연이면서도 인생 그 자체가 보여 주지 못하는 진실을 표출하고 있기 때문이 아닌가 한다. 또는 현실적으로는 당당하고 호화로운 생활이 연극적 현실 속에서는 부정하고 헛된 것으로 날카롭게 비판되어 우스꽝스러운 희극으로 풍자될 수도 있다. 이러한 연극을 통하여 자신을 정화하는 기쁨 때문에 연극 구경을 즐기게 되는 것 같다.

또 하나 연극의 매력은 연극이란 영화나 텔레비전 드라마와는 달리 실지 배우가 어떤 일정한 장소에서 일정한 시간 내에 연기해 보인다는 점에 있다. 한정된 시간, 한정된 장소에 있어서의 단 한 번인 실기에 기울이는 배우의 전력 투구와 전 능력을 본다는 것은 참으로 엄숙하고 감동적인 것이 아닐 수 없다. 머리칼 끝에서 발 끝까지의 모든 움직임이 지극히 집중적이며 함축적인 의미를 지니는 그 긴장된 순간의 즐거움과 연극이 끝나고 팽팽하게 당겨졌던 긴장감이 이완되는 대단원에 이르러서의 정화가 주는 기쁨은 정녕 연극의 크나큰 매력이라 할 것이다.

이외에도 나는 하나의 무대를 형성하기 위하여 있는 무대 뒤라는 희비가 엇갈리는 공간이 무대 위의 연극보다 더 흥미롭게 느껴질 때가 있다. 경우에 따라서는 무대에서 상연되는 연극의 재미를 훨씬 능가하는 재미가 무대 뒤의 분장실에 있는 것이다. 부지런히 분장을 서두르고 의상을 갖추어 입고 소도구를 챙기는 그 부산한 분위기라든지 혹은 무대 위에서는 의젓한 왕자이거나 공주이면서 그 분장, 그 의상인 채로 급히 차라도 한 잔 마시는 모습을 보는 일이라든지가 여간 재미스러운 일이 아니다.

사실 연극이 인생, 혹은 인생이 연극이라고 할 때의 연극은 무대 위에서보다 무대 뒤에서 더 많이 이루어지며 더 많이 인생과 연관되어지는 것으로 내게는 느껴진다.

휘황 찬란한 무대를 위한 무대 뒤의 준비와 번잡이 있는 것처럼 갈채를 받는 어떤 사람 뒤에도 웃음과 울음이 엇갈리는 분장실은 있을 것이다. 피라밋의 맨 꼭대기 한 개 돌을 얹어 놓기 위하여 그 아래 무수한 돌이 밑받침이 되어 있듯이 눈부신 각광 속에 막이 열리는 인생의 무대 뒤에는 수많은 땀과 눈물이 엉겨 있을 것이다.

이러한 상상과 유추를 해볼 수 있는 현장이 바로 연극 무대 뒤의 분장실이기에 나는 앞으로도 계속 연극 보기를 즐길 것이며 무대 뒤에 대한 지대한 관심을 그만두지 않을 것이다.

남성의 매력

 백합도 아름다운 꽃이요, 장미도 아름다운 꽃이지만 우리는 결코 그 아름다움을 비교하려 들지는 않는다. 백합에 고귀한 품격과 드높은 방향(芳香)이 있다면 장미에는 고혹적인 자태와 빛깔이 있어 그 제각기 다른 아름다움은 결코 비교될 수 없기 때문이다.
 부드럽고 고요하고 날카롭고 매섭고 후덕하고 연약하고 따뜻한 여성의 온갖 개성이 남성에게 하나같이 흥미롭듯이 여성들에게 있어서도 여러 유형의 남성들은 저들 특유의 매력으로 호소력을 갖는다.
 야망이 있는 남성은 매력이 있다. 세계를 개조하고 천하를 그 장중(掌中)에 쥐려는 꿈을 가진 남성이야말로 사나이 중의 사나이인 연유이다.
 재능이 있는 남성은 매력이 있다. 뛰어난 두뇌로서 무에서 유를 창조하며 우리에게 항시 경이를 안겨주는 우수성은 실로 놀라운 힘이 아닐 수 없다.
 신념이 있는 남성은 매력이 있다. 돌을 뚫을 듯한 의지와 쇠를 녹일 듯한 정열로 운명을 개척하며 불가능을 가능하게 하는 위대한 신념은 우리의 경앙심을 불러일으키고도 남음이 있다.
 용기가 있는 남성은 매력이 있다. 때에 따라 죽음도 불사하며 끝없는 모험으로 대결하는 씩씩한 기상이 없다면 누가 그를 일러 호연지기(浩然之氣)의 남아라 하겠는가.

건강한 육체와 힘을 가진 남성 또한 매력이 있다. 희랍 조각의 청년 군상들이 나타내 보여 주는 밝고 힘이 넘치는 건강미는 항시 우리의 찬탄을 금치 못하게 한다.

덕(德)이 있는 남성은 매력이 있다. 야망과 지혜와 신념과 용기와 힘, 이 모두를 포섭하는 것이 덕이요, 궁극적으로 이 모두를 제압하는 것이 또한 덕인 까닭이다.

그러나 우리는 대단한 덕도 야망도 재능도 용기도 힘도 갖추지 못한 평범한 범부인 우리의 아버지, 남편, 아들에게 무한한 매력과 애정을 느낀다. 또한 동정도 금치 못한다. 오늘의 인간 세태가 이상하게도 남성들에게서 온갖 남성적인 능력과 힘을 온통 앗아가버린 것을 민감한 여성들은 너무나 잘 알고 있기 때문이다.

입장 바꾸기

20세기의 성인이라고 불리는 시바이처 박사에 대하여서는 모르는 이가 없겠지만 필자도 잊혀지지 않는 몇 가지 감동적인 이야기를 알고 있다.

시바이처 박사가 어린이였을 때, 어느 날 기도드리는 어머니께 여쭙기를,

"왜 어머니는 우리 집 아기들만 위하여 기도드리시는가. 옆집 아기들도, 새 새끼들도 하느님 가호를 받아야 하지 않겠는가."
라고 하였다는 이야기가 있다.

또 그가 아프리카에서 환자들을 치료하고 있을 때에는 밤에 벌레들이 불빛을 보고 모여들어 타죽을까 봐 문을 꼭꼭 닫은 채 무더운 방 안에 앉아 책을 읽었다는 일화도 있다.

그리고 밤중에 돼지우리에서 돼지가 잠을 안자고 우는 소리가 들리니까 불을 켜들고 나가서는 돼지 머리를 쓰다듬으며 자장가를 불렀다는 이야기가 있다.

그가 미국을 방문하였을 때에는 많은 사람들이 환영의 꽃다발을 바쳤는데 그 꽃다발을 만드느라고 수많은 꽃들이 꺾여진 것을 언짢아 하였다는 이야기도 있다.

우리는 이 몇 가지 이야기들에서도 그의 위대한 정신, 이른바 '생

명 외경의 사상'을 엿볼 수가 있다. 그에게 있어서는 이웃은 곧 나요, 나는 곧 이웃이며 하루살이 벌레도, 돼지도, 꽃도, 모두 사람의 목숨에 못지않은 존엄한 존재였던 것이다.

그는 성인이요, 우리는 보통 사람이니까 보통 사람이 성인과 같을 수는 없다고 해버리면 이야기는 달라지겠으나 우리 보통 사람도 설사 꽃과 나, 벌레와 나, 짐승과 나를 동일시할 수는 없다 하더라도 적어도 이웃과 나와의 연대감 같은 것은 가질 수 있지 않을까 싶다.

남편의 입장이 되어 보고, 아내의 입장이 되어 보고, 부모의 입장이 되어 보고, 자식의 입장이 되어 보고, 서로 그렇게 입장을 바꾸어 생각하는 가족이라면 그 가정은 보다 화목하지 않을까.

윗사람의 입장이 되어 보고, 아랫사람의 입장이 되어 보고, 고용인이 되어 보고, 피고용인이 서로 되어 본다면 그런 생각을 하는 사람들이 모인 직장은 훨씬 단란하고 훌륭하게 경영되지 않을까.

통치자가 백성을, 백성이 통치자를, 정치인이 경제인을, 경제인이 교육자를, 교육자가 피교육자를 서로 입장을 바꾸어 이해할 수 있다면 그런 국민의 나라는 설사 잘못이 있어도 잘 개선될 것이요, 놀랍게 발전하는 살기 좋은 나라가 되지 않을까.

비록 시바이처 박사에는 못 미치지만 이런 정도의 일은 우리도 능히 해낼 수 있지 않을까.

보은(報恩)

투르게니에프의 산문시 가운데 〈신(神)의 향연〉이라는 것이 있다.

신이 많은 덕(德)들을 한자리에 모으는 잔치를 벌였더니 많은 큰 덕과 작은 덕, 여자 덕과 남자 덕이 모였다. 그 덕들은 홍성스러운 잔치 자리에서 인사를 나누기도 하고 아는 척들을 하는데 그중 생전 서로 만나 보지 못한 두 덕이 있었다. 신은 그 덕이 여태 서로 만나지 못한 것에 대하여 놀라며 소개를 하였다. 한쪽 덕을 가리키며 '은혜'라고 이름을 대고 다른 쪽 덕을 가리키며 '보은'이라고 인사시켰다. 은혜와 보은의 두 덕은 그들이 서로 만나지 못하였던 것에 새삼 놀라워하며 인사를 나누는 것이다.

이 시의 풍유(諷諭)가 나타내는 의미를 우리는 잘 알 수가 있다.

은혜를 입고도 그 은혜에 감사하거나 보답하기는 고사하고 은혜를 은혜로서 감지하지조차 못하고 있는 수가 많은 것이다.

부모의 은혜, 이웃의 은혜, 나의 은혜, 자연의 은혜…… 이루 헤아릴 수 없을 만큼 많은 은혜를 입고 있으면서도 보은의 문제는 접어 두고 있지 않은가.

분업화된 현대사회에 있어서는 더욱 많은 다른 이들의 은혜를 입고 있다. 벽돌 찍는 이의 은혜로 집을 짓고, 씨 뿌리는 이의 노고에 힘입어 밥을 먹는다. 다른 이의 은혜를 입지 않고서는 생활의 가장 바탕을 이루는 의·식·주조차 해결하기가 어렵다 하면서도 보답이나 보은의 문제를 진지하게 생각하는 생활철학은 세워져 있지 못하다.

바로 이 점에 오늘 우리 삶이 부딪치는 갈등요인이 있는 것이 아닌가 생각한다. 예컨대 기업주가 노동자의 노고에 감사하고 은혜에 보답하는 대신 혼자만 많은 이익을 독점하려 한다든지, 반대로 노동자가 기업주의 기업경영의 어려움을 헤아리지 못하고 자기 주장만 내세우려 한다든지 하는 것은 은혜를 헤아리지 못하는 일들이다.

조그만 은혜에도 크게 보답코자 하는 '보은의 윤리'가 우리 마음 속에 선다면 우리의 삶은 한결 아름답고 향기로운 것이 될 수 있지 않을까.

존경과 겸허

　사람을 신격화한다는 것은 어느 모로나 곤란한 일이라고 생각된다. 사람이 사람으로서의 여러 가지 약점이나 결함이 있음에도 불구하고 마치 완벽하고 완전한 존재인 것처럼 행세하여야 한다면, 혹은 그렇게 추앙받는다면 얼마나 괴로운 일이겠는가.
　또 누군가를 신격화하는 입장에 있는 사람만 해도 그렇다. 어느 날엔가 상대가 신이 아닌 점이 발견되는 순간의 좌절과 실망감은 너무나 커다란 충격이 아닐 수 없다. 이와 같은 경험은 아마도 누구나의 인생에서나 있을 것이다. 가령 어린 시절에 아버지는 거의 절대적인 존재이다. 어떤 어려운 일도 해결해 주시고 무엇이나 불가능한 일이 없는 아버지는 바로 어린 시절 우리의 신이 아니던가. 또 선생님도 비슷하신 어른이었다. 화장실도 안 가시고 세상에 모르시는 것이 없는 선생님을 향한 사모와 감탄은 참으로 뜨거운 것이 아닐 수 없다.
　가장 정신적, 관념적인 열애에 빠졌을 때의 상대가 되는 연인 또한 신이었다. 그러기에 마르셀 프루스트의 글에 나오는 한 우울하고 내성적인 소년은 사모하는 소녀를 못 만났을 때는 그리워 울고 막상 만나면 스스로 꿈꾸던 소녀와 너무나 배리되는 낯선 소녀 때문에 또한 비통해 하는 것이다.
　우리가 이 글에 크게 공감할 수밖에 없는 것이 결국 어느 날엔가는 병약하고 힘이 없어진 아버지의 모습이나 우리와 똑같은 괴로움을 인내하신 선생님, 또 나와 별 틀리지 않는 욕심과 이기심을 가진 연인을 문득 발견하게 되기 때문이다.

분명히 이러한 발견은 충격이요 당혹감을 불러오기 족한 것이지만 다른 한편 감히 접근할 수 없는 절대의 영역에서 내려와 나와 함께 땅에 선 그분들이 안겨주는 안도감은 참으로 큰 것이다. 또한 그분들에 향하였던 경외심에 못지 않을 만큼 인간적인 애정과 새로운 존경심도 생겨나게 마련이다.

성경을 보면 그리스도의 생애에는 극적인 부분이 많지만 나 개인으로는 그 죽음의 장면이 절정이라고 생각한다.

'할 수만 있다면 이 쓰디쓴 잔을 물리치게 하소서.'
라는 너무나 인간적인 절규가 없었다면
'그러나 당신의 뜻이라면 뜻대로 하소서.'
라는 다음 말의 의미는 내게 별 감동을 주지 못하였을 것이다.

자기 신념을 위하여서는 사약도 마다 않고 받아 마신 소크라테스가 마누라의 물벼락을 맞고 꽁지 빠진 닭처럼 우두커니 젖어 서 있는 장면을 상상해 보는 일도 여간 재미스럽지가 않다. 누구보다 근엄하기로 유명하였던 퇴계 선생이었지만 일단 강의가 끝나고 집안에 들면, 특히 안방에 들면 많은 제자들의 주목이 있음을 익히 알면서도 스스럼없이 분방한 자신의 모습을 보였다는 일화 또한 따뜻하게 느껴지는 이야기이다.

지금은 많이 달라졌지만 옛날에는 천주교의 신부님들이 모든 신도들에게 남녀노소를 불문하고 '해라'를 하던 때가 있었다. '신의 대리자'로서의 권위의 상징이었지만 나에게는 퍽 불쾌하고 그래서는 안 될 것 같은 느낌이 강하게 들었었다. 이것은 단순한 권위에의 도전심이 아니라 사랑의 종교를 실천하는 최고의 성직자는 마땅히 최고의 겸허인이어야 하지 않을까 하는 생각이 들었기 때문이었다.

연전에는 이런 일도 있었다. 인류학을 전공한다는 어떤 외국 젊은이가 한국 고유종교가 있다면 한 번 교당을 보고 싶다고 하여 수소문하여 어느 교주를 만났다. 그런데 그 교주가 어떻게나 거드름을 피우고 눈을 홉떴다 내려떴다 하는지 영 불편하고 송연하기 짝이 없었다. 그런데 후에 그 교주가 지극히 세속적인 일로 쫓기는 몸이 된 것을 알고 다시 한 번 놀랐다. 그는 부도수표를 남발한 인사로 신문 사회면을 크게 장식하였던 것이다.

얼마 전에 나는 지극히 순박한 나의 한 친척으로부터 절에 다녀온 이야기를 들었다. 수십 년 흙만 파며 살아온 그는 호사스러운 관광 여행을 다녀 본 일도 없는 농부였다. 갑자기 몸이 좀 불편해져서 도시 병원으로 진단차 내려오는 길에 큰 마음 먹고 대사찰의 하나인 그 절을 찾았던 모양이다. 유명한 절도 구경하고 부처님도 뵈옵고 생전 처음의 홀가분한 그의 나들이길에서 그는 더욱 인상 깊고도 감격스러운 일을 맞이하였던 것 같다.

"글쎄, 내가 축복받은 사람인가 보아요. 생전 처음 간 그 절에서 그 유명한 큰스님을 직접 친견하는 영광을 누렸습니다."

그는 조금은 흥분하고 또 조금은 자랑스러운 어조로 이야기하였다.

"그 스님께서는 암자에 칩거 중이시라던데 어떻게 만나주시던가요. 또 무슨 말씀을 해 주셨나요."

나는 반가운 마음에 좀 부추기는 기분으로 그에게 물었다.

"그런데 그게 찾아뵌 것이 아니고 내가 절을 향하여 올라가고 있는데 갑자기 큰스님이 오신다는 소리가 들렸어요. 얼결에 길 옆으로 비켜섰죠. 그래서 지나가시는 그분 모습을 뵐 수 있었어요. 나는 두 손을 모아 합장 배례하였습니다."

"그래, 참 행운이셨군요. 스님께서는 답례하셨겠죠? 무슨 축복의 말씀이라도 보내주시구요."

"아니, 그렇지는 못하였어요. 스님께서는 옆도 안 돌아보시고 가시던데요. 사실은 좀 섭섭했어요. 그래서 누구 보고 그런 말을 비쳤더니 무슨 말이냐고 먼 발치서나마 뵈옵는 것도 어려운 일인데 그토록 가까이서 뵐 수 있었던 것이야말로 큰 영광이라고 하였어요. 아마 그 말이 맞겠지요."

그 순간 이야기를 듣던 나의 얼굴은 나도 모르는 새 찡그려졌다. 말하는 사람의 화안한 표정에 혹시라도 누를 끼칠까 얼른 얼굴을 풀기는 하였지만 왜 그런지 영 나의 마음은 풀려지지가 않았다.

그러나 나는 내가 만났던 다른 한 스님 생각을 함으로써 그 섭섭함을 풀어낼 수가 있었다. 옆도 안 돌아보시고 실로 거룩하게 걸어가셨을 근엄한 큰스님의 자세에 겹쳐 떠오른 스님은 바로 태안사에 계신 청화 스님의 조강하신 모습이었다. 그리고 티없이 맑고 꾸밈없으신 웃음이었다.

나는 그분이 우리나라의 손꼽히는 선승이시라든지 많은 신도들이 마음으로부터 깊이 존경을 드리고 있다든지 하는 것과 무관하게 그분의 생활로서 이미 몸에 깊이 젖어 있던 겸허함 앞에 머리를 숙이지 않을 수 없었다.

손수 음식을 지어 잡수시고 거처에 불 때시고 당신의 입성도 손

수 세탁하시고 손님을 반드시 나와 맞으시던 스님의 그 너무나 자연스러운 태도야말로 실은 놀라운 것이었다.
"우리 불가에서는 이렇게 생각하지요."
라는 말씀이 내비쳐 보이던 겸손함 속의 포용력은 얼마나 안심이 되던 것인지 모른다.

종교인들이 흔히 가지고 있는 독선이나 아집이 우리에게 주는 상처가 실은 얼마나 큰 것인가. 그들의 교거(驕倨)한 겉꾸밈이 주는 실망은 또한 얼마나 큰 것인가. 가장 정신적이며 탈속적임을 강조하지 않는 종교가 없지만 막상 가장 물질적이며 세속적인 사건들과 연계되어 있어 우리를 놀라게 하는 일은 또 얼마나 많은가. 그러기에 종교나 종교인들이 빈축이나 비난의 대상이 되는 일이 참으로 많기도 하려니와 어느 한 무리의 비종교인으로부터는 그 정직성마저 의심받는 일조차 있는 것이다.

결단코 우상이 될 수 없는 것이 우상이 되는 데서 빚어지는 웃지 못할 일이 비일비재한 것이 세상이요 사람 삶의 어리석은 한 면이지만 가장 밝고 빛나야 할 부분에서 그런 점이 발견될 때 우리는 기만당한 듯한 크나큰 배반감을 금치 못하게 된다.

그러기에 그냥 우리들과 다름없는 태도로 말씀하시고 웃으시고 생활하시는 청화 스님의 겸허함은 옛날 우리들의 신이셨던 아버지나 스승님이나 연인이 우리들과 똑같이 약하고 다정한 분인 것을 발견하고 느꼈던 것과 똑같은 애정을 불러일으켜 주는 것이었다. 그런 숨어 있는 겸허함이야말로 나날이 상처받고 사는 우리들 마음을 다스려 낫게 해 줄 수 있는 약이 되지 않을까 생각해 본다.

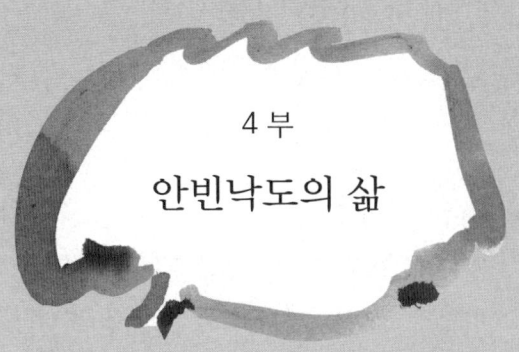

4부

안빈낙도의 삶

손이 아픈 석불

우리나라에는 많은 아름다운 불상 조각들이 있다. 석굴암의 대불과 그를 에워싼 여러 보살의 부조(浮彫)는 그 대표적인 것으로 손꼽히지만 그 이외의 불상들도 하나같이 그것이 만들어진 시대와 사회의 최고의 미의식과 경건한 신앙심을 담아 빛난다.

석가모니불·비로자나불·아미타불·미륵불·약사불·관음보살·지장보살·문수보살·보현보살·일광·월광보살 등의 여러 부처와 보살의 조상(彫像)이 불교 문화가 우리나라를 지배해 오는 동안 우리들의 희원과 꿈을 담아 만들어졌다. 돌을 다듬은 석불, 나무를 쪼아 만든 목불, 쇠를 녹여 만든 철불, 금동불, 흙으로 빚은 토불 등 자료도 다양할 뿐만 아니라 크기로 말하더라도 천길 벼랑 위에 새긴 마애불이 있는가 하면 손가락 마디 만한 작은 부처도 있다.

이들 불상들은 가부좌하여 앉기도 하고 반가부좌로 앉기도 하였으며 바로 서기도 하고 옆으로 서기도 하고 드물게는 드러누워 있는 와불도 있다.

굳이 열렬한 불교도가 아니더라도 자비로운 미소를 띤 불상의 아름다움 앞에 우리는 마냥 감동받게 된다. 그들은 하나같이 간절한 인간의 염원을 담은 이상형이며 부처의 가르침과 정신을 구체적으로 조형한 신비한 아름다움의 극치라고 할 수 있기 때문이다.

이들 불상들은 만들어진 시대, 사회, 만든 사람에 따라 여러 가지 특징들을 지니고 있으며 그 특징들은 시대와 사회와 예술가의 사상과 문화의식을 잘 반영하고 있어 각기 개성적인 아름다움을 지니고 있다.

그런데 이들 불상들 중에서도 가장 특이하다고 보여지며 또 필자가 가장 좋아하는 불상은 오대산 월정사 팔각구층탑 앞에 무릎을 꿇고 앉아 있는 석조보살좌상(石造菩薩坐像)이다.

처음에 필자가 월정사를 찾아갔을 때에는 그 유명한 구층탑에 많은 기대를 걸고 갔었다. 도대체 그런 보살상이 있을 줄은 전혀 모르고 간 것이다. 과연 사진에서 많이 본 모습대로, 또 많이 예찬론을 들어온 대로 구층탑은 아름다웠다. 그런데 필자는 탑 모서리마다 걸려 있는 많은 고리들이 특이하면서도 수다스런 느낌이 들었다. 귀고리를 야단스럽게 치장한 화려한 탑을 보고 돌아서는 순간 뜻 아니한 자리에서 만난 뜻 아니한 불상, 그것이 바로 그 석조보살상이었다.

다른 불상들은 물론 각기 특징이 있다 하여도 거기 획일적인 공통점이 있게 마련이다. 즉 모든 불상들이 베푸는 위치에 있어 경건하고 거룩한 부처의 자비심을 나타내고 있는 것이다. 그들은 중생을 향하여 바라보고 있다. 그러나 월정사 구층탑 앞의 석불은 반대로 탑과 법당을 향하여 손을 모으고 꿇어앉아 있는 것이다. 그리하여 그 보살상은 베푸는 입장의 보살이 아니라 무엇인가를 공양하는 듯, 무엇인가를 희원하는 듯 보인다. 즉 그 보살상은 오히려 부처의 자비를 구하고 있고 공경의 마음을 나타내는 자세를 하고 있다. 이 점은 그 보살상이 우리 중생의 입장에 있는 것을 시사해 주는 점이 아닌가 한다.

그의 자태는 참으로 간절하면서도 더할 수 없는 부드러움을 담고 어여쁘게 갸우뚱하고 있어서 저절로 웃음이 나오고 마음의 위로를 받는 것 같았다.

'부처다움'을 상징한 많은 불상들과는 달리 '인간다움'이 상징되고 강조된 그 석조보살상이 내게 준 감동은 대단히 컸다. 그러나 한편, 마음 아팠던 것은 그 석불의 오른손이 파손되어 있는 것이었다. 이것은 손상된 우리들의 문화유물을 볼 적마다 느끼는 점이지만 연전에 로마의 베드로 성당에서 한 광인에 의하여 상처를 입었던 유명한 '피에타'가 흠 하나 없이 복원되어 있는 것을 보면서 느낀 부러움이 바로 그 석불의 깨어진 오른손을 보면서 되살아났다.

우리나라에도 훌륭한 조각가도 많고 조각 공부를 하려는 젊은 학도도 많은 줄로 안다. 그런 분들 중에 누군가 '피에타'를 고친 어떤 이처럼 우리의 파손된 문화재를 원형 그대로 아름답게 복원시킬 위대한 솜씨는 안 나올 것인가. 그런 뜻, 그런 솜씨를 가진 명인이 나타나서 치료를 해줄 때까지 그 사랑스런 석조보살은 아픈 손을 붙들고 꿇어앉아 기다리겠지.

암자에 갔던 일

그날 나는 원고를 써야 할 숙제가 있었다. 원고지와 만년필을 챙겨두고 새벽부터 정신을 모았으나 영 글이 써지지 않았다.

글이 잘 써지지 않을 때 어떤 사람은 커피를 마시기도 하고 담배를 피기도 하고 영 안 되면 술이라도 마셔 본다는데 나는 이런 것 아무 것도 하는 습벽이 없으니 그저 상 앞에 꼿꼿이 앉아 애꿎은 벽만 바라보는 수밖에 없었다.

시간은 자꾸 흘러 조반 때가 되었다. 할 수 없이 글은 아침 먹고 써야겠다고 혼자 중얼거리며 일어나 아침밥을 지었다. 하지만 밥을 할 때나 상을 차릴 때나 수저질을 할 때, 다 먹고 설거지를 할 때조차 머리 속은 글 생각으로만 가득 차 있었다.

다시 상 앞에 앉았으나 글의 실마리는 역시 풀리지 않았다. 이런 날은 아무리 몸부림을 해봤자 성과가 없을 것이라는 것은 이전의 경험으로 충분히 알 수 있는 일이었다.

약수터에나 가 볼까 생각하였으나 어쩐지 마음이 내키지 않았다. 그러자 불광동에서 시외버스를 타면 쉽게 갈 수 있다고 들은 절 생각이 났다. 고려시대에 창건하였다는 그 절에 딸린 암자에 글 쓰는 스님 한 분이 계시다는 이야기를 들은 기억이 떠올랐다.

"옳지, 이런 날은 절 구경을 하는 것이 좋아. 그 암자에 마침 스님이 계시다면 만나 보는 것도 좋을 것이고……"

혼자 중얼거리며 나는 집을 나섰다. 시외버스를 타고 40여 분 남짓 달리는 동안 역시 잘하였구나 싶은 생각이 났다. 겨울 들판, 겨울 산의 적막한 아름다움이 충분히 마음을 가라앉혀 주었으며 봄, 여름, 가을과는 또 다른 감동을 안겨주었기 때문이다. 조금만 서울 교외로 떠나면 복잡하기 그지없는 도심과는 대조적인 아름다운 자연, 유현한 산이 있다는 것은 서울에 사는 이들이 누리는 위안이며 축복이라고 할 수 있는 일이다.

절 마을에 내렸다. 사하촌(寺下村)의 세속화가 거기라고 예외일 리는 없었다. 도토리묵, 빈대떡, 토종닭을 판다고 써 붙인 음식점들이 즐비하고 겨울 날씨 치고는 푸근한 편이라 그랬던지 차를 가지고 놀러온 한 패거리가 왁자지껄하기까지 하였다.

그러나 마침 주말도 아니오 행락철도 아니어서인지 절 가까이로 올라갈수록 인적이 없고 고요하였다. 조그마하고 아담한 절이었지만 대웅전에 모신 부처님의 모습이 그지없이 단아하였다. 향불을 사르고 밖으로 나오자 스님 한 분이 마당을 가로질러 가셨다. 그 스님께 암자 올라가는 길을 물으니 친절히 가르쳐 주셨다.

오솔길을 더듬어 얼마쯤 올라가자 조그만 암자가 나타났다. 섬돌 위에 고무신 몇 켤레가 깨끗이 닦아 놓여 있을 뿐 고요하였다. 우정 기침을 하여 인기척을 내려다말고 나는 멈칫 하였다. 그 암자의 현판이 눈에 들어왔기 때문이다. '수구암(守口庵)', 이것이 그 암자의 이름이었다. 기침은 고사하고 발소리마저 죽인 채 뒤쪽으로 돌아가니 겨울 햇볕 다사로운 우물가에 보살 한 분이 빨래를 헹구고 있었다.

약수 한 모금 머금어 입을 헹군 후 나는 가만히 그 암자를 빠져나오고 말았다. 직업이 선생인 나는 평소 말을 많이 하고 산다. 어떤 때는 목이 아프고 어떤 날은 말이 하기 싫은 때도 있다. 그러나 그런 때조차 어쩔 수 없이 말을 해야 하는 나에게 '수구암'이라는 암자 이름은 퍽 인상적이 아닐 수 없었다.

그날 거기에서 혹 그 글쓰는 스님을 만났더면 이야기를 많이 나누었을지도 모른다. 그러나 나는 그 암자의 이름이 시키는 대로 입을 다문 채 돌아왔다. 앞으로 아마 나는 쓸데없이 말이 많아지려는 때마다 '수구암' 그 암자를 떠올리게 될 것 같다. 그 암자는 말 많이 하는 직업을 가진 나 같은 사람 수양하라고 지은 암자요, 그런 사람 보라고 써 붙인 현판이 아닌가 싶기도 하다.

무관(無冠)의 제왕

우리나라의 신문은 애초에 외국의 경우와는 다르게 상업주의에 기저를 둔 기업으로서가 아니라 국민을 선도하고 계몽하는 애국 애족 정신에 뿌리를 두고 출발된 것으로 안다.

실로 '펜은 칼보다 무섭다'는 말을 실증할 만큼 초창기 우리의 신문들은 민중을 개화시키고 교육시키는 데 절대적 기여를 하였을 뿐만 아니라 나라가 남의 속국이 되어 암흑 속에 처했던 시기에는 민족의 통한을 대변하고 조국 광복을 위한 투쟁의 맨 앞장을 서기도 하였다.

또한 시대와 사회가 불행하고 불의로웠을 때 우리 신문들은 명실공히 사회의 거울과 목탁으로서의 소임과 대중을 이끌고 경종을 울리는 역할을 다하였었다. 이러한 신문의 공적에 대하여 우리 독자들은 오늘날도 무한한 존경과 경의를 바쳐 마지않는다.

그런데 근간에 신문을 읽으면서 느끼는 점은 우리의 삶 전반에 걸쳐 만연된 상업주의 정신이 마침내는 우리 신문에도 그대로 스며들고 있지 않았나 싶은 점이 있다.

대중을 우중(愚衆)으로 깔보고 수준 이하의 문화면을 만든다든지, 어느 신문이나 똑같은 얼굴을 대하는 듯한 획일성, 자칫 남의 인권을 침해하는 과장되며 성급한 오보, 준엄하고 냉정하여야 할 논조 속에 끼어드는 감정과 편견, 눈살을 찌푸리게 하는 난잡한 광고의 게재, 띄어쓰기 철자법을 무시한 문장 등 도덕적 윤리적 측면에서 뿐 아니라 기술적 제작 기획면에 있어서까지 독자를 실망시키는 점이 적지 않다.

이제 우리 신문들은 신속·정확·공정성 위에 보다 높은 양식과 교양을 더하여 민중의 스승, 무관의 제왕으로서의 자부와 품격과 공신력을 잃지 않음으로써 독자의 뜨거운 성원에 답할 수 있을 것이며 언제나 신뢰받고 사랑받는 민중의 영원한 친구가 될 수 있을 것이라 생각한다. 그리고 그러한 때 비로소 우리의 신문사(新聞史)는 민족사와 합일하는 대하(大河)의 역사가 되리라 믿는다.

드라큐라

〈흡혈귀 드라큐라〉니 〈드라큐라 백작〉, 〈드라큐라의 복수〉니 하는 영화들이 우리 가두를 누빈 적이 있었다.

두 눈동자가 빨갛게 충혈되고 무섭게 날카로운 송곳니를 드러낸 채 얼굴과 옷에 피칠을 한 괴물 드라큐라를 위시하여 남녀 흡혈귀들이 득실거리는 영화가 아니었나 한다. 심장이 약한 사람이나 임산부는 관람 불가라고 써 붙인 극장 앞의 간판이나 포스터, 스틸 사진 할 것 없이 너무 끔찍하여서 나는 임산부도 아니요, 심장이 약한 것도 아니었지만 감히 그 영화를 구경가지 못하였다.

그림만 보아도 어릴 때 들은 옛날 이야기 속의 오만 가지 귀신, 도깨비들이 다 살아나와서 꽁무니를 쫓아오는 것만 같아 머리털이 곤두섰다.

나는 이런 생각을 하였다. 사람들은 무엇 때문에 비싼 관람료 내고 시간과 정력을 낭비해 가면서 그런 무시무시한 영화를 구경하는가. 가슴 떨리고 겁나고…… 참 이상도 하지. 도무지 그런 영화를 만드는 제작자의 취미도 괴상할 뿐만 아니라 극작가나 영화 감독은 아마 얼굴부터 괴이하게 생겼으리. 더구나 거기에 출연하는 배우들은 또 어떤 사람들이람 하고.

그런데 훨씬 뒤에 나는 이 생각에 대한 대답을 제나름대로 찾기는 찾았다. 그것은 인간의 정서, 즉 기쁨이나 슬픔, 사랑이나 미움, 즐거움이나 노여움이 그러하듯 공포의 정서 또한 정화가 필요하며 이러한 정화의 한 방법으로 그런 공상적인 귀신 영화가 만들어지고 또 그것을 구경하고 하는 것이라고.

그런데 이보다 훨씬 더 적절한 대답을 나는 그 얼마 후에 또 찾았다.

드라큘라 아류의 괴기물 영화 선전판에서 '소름끼치는 납량물' 운운하는 구절을 발견하고 무릎을 칠 수밖에 없었다.

그랬었구나. 이것은 더운 한여름, 바다나 산으로 바캉스 못 떠난 사람들에게 간담을 서늘하게 하는 그 화면을 보면서 피서하라는 뜻이었구나.

이후부터는 나의 괴기 영화 혐오증이 다소 누그러지기도 하고 또 애교스러운 생활의 한 여유일 수 있다고까지 이해하게 되었다. 그러나 나에게는 그러한 공포 영화가 생리에 맞지도 않을 뿐더러 정신위생상 해롭기만 할 것 같아 삼복 염더위보다 더한 더위가 와도 아예 구경갈 생각 같은 것은 없었다.

며칠 전 신문 광고에서 나는 오랜만에 '공포의 드라큘라'라는 영화 제명을 보았다. 물론 거기에는 '8월 폭염 완전 냉동', '납량 시즌 최고의 피서 영화'라는 선전 문구과 더불어 예의 이빨 나온 괴물 사진들이 실려 있었다. 예전 같으면 금방 얼굴을 돌렸을 테지만 이번에는 좀 자세히 들여다보았다. 이상하게도 조금도 무섭지도 떨리지도 않았다. 왜인가? 그동안에 내가 많이 나이 들어 대담해진 것인가?

해답은 곧 나왔다.

우리는 누구나 저 드라큐라가 보여 주는 허구의 공포에 놀라기에는 이제 너무 무감각해져 있는 것이다. 우리의 현실이 이런 허구보다 열 배, 스무 배는 더 무섭기 때문인 것이다. 백주에 흉악범이 총기를 들고 난동을 부리고 사람을 쏘아 죽이고 암매장을 하고 미행을 하고 도청을 하고 납치를 하고 세상의 여기저기에서 전쟁이 터지고 식량난, 에너지 위기, 이런 일을 겪으면서 참 용케도 살아가고 있다.

만약에 정말로 드라큐라 백작의 유령이 이 으스스한 세상 구경을 한 번 한다면 섣불리 귀신 영화의 주인공 노릇 같은 것은 하려 하지 않을 테고 그 평온한 명계에서 조용히 잠들고자 할 것이다.

원시안, 근시안

우리들이 어떤 사물의 깊은 뜻보다는 피상적인 의미만을 포착하고 단기적 결과를 성급하게 추구하며 긴 시간 뒤의 성과보다는 목전의 이익에 눈 어두울 때 흔히 근시안적 사고요 생활 태도라는 지탄을 받는다.

실지 여간한 지혜와 선견지명이 없는 한 대다수의 사람들은 멀고 오랜 뒤의 일보다는 당장의 상황이나 일에 천착할 수밖에 없는 일이다. 가까운 것은 잘 보면서 먼 곳을 볼 줄 모르는 무지, 이것은 어쩌면 인간의 한계를 드러내는 일이지 않겠는가.

그런데 극히 드물게는 먼 곳은 잘 보면서 가까운 곳을 잘 못 보는 수도 있다.

'등잔 밑이 어둡다'는 우리 옛 속담이 생겨난 것도 아마 이런 경우에 유래하는 것이 아닌가 한다.

이것은 비단 심안(心眼)의 문제 뿐만 아니라 육체의 눈도 마찬가지다. 우리 눈은 먼 산도 들도 나무도 길도 잘 보지만 그 가장 가까이 있는 눈썹은 보지 못한다.

눈썹은 눈과 가장 가까이 있지만 눈에 보이는 점에 있어서는 영원한 거리에 있다. 그러나 보이지 않는다고 하여 눈썹이 없는 것이 아니요, 눈으로 들어갈 땀과 먼지와 바람을 막는 그의 역할이 없어지는 것도 아니다. 눈썹은 눈에 보이지 않지만 엄연히 존재하여 눈을 위하여 고마운 일을 해주고 있는 것이다.

나는 옛날에 훌륭한 성현이나 위대한 인물은 모두 먼 곳에 있는 줄로만 알았다. 또 위대한 인물이란 세상에 그 이름을 크게 떨치는 저명 인사들인 줄만 알았다.

그러나 이제 나는 늦게나마 소박한 촌부인 나의 어머님도, 때묻은 앞치마를 두르고 하루 종일 남의 신발만 고치는 신기료 장수도, 흙손으로 땀을 씻는 농부도, 나날의 삶을 위하여 분주하게 움직이는 평범한 내 옆의 동료들도 어느 유명한 인사에 못지 않게 훌륭하며 위대하다는 것을 알게 되었다.

훌륭하다는 것은 무엇인가?

떠들썩한 허명으로 이름이 팔리는 것은 아닐 것이다. 신념과 성실에 근거를 둔 자아의 실현이 그 첫째 가는 요건이 될 것이다. 그리고 자아의 실현이라는 개인적이며 이기적 작업이 나아가 중생에 공헌하고 이타적 행위로까지 발전된다면 이것이야말로 부처님이 되는 길이요 훌륭한 인물이 되는 길이 아니겠는가.

눈이 눈썹을 못보듯이 우리는 참 많이 내 가까이 있는 가치를 몰각하고 눈 앞에 놓은 보물을 아깝게 놓치는 일은 없는 것인가.

가까운 곳은 보면서 먼 곳을 못 보는 근시안이 지탄을 받듯이 먼 곳은 보면서 가까운 곳은 못 보는 원시안 역시 바른 시야를 가질 수가 없을 것이다.

그러기 때문에 늘 현실주의와 이상주의가 논쟁을 벌이지만 논쟁이 논쟁에 그치는 한 거기 어떤 귀결점도 찾을 수 없는 것이다. 왜냐하면 현실감이 없는 이상주의나 꿈이 없는 현실주의란 반신이 마비된 인체처럼 불구한 것이기 때문이다.

어떤 애독자

"당신 시를 퍽 애독하는 애독자 한 분이 꼭 당신을 만나 보고 싶다고 하니 기회 닿으면 한 번 같이 만납시다."
 어느 날 Y씨가 이런 이야기를 해왔다.
 "네, 참 고맙습니다. 기회가 되면 뵙도록 하죠."
 나는 퍽 의례적이며 사교적인 대답을 하고 넘겼다.
 그런데 몇 개월 뒤 Y씨에게서 연락이 왔다. 지방의 유지며 모처의 중책을 맡고 있는 그분이 몇 번 상경하는 기회마다 함께 만날 자리를 만들었으나 그때마다 공교롭게도 내가 없어서 헛탕이 되고 말았다는 것이다. 그러니 오늘은 꼭 나와야겠다는 것이었다. 마침 그때 나는 좀 바쁜 일이 있었지만 모처럼 어렵게 연락이 되었다는데 거절할 수가 없어 주섬주섬 옷을 챙겨입고 나갔다.
 배우나 가수 같은 직업을 가진 이는 열렬한 갈채를 보내는 소위 팬들이 많은 줄로 안다. 그와는 조금 성격이 다르겠지만 글을 쓰는 사람으로서 애독자가 있다는 것은 기쁜 일이다. 글을 쓴다는 행위 자체가 독백이 아닌 이상 자신의 글을 읽어주고 공감해 주는 독자를 얻는 것은 글을 쓰는 궁극의 목적이라고 하여도 좋을 것이다.
 나는 조금은 기대감을 가지고 Y씨와 그 애독자분이 기다리는 장소로 나갔다. 그리고 대단히 고맙고 기쁜 마음으로 인사를 하였다. 그분들은 여러 가지 재미난 화제가 많았고 나로서도 긴장감 없이 거기 어울렸다. 그래서 우리는 마지막에 노래를 함께 하는 시간도 가질 만큼 부드러운 분위기 속에 있게 되었다. 나는 원래 낯선 사람 앞에서는 서투르고 굳어 있는 편이지만 나의 애독자가 일부러 오셨다니 애써 그 분위기에 어울리려 하였다. 그것은 물론 그분들 쪽에서도 마찬가지였을 것이다.

Y씨가 계셨기 때문이기도 하였겠지만 우리의 자리는 퍽 친밀감을 주는 데로까지 발전되었다. 그리하여 시와 노래와 정치와 철학과…… 화제는 다양해져 갔으며 불과 몇 시간 동안이었지만 즐거운 시간을 가졌다고 나는 생각하였다.

그리고 마침내 작별을 하게 되었다. 그때 그 애독자라는 분이 갑자기 정색을 하고 말하였다.

"역시 시인은 만나지 말아야 해요. 이 시간 이후 두 번 다시 당신을 만나지 않을 거요. 시인은 고독하고 가난해야 된단 말이오. 오늘 당신을 보니 아주 세속적이구료."

그리고 그분은 멋진 자가용을 타고 머쓱해져 있는 나를 남겨둔 채 연방 "시인은 고독하고 가난해야 된다."고 뇌까리며 떠나갔다.

나는 찬바람이 이는 밤거리를 걸어 버스 정거장으로 향하며 혼자 소리를 하였다.

"그래, 나는 더 고독해져야 해. 적어도 당신 같은 애독자를 만날 만큼 세속적이어서는 안 돼."

내가 만약 남자라면

 내가 만약 남자였다면 상당한 바람둥이라는 말을 듣는 사람이 되었을 것 같다. 나는 여성들에게서 많은 미덕과 아름다움을 발견한다. 그리고 그 미덕과 아름다움을 어느 것 하나 놓치지 못하고 사랑하게 될 것 같으니 그런 남자를 바람둥이라고 부를 것은 당연하다.
 건강한 여성은 그 건강미가 나를 매료시킬 것이며, 용모와 자태가 아름다운 여성은 그 미모에 내가 끌리게 될 것이다. 요리 솜씨 좋은 여성은 그 솜씨에 내가 반할 것이며 두뇌가 우수한 여성은 지성의 힘이 나를 사로잡을 것이다. 유머와 위트에 넘치는 대화를 나눌 줄 아는 여성이라면 나는 아마 밤새는 줄 모르고 이야기를 나눌 것이다. 쾌활하고 활달한 여성은 국량도 대단할 것이니 그 호쾌함이 좋을 것이고 섬세하고 연약한 여성은 가련 청순미가 나의 마음을 흔들 것이다. 관능적인 여인을 만나면 마농 앞에 무릎을 꿇는 돈 호세처럼 굴복할 것이며 한없는 정신성을 추구하는 여성이라면 그 앞에 나는 신부처럼 경건해질 것이다. 예술가인 여성을 만난다면 그 작품 속의 주인공이 되기 위하여 나는 아마 혼신의 힘을 기울일 것이다.
 젊은 여성은 그 발랄함에 끌리고 나이 지긋한 여성은 침착함과 안존함이 매력일 것이다. 화려하게 화장을 하는 여성, 소박한 여성, 언제나 부드럽고 순종적인 여성, 파격적이고 반항적인 여성, 갓 피어난 꽃처럼 순결한 여성, 산전수전 다 겪어 허무의 내음을 짙게 풍기는 여성, 불같이 뜨거운 여성, 얼음같이 냉철한 여성, 머리 끝서 발 끝까지 빈틈없고 세련된 여성, 방목된 야생마처럼 마구잡이인 여성, 언제나 모성적 사랑을 베푸는 여성, 무엇이나 받고 빼앗기만 하려는 여성, 애교가 넘치는 여성, 일어나는 약간의 질투도 감추려 하지 않는 여성…… 심지어는 백치적 요소를 가진 여성까지도 사랑스러울 터이니 이런 남자가 바로 바람둥이라 불리는 사람이 아니고 무엇이겠는가.

내가 만약 남자라면 나는 또 여성의 심리를 잘 읽어서 그 미묘한 변화에 잘 대처할 것이다. 그래서 여성들의 마음에 드는 다시없는 남성이 될 것이니 그런 남자를 바람둥이라고 부를 것은 당연하다.

나는 우선 나의 온 마음을 여성에게 바치도록 노력할 것이다. 묘하게도 여성이란 눈에 안 보이는 마음의 움직임에 민감하며 마음을 주는 것을 눈에 보이는 어떤 것을 주는 것보다 더 좋아하는 일이 많기 때문이다. 여성의 관심과 사랑을 이끄는 데에는 번쩍이는 보석반지보다 들에서 꺾은 풀꽃 한 송이가 더 효과적일 때가 있다. 그 풀꽃 한 송이에 간절하고 진실한 마음이 담겨 있다면 말이다. 그러므로 나는 내가 좋아하는 여성에게 나의 온 마음을 바치도록 할 것이다.

나는 내가 좋아하는 여성의 장점을 찾아 늘 칭송을 아끼지 않을 것이며 그녀가 부끄러워하는 약점을 결코 들추지 않을 것이다. 아니, 때에 따라서는 그녀 얼굴의 주근깨가 얼마나 매력적인가를 일러 줌으로써 그녀가 애써 그것을 감추려고 거울 앞에 오래 앉아 있지 않도록 배려할 것이다.

나는 여성에게 때때로 내가 그녀를 많이 좋아하고 또 사랑하고 있다는 것을 알릴 것이다. 그리고 오래오래 잊지 않으리라는 것도 알릴 것이다. 여성들이란 순간적인 열정의 연인보다 오래오래 잊혀지지 않는 연인이 되고 싶어하는 것이 아닐까.

나는 그 여인이 좋아하는 음식이 무엇인지 무슨 빛깔, 무슨 꽃을 좋아하는 지를 유념해 두었다가 그녀의 생일에 선물하는 성의를 아끼지 않을 것이다.

나는 그녀의 취미가 무엇인가를 알아내어 함께 전람회에도 음악회에도 갈 것이며 아름다운 시도 함께 읽을 것이다. 그녀가 슬퍼할 때 마음 놓고 울 수 있게 할 것이며 가만히 그 어깨를 도닥여 줄 것이다.

나는 때로 히말라야 산맥처럼 침묵하겠지만 때로는 폭포수 같은 열정을 보일 것이다. 너그럽게 포용하다가도 가차없이 지배하는 정복자가 될 것이다.

내가 만약 남자라면 여성을 대하는 태도나 작심이 이런 꼴일 터이니 갈데없이 여난에 쫓기는 바람둥이일 수밖에 없고 그러자니 정신 똑바른 어느 여성이 이런 바람둥이에게 외눈 하나 까딱할 것인가.

바로 이런 것을 잘 아시는 조물주께서는 나를 이렇게 남자 아닌 소심하기 이를 데 없는 여자로 만들어 주셨는지 모르겠다.

공포의 대상

"요즈음 세상에는 사람이 제일 무섭다."라는 말을 종종 듣게 된다. 신문 사회면을 장식하는 갖가지 사건기사들을 접할 때마다 이 말에 저절로 수긍이 가기도 한다.

생각해 보면 우리가 두려워해 온 공포의 대상도 시대를 따라 많이 변한 것 같다. 옛날에는 귀신이나 도깨비라는 것이 대단히 무서웠었다. 비 오는 날 넓은 벌판을 시퍼렇게 굴러다니는 도깨비불이나, 원한에 사무친 머리 푼 처녀귀신 이야기는 우리를 전율케 하기에 족한 것이었다. 그러기에 밤 뒷간길도 무서워하였고 대낮에도 상여집 근처에 가기를 꺼렸었다. 귀신이나 도깨비에게 홀릴까 봐 전전긍긍하였던 시절의 우리를 지금 생각하면 웃어버릴 수도 있겠지만 당시로서는 여간 심각한 공포가 아니었다.

귀신에 못지않게 두려웠던 것은 산길에서 만나는 맹수였다. 아니 산길 뿐이 아니라 동네에까지 내려오는 호랑이나 늑대 이야기 또한 우리를 한없이 공포에 떨게 하는 것이었다. 저녁이 되면 대문을 닫아걸고 횃불을 밝히고 양철통을 두드려 맹수의 접근을 막는 산마을이 적지 않았었다. 혹시라도 호랑이에게 물려가서 호식을 당할까 하는 염려가 항시 떠나지 않았었다.

후에 나는 귀신이나 호랑이보다 더 무서운 것을 만나게 되었는데 그 하나가 중국 요리집이었다. 중국 요리가 맛난 것은 아이를 잡아다 요리하기 때문이라는 말을 듣고 나는 절대로 중국 요리집 앞을 혼자 지나가지 않도록 유의를 하였다. 이것이 중국 사람에 대한 인상을 나쁘게 하기 위한 터무니없는 거짓말이라는 것을 안 것은 훨씬 후의 일이고 당시로서는 참으로 소름 돋는 공포의 대상이었다.

또 한 가지는 바로 일본 순사였는데 장화 신고 말 타고 칼 차고 가죽 채찍을 든 일본 순사가 지나가면 우리 아이들 뿐 아니라 조선 사람들은 어른까지도 모두 숨을 죽였다. 떼를 쓰거나 울다가도 "순사가 온다."고 하면 울음을 뚝 그치고 죽은 듯 엎디었을 정도이니 그 공포의 정도가 어느 만큼인가는 충분히 짐작이 될 것이다.

그러나 후에는 더 무서운 것이 생겨났다. 종류도 모를 갖가지 전쟁무기며 핵무기, 폭탄 등이 바로 그것이다. 지구가 통째로 파괴되고 인류가 남김없이 멸망할지도 모르는 가공할 무기들에 대한 공포는 끝없는 불안의 심연 속으로 우리를 끌고 갔다.

그러나 요즈음에 와서는 "사람이 무섭다."고들 한다. 옛날에는 사람이 반가웠다. 귀신이나 도깨비나 맹수의 공포에 시달릴 때 사람을 만난다는 것은 그야말로 구원을 받는 일이었다. 일본 순사나 중국 요리사라고 하는 특수 직업이 아닌, 사람 그 자체가 두려운 세상이라면 이는 분명 인간세상이 탈이 나도 아주 큰 탈이 난 것이 분명하다.

사람이 사람끼리 정답게 모여 살고 이해하고 동정하고 협동하는 것이 인간다운 세상이요 서로 신뢰하고 사랑하는 것이 인간다운 삶이라면 사람이 사람을 무서워하고 불신하고 미워하는 세상이나 삶은 분명 금수의 세상과 다름없는 것이 아니겠는가.

산발한 귀신이나 머리 없는 도깨비들이 다시 한 번 살아나와 우리를 벌벌 떨게 하였으면 싶다. 이는 무슨 괴기 취미가 아니라 귀신이나 도깨비 앞에서 우리는 새로 정답게 손을 잡고 마음과 힘을 합하는 인간다운 인간이 되어 사람이 두렵지 않은 그런 세상을 만들어 봤으면 싶어서이다.

안빈낙도의 삶

어느 부잣집 응접실에 '안빈낙도(安貧樂道)'라고 쓴 액자가 걸린 것을 보고 "이 댁에는 저 액자가 어울리지 않는 것이 아니냐."고 농을 하며 크게 웃었다고들 한다. 사람들의 농담에 그 주인장이 어떤 반응을 보였는지는 모르지만 필자는 이 이야기를 전해들으며 과연 그 부자는 부자 될 만큼 욕심이 많구나 하는 생각을 하였다. 좋은 집, 좋은 가구, 좋은 음식, 좋은 옷…… 등 돈으로 구할 수 있는 모든 것을 다 가지고 모든 호사를 다하며 모든 안락을 누린 위에 안빈낙도(安貧樂道)까지 하려 하니 말이다.

가난이 얼마나 불편한 것이며 가난이 얼마나 무서운 것인가를 우리는 잘 안다. 오죽하여 가난을 죄악이라고까지 말하겠는가. 그러기에 우리는 늘 가난을 벗어나서 잘 사는 사람들이 되고 싶어한다. 그리고 잘 산다고 하는 개념 자체는 곧 물질적 풍요를 누리는 것으로 연결된다. 그리고 이런 풍요 속에서 우리는 행복감을 느끼고 편안하게 살아갈 수가 있는 것이다.

'안빈낙도'라는 말은 그러나 이런 물질적 풍요와는 거리가 있는 정신적·문화적 차원의 행복감이다. 비록 몹시 곤궁하지만 편안한 마음으로 하늘의 도리와 인간의 도리를 지켜 즐거움을 누리는 행복이기에 말이다. 이런 행복감을 부자로서는 영영 누리기 어려운 것일지도 모른다. 그러기에 앞서의 부자는 이런 것까지 탐하여 액자로 만들어 건 것 같기에 필자는 그를 욕심꾸러기라고 이른 것이다.

걸인 부자(父子)가 불구경을 하고 있다가 아들이 아버지에게 "아버지, 우리는 집이 없으니 불날 걱정이 없지요?" 하고 말하니까 아버지가 말하기를 "그게 다 애비 덕분이니라." 하였다는 우스갯이야기가 있다.

가진 자는 가진 만큼의 의무와 책임과 걱정이 있으니 안 가진 자는 그런 것으로부터 해방되어 자유를 누릴 수 있음을 시사하는 우스갯이야기라 하겠다. 이런 예는 이미 수천 년 전 희랍의 철인 디오게네스의 통 속 생활에서도 찾을 수가 있다.

그런데 문제는, 이런 '안빈낙도'의 삶이 스스로 선택하여 즐기는 행복이요 자유라면 실로 큰 부자로서도 마냥 부러워하고 탐을 낼 행복이며 자유이겠으나 문제는 이런 삶이 본인들의 의사와는 달리 불가피한 여건들에 의해 제약을 받는다는 데 있다. 자신은 많이 가지고 있고, 절제하지도 않으면서 다른 이들에게만 분수를 지키라느니 욕망을 제어할 줄 알라느니 검약 검소하게 살라느니 가난하더라도 그 속에서 자족하라느니 하여서는 아무도 그것을 받아들이지 않을 것은 물론 자칫 반발감마저 불러일으킬 우려가 없지 않다.

오늘 우리 사회의 여러 가지 문제 - 예컨대 노사의 분쟁이나 학원 사태 등등의 저변에는 바로 이런 감정들이 도사리고 있는 것이라 보아진다. 분배의 균등이 이루어질 때 우리 사회가 더 한층 살기 좋은 자유롭고 민주적인 사회가 되는 것이라는 것을 생각해 볼 때 그런 사회에서야말로 자생적인 '안빈낙도'의 삶과 철학이 이루어질 수 있으리라 믿는다.

이런 사회를 위하여서는 물론 제도나 법이 큰 역할을 하겠지만 이러한 제도나 법의 제정을 가능케 하는 더 근본적이며 큰 힘은 사람이 서로를 생각하고 이해하는 사랑의 정신, 곧 인정이 아닌가 한다.

그것은 어떤 엄숙한 성문율이라 하여도 따라오지 못할 유연하면서도 힘 있는 불문율이겠지만 오늘도 우리는 동료나 이웃에게 얼마나 계산되지 않은 인정을 베풀고 있는지 한 번쯤 점검해 보고 싶은 일이 아닌가.

새끼손가락의 작은 약속까지

'사람은 사회적인 동물'이라고 흔히 말한다. 이 말은 사람이란 여럿이 모여서 살며 또 서로 도우며 사는 존재라는 뜻이 될 것이다.

여럿이 모여서 협동하여 사는 인간 사회의 운영은 우발적이며 개별적 생각이나 행동만으로는 결코 이룩될 수가 없다. 오히려 중구난방의 개인적 행위는 혼란만을 불러와서 구약성서 속의 '바벨' 탑 이야기의 되풀이가 될 것이다.

원활하고 질서 정연한 인간 사회를 형성하기 위하여 사람 사이에 필요한 계약, 그것이 곧 약속이라고 할 수 있다.

사회의 가장 최소 단위인 가정을 이루는 부부 관계도 하나의 약속에서 출발한다. 그래서 혼인을 일러 백년 가약이라고 부르기도 하는 것이다. 이것이 더 확대되면 국가의 헌법이나 법률, 국제간의 여러 조약으로까지 나아가게 된다.

약속을 할 때에는 눈에 보이는 어떤 신표(信標)가 있을 때도 있고 혹은 그렇지 않을 때도 있다.

《삼국사기》에 보면 고구려 동명성왕과 유리 왕자는 반쪽으로 나눈 칼로써 부자(父子)의 신표를 삼았다. 이런 칼 외에도 옛날 사람들은 거울을 반으로 나누어 약속의 신표로 삼기도 하였으니, 가령 요즈음의 약혼 예물, 결혼 예물을 서로 주고받음은 바로 이런 유습의 계승이 아닐까 생각된다.

　이렇게 신물(信物)을 직접 나누지는 않더라도 성문화(成文化)된 약속이 있다. 사람 사이에 체결하는 여러 가지 문서 계약이나 법령 등이 여기에 속할 것이다.

　이렇게 글로써 혹은 물건으로써 약속의 징표를 삼지는 않았지만 징표 있는 이상의 약속이 인간 사회에는 또 있다.

　가령, 우리가 다만 새끼손가락을 걸어 하였을 뿐인 약속이 있다고 한다면 이것을 신표 있는 약속이나 약속문에 있는 약속보다 더 가벼운 약속이라 속단할 수 있을 것인가. 이와 같은 성격의 것이 곧 우리들의 묵계된 민습(民習)이요 불문율의 도덕, 윤리라고 할 수 있다.

　이런 모든 약속은 개인과 개인 사이, 사회와 사회 사이, 국가와 국가 사이 어디에나 있으며, 약속을 한다는 것은 항상 어디에서나 그것을 지킬 것을 전제 조건으로 삼는다. 만약 지켜지지 않는 약속이라면 아무리 훌륭한 약속이라도 무슨 소용이 있겠는가.

　살기 좋은 사회, 살기 좋은 시대란 개인 사이이든 혹은 집단 사이이든 언제나 약속이 준수되는 신용 있는 사회요 시대라는 것은 두말할 필요가 없다.

　사람이라고 하는 신묘한 동물은 스스로를 객관화하여 자기가 자기에게 하는 약속도 있다. 이런 약속을 지키지 못할 때 우리는 의지가 박약한 사람이라고 한다.

　남편이나 아내가 남편이나 아내로서 본분을 다하지 못하였을 때 그들은 부부로서의 약속을 어긴 부실한 사람들이 된다. 보행자가 보행 질서를 어기고 운전 기사가 교통 법규를 어겼을 때 약속 위반으로 빚어지는 거리의 혼란과 사고는 이루 말할 수 없을 것이며, 상인이 상도의를 어겼을 때 어찌 신용 거래라는 경제 질서가 이룩될 수 있겠는가.

만약 힘 있는 자가 힘 있음을 과시하여 마음대로 약속을 강행하고 또 그것을 일방적으로 파기하는 일을 일삼는다면 인간이 비인간화되는 비극적 현상이 일어날 것이며, 인간 사회는 약육강식의 금수의 세계로 추락하고 말 것이다.

그 나라 법이 악법이지만 법을 어기지 않기 위하여 사약을 마신 소크라테스의 죽음에서 우리는 훌륭하게 약속을 지킨 현자의 모습을 본다.

참으로 아름다운 약속이 있는 땅, 아름다운 약속이 있는 시대란, 우리들이 새끼손가락을 걸어서 한 작은 약속일지라도 전 인격을 기울여 이를 지키며 이것이 또한 크나큰 자랑이 되는 그런 세상일 것이라고 믿는다.

슬프도록 아름다운 이별

달빛은 밤바다에 수천 수만의 은빛 비늘로 반짝이고 있었다. 저만큼 모래톱을 핥는 파도마저도 한결 잔잔한 여름밤이었다.

이런 밤이면 어김없이 순아와 김 상사는 몰래 만났다. 파수꾼인 나를 데려가서 이만큼 세워 놓고 그 두 사람은 소곤거리며 정답게 이야기를 나누었다.

두 사람이 그렇게 남몰래 만나는 일이 어른들께서 엄격하게 금하시는 소위 '연애 거는 것'이라는 것을 알았지만 나는 순아와 김 상사의 일을 고자질하지 않았다. 순아는 항상 나를 데리고 다녔고 김 상사도 나를 보면 활짝 웃어주었다.

태풍이 몰아치는 어느 여름밤이었다. 바다는 뒤집혀 끓어오르고 벼랑에 부딪치는 파도는 천둥치듯 큰 소리로 울며 흰 거품을 물고 부서졌다.

그런 무서운 밤, 순아는 웬일인지 내 손을 잡고 바닷가로 나갔다. 언제나 만나는 그 자리에 김 상사가 기다리고 있었다. 그리고 얼마 후 휩쓸어가듯 몰아치는 바람 속에 순아는 홀로 울며 돌아왔다.

두 사람의 마지막 만남은 그렇게 폭풍 속에서 이루어졌던 것이다.

일선으로 떠나간 김 상사는 그 후 돌아왔는지, 순아는 누구에게 시집을 갔는지 그 항구도시를 오래전에 떠나온 나는 알 길이 없다.

그러나 여름이 오고 비바람이 치는 그런 날이면 나는 길고 윤기 나는 머리칼을 가졌던 순아와 희고 고른 치아를 보이며 활짝 웃던 김 상사의 그 슬프면서도 아름답던 여름밤의 이별을 생각하곤 한다.

살아 있다는 것의 기쁨

 열 몇 살인가 먹었던 사춘기 때에 나는 그만 죽어버리고 싶었던 적이 있었다. 가정적으로나 나 개인의 어떤 여건이 죽음을 생각하게 한 것이 아니라 인간이 살아간다는 것이 갑자기 너무나 사소하고 부질없게 여겨졌을 뿐만 아니라 주변 어른들의 삶을 보건대 그것이 착하고 아름답고 진실된 그런 것만은 아닌 것 같았다. 세월이 흐를수록 오염되고, 무디어지고, 승화된 영적 생활보다는 오히려 더 많이 짐승스러워지는 것처럼 보였기 때문이었다.
 사람들이 갈수록 맛있는 것을 탐하고 편안함을 즐기려 하고 그러면서도 한 송이 꽃이 얼마나 오묘히 열리는가 하는 것을 지켜보려는 생각은 추호도 없을 뿐만 아니라, 가슴이 저리도록 아름다운 달밤에도 모두들 잠만 자려고 드는 등 도저히 납득되지 않는 일들만 많이 저지르는 것 같았다. 내가 앞으로 살아서 또 그와 같은 유형의 사람이 되어 보다 순수하고 섬세하고 예민한 어떤 영혼에게 내가 느끼는 것과 동일한 실망을 안겨줄 생각을 하는 것만으로도 앞으로의 삶은 두려운 것이 아닐 수 없었다.
 게다가 몇 권의 소설들이 한층 더 죽음의 미학을 강조해 주기까지도 하였다. 예컨대 장 꼭도의 〈무서운 아이들〉 같은 작품을 읽었을 때 죽음이 마약처럼 감미로운 유혹의 손을 내미는 것이었다. 즉,

비상처럼 신비한 독을 마시고 자는 듯이 눈을 감으면 그것은 얼마나 아름다운 최후가 되겠는가 싶었다. 그리고 그것은 결코 늙어서 할 일은 아니라고 생각되었다. 젊을수록 그 죽음은 한층 아름다울 것으로 생각되었다.

나는 왜 그때 죽지 않았던가?

그것은 나에게 용기가 없었기 때문이었다. 나의 추상 관념 속에서 펼쳐진 죽음의 아름다움이 현란했던 만큼 두려움 또한 컸던 것이다. 그때의 나에겐 죽음이 아름다우리란 것도 진실이었지만 그에 못지 않게 무서운 것도 진실이었다. 그리고 그 무서움이 죽음의 매력보다 좀 더 컸기 때문에 나는 그냥 살아남았다.

스무 살이 넘어서 나는 다시 한 번 죽음이라는 것을 생각하는 열병에 걸렸었다. 그때의 나는 '인생은 굵고 짧게'라는 구호를 외쳐대고 있었다. 더욱이 상당한 염세주의자가 되어 근본적으로 삶을 회의하고 목숨의 가치에 대하여 의문을 가지고 있었다. 자신이 살아가는 것이 무슨 안개 속을 헤매는 것 같기도 하고 발이 땅에 닿지도 않는 것 같고, 요컨대 자신의 의지보다는 어떤 조직의 속된 물결에 휩쓸려 그냥 흘러가는 것만 같아 안타깝고 답답하였다.

'자신의 의지가 작용하지 않는 삶이란 결국 타인의 삶인 것, 타인의 삶을 살다 가는 인생이란 세상에 태어나지 않음만 못한 것'이란 등등의 생각들이 꼬리를 물고 일어나 나를 뒤흔들고 고달프게 하는 것이었다. 그렇다면 자기 뜻을 세워 그 뜻대로 살면 되었을 것이 아닌가? 그런데 그러한 몸부림은 항상 달걀로 바위를 치는 것과 같은 난타의 상처만을 불러올 뿐이었다.

나는 막다른 골목으로 쫓기는 짐승처럼 숨이 가빴다. 내가 할 수 있는 최고, 최후의 저항은 무엇일까 하고 나는 곰곰이 생각하였으며 결론은 스스로 행하는 죽음이라는 것이었다. 그것만은 나의 의지로 선택하여 할 수 있는 것으로 여겨졌다.

나는 그것을 결행하기 전에, 일찍이 이 세상을 살다 간 나보다 더 현명한 사람들은 나와 같은 의문이 생겼을 때, 그리하여 막다른 골목으로 몰렸을 때 어떻게 처신하고 또 어떻게 해결하였는가 알고 싶었다. 그리하여 이 세상을 아주 싫어하고, 산다는 것을 몹시 비관한 사람 중에서도 대표적인 사람으로 흔히 이야기되는 쇼펜하우어라는 사람의 글을 읽어 보기로 하였었다.

거기에는 앞으로 내가 행할 일을 합리화하고 또 공감을 얻을 수 있는 어떤 현명한 이야기가 반드시 있으리라는 기대감을 안고 책을 펼쳤다.

그런데 참으로 묘하게도 나는 거기에서 정반대의 해답을 얻었으며, 그 해답으로 인하여 나의 모든 결심은 와해되고 오히려 세상과 삶과 목숨을 한없이 예찬하게 되어 버렸다. 소녀기에 있어서나 청년기에 있어서 비교적 온순하고 내성적이었던 나의 내부에서 이와 같은 반란, 괴로움, 가치의 전도, 혼란, 방황, 그리고 마침내 제나름대로의 안정을 찾은 이런 소용돌이가 진행된 것을 주위 사람들이 결코 눈치 채지 못했음은 더 말할 필요가 없다.

나는 쇼펜하우어의 그 심오한 철학의 세계를 모두 이해한 것도 아니었고 그렇다고 그의 이야기를 다 잘 수긍하여 수용한 것도 아니었다. 그러나 그가 애초에 전제한 이 세상은 결코 천국이거나 참으로 우리들이 행복하게 살 만한 이상향이 아니라는 이야기에서 오히려 삶을 긍정적으로 이끄는 밝은 빛을 발견하게 되었다.

　인생에 대한 모든 불평과 불만이라는 것도 따지고 보면 세상에 대한 너무나 큰 기대감에서 유래하는 것이 대부분이라는 것을 나는 그를 통하여 깨닫게 되었다. 세상이라는 것이 처음부터 살기 어려운 가시밭이요, 인간이라는 것이 별 기대할 존재가 못된다는 것을 알았을 때, 이러한 부정적 입장에 서서 세상과 인생을 다시 한 번 바라보았을 때 이상하게도 세상은 살 만한 곳으로, 그리고 인간이란 참으로 연민스럽고도 한편 대견스러운 존재로 파악되었다. 나는 그러한 역설의 긍정을 오늘에 와서까지도 도무지 명확하게 설명할 수는 없지만 그때의 내게는 참으로 커다란 개안이며 놀라운 깨달음이었다.

　불타께서 인생을 고해하고 한 말씀도 새롭게 인식되었다. 고해라고 전제를 해놓고 보면 그래도 그 괴로운 바다 위에 때로는 배도 지나가고 등댓불이 비치기도 하고 또 바다 깊숙이에는 아름다운 산호, 진주, 그리고 신비한 물고기며 해초들이 있지도 않은가. 우리를 위로하고 기쁨을 주는 것이, 그리고 더없이 소중한 것이 적잖이 있는 것이었다.

　그로부터 나는 참으로 기쁘게 삶을 살아왔다. 뿐만 아니라 이런 시도 지었다.

　　　이 세상이 아무리
　　　어둡다 한들
　　　당신이 문득

감옥 속 수인이라면
세상은 놀랍도록
빛나는 땅 아니리

삶이 아무리
괴롭다 한들
당신이 문득
버리려 하였다면
참으로 그것은
아까운 것 아니리

먼 풍경화를 보듯
세상을 관조하는,
밝은 것을
노래하는 마음이면
이 세상에 살아 있다는 일이
가슴 두근두근거리게
신나는 일 아니리
　　　-〈밝은 것을 노래함〉 전문

 이것은 그냥 무조건하고 살아만 있다는 것이 즐거운 일이라는 뜻은 물론 아니다. 세상에는 살아 있어도 죽음만 같지 못한 욕된 삶도 있는 것이며, 죽어서 오히려 영광스러운 목숨도 있는 것이다.
 또 내가 인생을 긍정하고 기쁘게 산다 하여 거기 항상 행복하고 즐거운 일만 있어서인 것도 물론 아니다. 아니 오히려 더 많은 아픔과 어려움이 있었다고 함이 옳을 것이다.

그러나 그러한 고통이나 괴로움도 살아 있기에 느낄 수 있는 것이라는 생각을 할 때 나는 "목숨 만세"를 부르지 않을 수가 없었다. 흡사 그것은 사지가 마비된 사람이 어느 날 무감각하던 손발이 문득 감각을 되찾은 것과 같은 감격에 비유될 수도 있는 그런 것이라 할 수 있다. 그 감각이 설사 통증이더라도 환자는 되찾은 감각만으로도 감사할 것이며 오래지 않아 통증만이 아닌 쾌감까지도 느낄 수 있으리라는 기대감으로 부풀 것이다.

살아 있다는 것의 기쁨도 내게는 꼭 이렇게 느껴지는 것이다. 나는 오늘 하루를 살면서도 아름다운 녹음도 보고, 녹음 속에서 우는 뻐꾸기 소리도 듣고 있다. 나는 나의 사랑하는 이에게 다정한 눈짓을 보내기도 하고, 그이의 관심과 사랑을 얻고자 노력도 한다. 힘들여 일하고, 일한 대가로 시장을 보아 가족의 식탁을 꾸미기도 한다. 미운 사람을 증오도 하고 무슨 일이 뜻대로 안 될 때는 밤잠을 설쳐가며 괴로워도 한다. 나는 아무 것도 달관한 것이 없고 희로애락 애오욕이 내 속에서 죽 끓듯 한다.

그러나 나는 이 모든 것이 내가 살아 있기에 겪는 삶의 확인 요소임을 굳게 믿기에 언제나 기쁘게 살아갈 수 있다. 그리고 삶에 대한 이러한 자세가 세워지기까지에는 실로 많은 회의 과정을 거쳐 드디어 이런 결론에 다다랐음을 또한 더없이 기뻐한다.

6월의 묵념

6월은 싱그러운 신록의 계절입니다.

유록으로 물든 황홀한 천지 앞에 우리들의 가슴은 한없는 기쁨과 감격으로 뛰놉니다. 살아있다는 것이 이토록 은혜로울 수가 없고 자연과 혼연 일체가 된 마음은 넉넉하고도 깨끗해집니다.

저 생명들이 모두 어디에 숨어 있다가 저토록 눈부시게 피어나는 것일까 그저 놀랍고 놀라울 뿐입니다. 사람들의 발걸음에도 한결 생기가 도는 듯합니다. 세계적으로 불황이 이어지고 우리들의 살림살이도 어려워지고 있습니다만 자연의 아름다움 앞에 우리는 잠시 시름을 접고 위안을 얻게도 됩니다.

분명 모든 곳에 생명찬가가 높이 울려 퍼지는 6월입니다. 그러나 6월을 맞는 나의 마음 한구석에는 녹지 않는 얼음덩어리 같은 슬픔이 있습니다. 그것은 6.25라는 민족상잔의 전쟁에 대한 기억입니다.

나는 초등학교 1학년이었을 때 해방을 맞이하였습니다. 1학년 입학은 하였으나 전쟁이 막바지에 접어들어서인지 학교 가는 날보다 집에서 쉬는 날이 더 많았습니다. 고학년들은 모두 송진따기 풀베기 등에 동원되고 저학년들은 신사 참배 아니면 집에서 방공훈련들을 하는 날이 많았던 것으로 기억됩니다.

해방이 되자 나는 우선 학교에서 우리말을 마음대로 하는 것이

제일로 후련하였고 또 한글을 배워서 책을 읽을 수 있다는 것이 무엇보다 기뻤습니다. 나의 생애 전체를 통틀어 초등학교 때만큼 열심히, 그리고 즐겁게 공부를 한 적은 다시 없었습니다. 따라서 그때만큼 성적이 우수한 때도 없었습니다.

그러나 이런 즐거운 시절도 몇 년 후에 끝이 나고 말았습니다. 광복 후 5년이 지난 1950년 초등학교 6학년 때 6.25전쟁이 일어났습니다.

우리는 학교 교사를 군인들에게 내어 주고 산자락이나 공원의 한 모퉁이를 얻어 가마니를 깔고 공부를 하였습니다. 우리의 옛 역사대신 우리를 도우러 온 유엔군의 나라들과 장군들 이름을 외우고 시험을 쳤습니다. 아름다운 동요 대신 군가를 큰 소리로 불렀습니다. 세상은 온통 카키색이었습니다. 다친 상이군인들을 병원에서뿐 아니라 길거리에서도 만났습니다. 피난민들이 물밀 듯이 밀려왔습니다. 집집마다 방을 내어 저들을 맞았으나 넘치고 넘쳐 언덕배기 빈터나 공원의 빈터에 천막이 쳐지기도 하고 소위 바라크라는 것이 세워져서 간이주택이 되었습니다.

전장의 소식은 더욱 암담하였습니다. 어린 우리들은 날마다 날마다 "일선에 계신 장병 아저씨께" 위문편지를 썼습니다. 이때 위문편지를 많이 썼던 것이 글 쓰는 연습이 되지 않았을까 하고 후에 생각해 본 적이 있습니다만 어떻든 날마다 위문편지 쓰는 일이 우리의 일과가 되었습니다.

일가친척과 이웃의 아저씨 오빠들이 모두 군인이 되어 일선으로 떠났습니다. 그들 중에는 군복도 제대로 입지 못하고 총 잡는 법도 제대로 배우지 못한 채 "…… 이 몸이 죽어서 나라가 선다면 아아

이슬같이 죽겠노라"고 소리 높여 노래하며 일선으로 떠난 분들도 있었습니다.

  그때 나는 열세 살의 어린 나이였으나 뒤집혀진 세상이 주는 충격으로 인하여 혼란이 왔습니다. 전쟁이 아니라면 있을 수 없는 일이 곳곳에서 일어났습니다. 선량한 사람이 더 이상 선량한 사람이 아니고 어제까지 옳은 일이었던 것이 옳지 않은 것으로, 착한 것이 더 이상 착하지 않은 것으로 변하는 것을 보면서 참으로 전쟁이란 무서운 것이로구나 하고 생각하였습니다. 다시 말하건대 가치의 전도가 주는 충격은 더 이상 아이를 아이답게 하지 않았던 것입니다. 전쟁의 상흔을 본 나는 생각하였습니다. 내가 보고 듣고 느낀 모두를 똑똑히 기억하였다가 훗사람들에게 증언하리라고, 증언의 방법으로 나는 이 다음에 소설을 써야겠다고 마음먹기도 하였습니다.

  안보는 척 모든 것을 보고 듣지 않는 척 모든 것을 듣는 무서운 아이들이 카키색 먼지 속에 자라고 있었던 것입니다. 헐벗고 굶주리며 방목되는 망아지들처럼 던져진 채 바람 앞의 등불처럼 위태롭게 조그만 생명을 이어가고 있었던 것입니다.

  이런 중에 나를 더욱 슬프게 만든 것은 바로 우리 반 담임선생님이 군인이 되어 일선으로 떠나신 일이었습니다. 사실 그분은 외아드님이시라 군 복무가 면제될 수도 있는 분이었습니다. 그러나 선생님은 자진하여 그 당시 부산 동래에 있던 육군사관학교에 입교하셨고 소위 계급장을 달고서 일선으로 가셨습니다. 그분의 전사 소식은 어린 우리들을 몇 날 몇 밤이고 울게 만든 비보였습니다. 더욱이 그 전사의 원인이 우리를 더욱 슬프게 하였던 것입니다.

  우리 군이 우세하여 북으로 북으로 진군하고 있을 때 인민군 한

명을 생포하였는데 나무에 묶어두었던 인민군을 선생님이 잠깐 풀어주었더니 그가 총을 쏘아 선생님을 사망케 하였다는 것입니다. 그때 남침을 해온 인민군 대부분은 나이 어린 병사들이었고 누구보다 학생들을 사랑하셨던 선생님은 전쟁의 잔혹함도 잠시 잊고 그 어린 병사에 대한 연민의 마음으로 호의를 베푼 것이 그런 불상사를 초래하였던 것입니다.

　평소 때라면 찬양받아야 할 선행이 비극적 결과를 초래한 어리석음이 되는 것이 전쟁이라는 극한상황에서의 가치 척도라면 전쟁의 악덕은 그 깊이를 헤아리기 어려운 것이 아니겠는가 생각됩니다.

　오늘도 세계 곳곳에서는 서로 죽고 죽이는 전쟁이 일어나고 있습니다. 그리고 그 핑계는 모두 정당한 것 같습니다. 전쟁 아닌 천재지변 때문에도 수많은 생명이 희생되고 있는데 전쟁을 일으켜 사람이 사람을 죽이고 학대하는 것은 비인간화의 극한이 아니겠는가 생각됩니다. 혹독한 전쟁의 만행을 고발한 고발문학, 반전문학이 생산되고 그것이 우리를 감동케 하고 혹은 분노케 하는 것도 모두 전쟁의 참담함에 대한 공감이 있기 때문일 것입니다.

　어떠한 설득력 있는 정당한 이유를 내세운다 하여도 인간이 인간 아닌 존재로 전락하는 전쟁은 있어서는 안 되는 참극이라는 것을 나는 어릴 적의 체험을 통하여 영혼 깊이 새기고 있습니다.

　우리나라가 통일이 된다면 나는 제일 먼저 6.25를 통하여 희생된 남북한 수백만의 영령들이 잠들어 있는 묘지를 찾아가고 싶습니다. 그리고 한 번 뿐인 그들의 생명을 바친 전쟁의 의미를 다시 한 번 생각해 보겠습니다. 그날이 올 때까지 6월의 나의 묵념은 소리 없는 흐느낌이 될 것입니다.

가장 맛있는 음식

그도 나도 가난한 젊은이였다.

우리는 미래에 대한 찬란한 꿈이 있었지만 주머니는 항상 비어 있었다. 아니 거꾸로 말하여 비록 주머니는 비어 있었지만 우리의 꿈은 늘 원대하였다. 미지의 세계를 향한 지향과 열정은 늘 영혼을 목마르게 하였고 그로 하여 현실적인 가난은 젊은 우리들에게는 별문제가 되지 않았다.

어느 추운 겨울날 그가 나를 안내한 곳은 작고 허름한 가락국수 집이었다. 김이 솟는 국수 두 그릇을 앞에 놓고 그가 말하였다.

"음식이란 그것이 어떤 음식인가 하는 것도 중요하지만 누구랑 먹느냐가 더욱 중요하지요"

그날 우리는 어떤 진수성찬보다도 맛있게 국수를 먹었다. "누구랑 먹느냐"에 있어 그날의 국수는 최상의 요리였기 때문이다.

세월은 많이 흘렀고 그가 지금 어디에 있는지를 나는 모른다. 어떻게 모습이 변하여 있는지도 모른다. 그러나 음식을 먹을 때는 누구랑 먹느냐가 중요하다고 한 그의 말은 정녕 잊혀지지 않는 말이며 그 말이 떠오를 때마다 젊은 날의 한 추억이 수채화처럼 펼쳐진다.

그들은 다 어디로 갔을까

〈무도회의 수첩〉이라는 유명한 영화는 만년에 미망인이 된 주인공이 처녀시절 첫 무도회에서 만났던 남성들을 하나하나 찾아가는 이야기이다.

옛날 그 젊은 날 꿈에 부풀어 있던 청년들이 과연 그들의 꿈을 어느 정도 성취하였으며 현재의 그들의 삶이 어떠한가에 대한 궁금증은 찾아가는 주인공뿐만 아니라 주인공을 따라가는 관객들도 지대한 관심을 갖게 되는 영화이다.

〈무도회의 수첩〉의 여주인공이 아니더라도 우리는 삶의 노정에서 만나고 헤어졌던 사람들이 지금은 어디서 무엇을 하고 살고 있는지 궁금해지기도 하고 그중에는 꼭 한 번 다시 만나보고 싶은 사람이 있기도 하다.

때로는 우리의 삶에 중대한 영향을 미친 사람도 있고 좋은 가르침을 준 사람도 있으며 혹은 상처를 안겨준 사람도 있을 것이다. 옷깃 한 번 스치는 만남도 전생의 인과라고 부처님은 말씀하셨지만 사실 만남의 인연에는 좋은 만남도 있지만 악연도 있게 마련이다.

나의 경우에도 그간 만났던 사람 중에는 모습은 물론 이름조차 까맣게 잊어버린 사람이 있는가 하면 만나서 이야기를 나누고 싶은 사람, 또는 먼 발치에서나마 그 사는 모습을 살펴보고 싶은 사람이 있다.

나의 생애에서 만난 잊을 수 없는 사람의 첫 번째로 꼽을 수 있는 분은 바로 나의 조모님이다.

법명 순덕화라 이르셨던 나의 조모님 유씨 부인은 한없이 섬세한 여성이면서도 남성다운 국량을 지닌 분이었다. 요리나 침선은 따라올 사람이 없을 정도로 솜씨가 좋으셨으면서 한편 가산을 늘리고 그것을 관리 감당하는 능력이 뛰어나셨다. 요샛말로 하면 좌뇌와 우뇌가 균형 있게 발달한 분이었기에 누구라도 그 위엄 앞에는 고개를 숙이지 않을 수 없었다. 시시비비가 분명하였고 이웃에 대한 배려가 남달랐으며 신앙인으로서의 삶에 철저한 분으로 그야말로 귀감이 될 수 있는 분이었다.

손녀인 나에 대하여서도 맹목적인 사랑이 아니라 이성적인 분별력으로 애육해 주시었다. 나는 그분으로부터 많은 것을 배우고 싶었다.

초등학교 2학년 때였다. 전학을 가게 되었는데 그 반의 부반장은 공부도 잘 하였지만 특별히 그림 솜씨가 뛰어났었다. 집안은 가난하였지만 그에 구애됨 없이 밝은 모습이었는데 그 아이가 그린 그림이 복도의 2학년 게시판이 아니라 6학년 게시판에 걸리곤 하였는데 선생님이 부정직해 보이는 것은 다소 의아스럽지만 그 아이의 그림은 6학년 게시판에서도 단연 뛰어난 것이었다. 그 아이가 지금은 무엇을 하고 있을까 나는 늘 궁금하다.

설월이 만정한데 바람아 부지 마라
　　　예리성 아닌 것은 판연히 알 것만은
　　　그립고 아쉬운 마음에 행여 권가 하노라

　이런 시조를 5학년 초등학생들에게 가르쳐 주신 선생님이 계셨다. "예리성"은 "신발 끄는 소리"라고 풀이해 주시면서 "지금 너희들은 이 시를 잘 이해하지 못하겠지만 어른이 되었을 때는 크게 공감하리라"고 하셨다.
　그렇다. 그때 배운 이 시조를 지금도 나는 잘 외우고 있다. 그리고 선생님 말씀대로 그 뜻에도 적잖이 공감하고 있다. 이것을 가르쳐 주신 선생님을 만나 뵙고 싶다. 그래서 스승과 제자가 함께 이 시를 읊는다면 얼마나 재미스러울까.

　내가 몹시도 좋아해서 그의 공연이 있을 때마다 뛰어가서 가슴을 조이며 구경을 하였던 그 연극배우는 지금도 우수에 잠긴 그 모습을 그대로 간직하고 있을까.
　서울대학교 학생인 양 교표를 달고 다니던 그 가짜 대학생은 지금 어떻게 되었을까.
　가난한 주머니를 털어 싼 음식을 나누어 먹으며 "무엇을 먹느냐보다 누구랑 먹느냐가 더 중요하다"고 말하던 그 청년이 지금도 예전과 같은 생각을 하고 있을까.
　약속시간에 늦어져 미안해 하면 "기다리는 기쁨이 얼마나 큰 줄 아느냐"고 안심시키던 남자 친구는 아직도 기다리는 기쁨을 누리고 있을까.

　유명한 상호의 제과점에 들어가서 정가표 붙은 케이크를 깎자고 말하던 그 남자는 지금쯤 대단한 부자가 되어 있을까.

　어리다고 나는 거들떠도 안보고 자기 또래 여대생들에게만 관심을 가져 나를 애타게 하던 우리 옆집 오빠의 색시는 어떤 사람일까.

　파노라마처럼 눈앞을 스치는 사람들을 손꼽자면 수를 다 헤일 수 없을 것 같다.

　돌아보면 좋은 만남이든 나쁜 만남이든 만남은 모두가 소중한 체험이었다. 그리고 위대한 사람을 만나는 것만이 중요한 것도 아니었다. 어떤 사람과의 만남이든 만남을 통하여 많은 것을 배우고 성숙할 수 있었기에 그들은 모두가 인생의 스승이었다고 할 수 있다.

　다시 한 번 만나보고 싶은 사람, 그가 어떤 삶을 경영하고 있는지 궁금하여 알고 싶은 사람들이 참으로 많다.

　그러나 "옛 애인을 만나지 마라. 그는 낡은 쉐타처럼 늘어져 있을지도 모른다"라는 이야기가 옳은 말이라면 나는 무도회의 수첩을 고이 접어 장롱 깊숙이, 아니 내 마음 깊숙이 간직해 두는 것이 더 현명한 일일 것 같다.

노벨문학상에 대하여

중학교 때 국어 선생님께서 어느 날 이런 말씀을 하였다.

일찍이 우리나라를 일러 "동방의 등불"이라고 예찬한 인도의 시인이 있는데 그의 이름은 타골이라고 하며 그는 〈기탄잘리〉라는 작품으로 동양인 최초로 노벨문학상을 수상한 사람이라고 하였다. 그리고 우리들도 열심히 공부하여 노벨상에 도전하는 문인이 될 수도 있다고 하였다.

우리나라가 일본의 지배 아래 있었던 것처럼 인도 또한 영국의 지배를 받은 나라였기에 같은 비극을 겪은 나라 백성들의 상통하는 슬픔과 동정이 우리나라에 대하여 이런 시를 쓴 것이라고 생각을 하면서도 그가 노벨상을 탔다고 하는 것이 마치 우리나라 문인이 상을 탄 것처럼 기쁘고 자랑스러웠다.

해방이 되기는 하였으나 연달은 전쟁의 참화로 헐벗고 굶주리며 후진국 중에서도 끝자락에 섰던 한국의 백성으로 비록 나이는 어렸지만 노벨상 수상자가 우리나라를 "동방의 등불"이라고 하였다는 이야기를 들었을 때 아득하기는 하였지만 어쩐지 어깨가 으쓱해지는 희망적인 메시지였다.

그로부터 60여 년이 지난 오늘 우리나라 문인들도 노벨문학상 수상자 후보에 더러 그 이름이 오르내리는 것을 보면서 격세지감을 느끼는 한편 이제 우리나라의 문학작품도 범세계적 공감과 반향을 불러일으키고 있는 것인가 하여 기쁜 마음이 드는 것이 사실이다.
　부국이 곧 문화국이라는 등식이 반드시 성립되는 것은 아니라 하더라도 반쪽의 국토, 반쪽의 백성들이 이룩한 눈부신 경제적 발전과 더불어 문화적 발전, 문학적 역량이 그만큼 향상되어 노벨상 중에서도 문학상 후보를 거론하게끔 되었으니 나라나 백성, 또 문학에 대하여 그만큼 자부심을 가지게 된다. 아울러 머지않은 날에 우리 문학작품들이 세계적으로 높이 평가되어 당당하게 노벨상을 수상하게 되기를 바라는 마음 간절하다.

　"내가 만약 노벨문학상 수상자가 된다면" 하는 것은 상상만으로도 기쁜 일이다.
　노벨문학상을 타려면 우선 무엇보다도 그 작품이 뛰어나야 할 것이기에 작품의 우수성을 인정받는다는 점에서, 그것도 어느 한 지역, 제한적인 사람들에서가 아니라 세계적인 공감의 공적 인정이 될 것이므로 무엇보다 기쁠 것이다. 예술가에게 있어 그의 창작품이 널리, 그리고 오래도록 잊혀지지 않고 소통되며 그것이 또한 큰 감동을 불러일으킨다면 그 이상으로 기쁜 일이 또 있겠는가.
　두 번째로 노벨상에는 상금과 명성이 동시에 따르는 것이기에 아무리 겸손한 사람이라 하더라도 결코 이를 가볍게 치부하지는 않을 것이다. 이때의 명성과 상금은 결코 헛된 것이거나 욕된 것이 아니기에 더욱 그렇다.
　토마스 만, 펄 벅, 헬만 헷세, 앙드레 지드, 유진 오닐, T.S 엘리엇, 윌리엄 포커너, 버어트런드 럿셀, 프랑수아 모리악, 어니스트 헤밍웨이, 알베르 까뮈, 보리스 파스테르나크, 존 스타인백, 가와바다 야스나리, 사뮈엘 베케트, 알렉산드르 솔제니친, 오에 겐자부로…… 등 작품과 명성에 걸맞는 노벨문학상 수상자들 몇몇만 헤아려 보아도 노벨문학상의 무게를 짐작할 수가 있다.

노벨상을 탄다는 것은 또한 개인의 영광에만 머무는 것이 아니라 나라 전체의 광영이기도 하며 온 백성들이 함께 환호하는 일이기도 하다. 그래서 우리나라에서도 해마다 누구 누구가 노벨문학상 후보라더라는 낭설만으로도 취재진이 아우성을 치는 현상을 빚고 있는 것이다.

그러나 실제에 있어 노벨문학상 수상은 결코 쉬운 일이 아니다. 앞서도 말한 바와 같이 작품이 아주 뛰어나야 할 것이며 그것이 세계적인 심사 위원들의 인정하는 바가 되어야 하기 때문이다. 그 인정을 받기 위하여서는 소통과 매개의 언어가 요구된다. 많은 사람들에게 알려지고 심사 위원들이 읽어야 하기 때문이다. 1901년부터 수상하기 시작한 노벨문학상의 경우, 대부분의 작품이 영어를 비롯한 유럽언어로 씌워진 것들이다. 영국, 프랑스, 미국, 독일 등에서 수상자가 많은 것은 바로 이것을 입증하는 현상이다. 중남미나 아프리카에서도 수상자를 내었지만 이들은 역시 영어나 스페인어 등으로 쓴 작품들이다.

영어나 유럽어로 쓴 것이 아닌 경우에는 번역이 잘 되어야 할 것이다. 타골의 〈기탄잘리〉만 하더라도 먼저 벵골어로 썼지만 영어를 구사할 수 있었던 타골 자신이 번역을 하였다. 일본에서도 가와바다 야스나리에 이어 오에 겐자부로가 노벨문학상을 수상하였는데 일찍부터 일본은 번역강국으로 자국의 문물을 세계에 알려왔다.

그런데 어떤 번역가의 말에 따르면 산문의 경우 50%, 운문의 경우 20%쯤 원본에 가깝게 번역을 하면 성공하였다고 할 수 있다고 하였다. 번역의 어려움을 설파한 것이다. 실지 문학 작품의 경우 다른 분야와는 달리 작품의 내용만이 아니라 정조, 운율, 문체, 어감, 방언, 수사 등 자국어만이 구사할 수 있는 특별하고 개성적인 묘미를 어떻게 번역하여 전달할 것인가는 대단한 난제이며 고민거리가 아닐 수 없다. 그러기에 "번역은 불가능하다"는 극단의 말까지도 있는 것이다.

제일의 요건인 매체언어 외에도 노벨문학상을 수상하는 데에는 또 다른 조건도 있다. 그간의 수상자들이 영국, 프랑스, 미국, 독일, 이탈리아, 스웨덴, 스페인 순으로 소위 선진국으로 불리는 나라들에 집중해 있는 것은 차치해 두고라도 구 소련이나 중국, 이집트, 인도, 일본의 경우를 보면 보리스 파스테르나크나 알렉산드르 솔제니친은 냉전시대의 반체제적 성향을 띤 작가들이며 중국의 가오싱젠은 역시 반체제 인권운동가로서 프랑스에 망명한 작가였다. 이집트는 오랜 세월 유럽과 전쟁을 치렀으며 영국식민지로 유럽에는 잘 알려진 나라이다. 인도의 타고르 역시 영국식민지 출신으로서 상을 받은 것이다. 일본은 일찍부터 서양에 문화 예술을 수출하여 놀라운 영향을 끼쳤으며 청일전쟁, 러일전쟁 등에서 승리하였고 미국에 도전함으로서 좋든 나쁘든 세계에 인지도를 높였다.

말하자면 특수한 상황과 인지도가 노벨문학상의 또 다른 조건이 된다는 것이다. 세계적으로 주목을 끌 수 있는 나라가 되고 문화국이 되어야 그 나라의 문학도 주목을 받게 되는 것이다. 국력이 중시

되는 것은 이 때문이다. 경제적, 정치적으로도 선진국이 되어야 하고 동시에 문화적으로도 선진국이 되어야 하며 외교에 있어서도 널리 수교의 영역을 넓혀 총체적 국력을 과시할 때에 비로소 당당한 노벨문학상 후보국이 되고 또 수상자도 나올 것이다.

그러므로 노벨문학상은 작가 개인의 노력과 업적이 절대적으로 필요하지만 혼자만의 노력으로 받게 되는 것이 아니다. 그래서 그 길이 더욱 멀고도 가파르다. 멀고도 가파른 길이기에 도전의 의지도 그만큼 강할 수 있다. 훌륭한 작가 뒤에 힘 있는 후견자로서의 나라가 되려면 우리 한국과 한국의 언어, 한국의 문화를 널리 알리는 일에 그만큼 힘써야 할 것이다.

어느 때 노벨문학상을 거부한 경우가 없지 않았으며 그 나름대로의 이유가 있기도 하였다. 노벨문학상의 성격이나 운영에 대한 의혹과 불만을 암암리에 내색하는 것이었지만 더 깊이는 당사자의 자만과 교거함이 자리하는 것이기도 하였다.

바라건대 우리나라에서도 많은 노벨문학상 수상자가 나와서 한국 문학과 문화의 위상을 드높이게 되기를, 마침내 그중에는 그 상을 거부할만한 실력과 자부심을 가진 이도 나오게 되기를 꿈꾸어 본다.

시인 H에게

　세상에 사람이 태어나서 할 수 있는 일, 또는 하고 싶은 일은 참으로 많을 것입니다. 헤아리기 어려울만큼 분화되고 다양화된 현대 사회에 사는 우리들은 여러 형태의 삶의 길 앞에 서게 됩니다.
　그러나 안타깝게도 우리의 목숨은 한계가 있습니다. 시간적 한계 위에 일회생이라는 제약 속에서 원하는 여러 가지 일을 하며 여러 형태의 삶을 살아보기는 어렵습니다. 하기에 사람들은 다시 태어난다면 지금 선택한 일과는 다른 일, 지금 살고 있는 삶과는 다른 삶을 살고 싶다고 말하는 사람들이 태반입니다.
　단 한 번뿐인 목숨을 문학인으로 살고 있는 그대와 나, 그것이 자의든 타의든, 우연이든 필연이든 이제는 운명이 된 삶의 길입니다. 그 길에서 만난 동지, 그대와 나의 인연은 그만큼 도탑고 소중한 것이라고 생각합니다.
　운명의 공유라는 끈은 가장 진하고 질기다고 하는 혈연도 뛰어넘는 영혼의 결속입니다. 만상의 자극과 충격에 공명하는 감성과, 사물의 진면목을 감지하는 심안, 세속의 일에 약싹바르지 못한 서투름, 자칫 상처받기 일쑤인 심성 등등 닮은 꼴인 우리들이야말로 진정한 가족이라고 하여도 틀린 말이 아니겠지요.
　나를 선배라 부르는 그대, 그대를 후배라 부르는 나, 그러나 문학의 길 그 세계에서는 선후배가 따로 없다고 생각합니다. 얼마만큼 열심히 혼신의 힘을 기울여 자기 연마를 하고 있으며 그 결과가 어떠하냐가 그 문인의 위상을 결정하는 것이기 때문입니다.

사랑하고 존경하는 H!

나는 그대의 인품을 사랑하고 존경합니다.

글은 곧 그 사람이라는 말이 있습니다만 글과 사람이 일치하는 사람을 만나기가 쉽지 않습니다. 세평에 글을 잘 쓰는 유명인이라는 사람을 만났을 때 그 사람의 교거함이나 무례함에 실망하는 일이 적지 않습니다. 파격이 문인의 특권인 양 행세하는 교양 무식이 문인 혹은 예술가의 특성이라는 착각이 있어서도 안되겠습니다.

H!

그대는 안정되고 건강한 정서를 가졌습니다.

하기에 그대의 글도 성실하고 아름답습니다. 진중한 그대의 인품처럼 사려 깊고 겸허한 글, 그것이 우리의 영혼을 울리는 힘은 큽니다. 때로는 촌철살인, 때로는 온몸으로 뒹구는 몸부림, 그 어느 경우에도 그대의 지혜로움은 빛납니다.

H!

아프게 더 아프게 그대가 그대 자신을 투시하고 점검하는 일에 게을리 하지 않음에 대하여서도 경의를 표합니다. 문단의 시력이 어느 만큼 되고 세상 나이도 어느 만큼 되면 어른 행세를 하려드는 일이 종종 있음을 적잖이 보게 됩니다. 게을러지고 안이해지기도 하며 타성에 젖게도 되지요. 그래서 너무 일찍 늙어버리는 현상이 안타까울 적이 많습니다.

H! 당신은 당신의 재능이나 노력에 대하여 늘 점검하는 엄격한 시인입니다. 나이 암만 들어도 늙지 않는 젊은이입니다.

교언영색이라는 말이 있습니다.

글이, 특히 시가 언어 중의 언어, 최상의 언어예술인 것은 종사자인 우리들이 너무나 절실히 느끼며 인지하고 있는 점이지요. 거기 세련되고 정화된 언어구사는 절대적 수사법이 되겠으나 그것은 물론 교언영색과는 전혀 다른 것이 되지 않겠습니까? 억지스러운 비틀림으로 시를 위장하는 소통불능의 글도 경계할 항목이라고 생각합니다.

H!

시 쓰는 일은 기쁨이면서 동시에 고단하고 외로운 일임을 시인들은 누구나 겪어 알고 있지요. 무릇 어떤 분야의 일이건 이 세상에 쉬운 일이 어디 있겠습니까만 시 쓰는 일은 우선 그것이 쓰기가 무척 어렵다는 점, 쓰고 나서 스스로 만족하기도 어렵고 공감의 영역 또한 한계가 있을 뿐만 아니라 물질적인 생산과 소비가 주요시되는 현대사회의 소외자라는 점에서 시인은 실로 지난의 길을 가고 있다고 하여도 과언이 아니겠습니다.

일찍이 글 쓰는 일을 "대장부의 부업"이라고 논한 분이 있습니다만 우리에게는 시 쓰는 일이 결코 부업일 수가 없습니다. 생계와 생활을 위하여 하는 일이 부업이지 시인에게 시 쓰는 일은 주업이며 우리의 존재를 증거하는 본업이 아니겠습니까. 한 편의 시를 완성하고 느끼는 그 온전한 극치의 행복감과 바꿀 수 있는 것은 세상에 그리 흔치 않을 것이라 생각합니다.

H!

　진정한 시인은 전 생애를 걸고 영혼과 몸이 쇠하도록 치열하게 몰두하는 사람이라고 하겠습니다. 어떤 간난 속에서도 결코 절망하지 않고 어떤 시련 속에서도 자기 길을 가는 사람, 자기의 운명을 사랑하는 용기 있는 사람만이 이 일을 해낼 수가 있을 것입니다.

　오늘도 그대는 단 한 줄의 시구, 단 한 편의 시를 위하여 고민하며 불면의 밤을 새우고 있겠지요.

　그 고단하고 외로운 길에서 자신을 만나고 자신과 닮은 다른 외로운 이들을 만나고…… 그들의 심금과 공명하며 기쁨과 행복을 느끼는 열정의 시인 그대는 참으로 존경스럽고 두려운 후배입니다.

　그대의 글이 더 많은 사람들에게 위무가 되고 그들 삶의 길에 따뜻한 길동무가 될 것임을 믿어 기뻐하며 이만 난필을 거둡니다.

> 안녕히 안녕히 가십시오.
> 지상에서 가장 아름다웠던 분!

김수환 추기경님!

당신께서 병환 중이시라는 소식을 오래전에 들어왔지만 이렇게 빨리 소천하시리라고는 생각지 못하였기에 갑작스러운 부음에 놀란 가슴을 가눌 수가 없었습니다.

애통한 마음을 다스리며 제일 먼저 나온 말은 "우리는 지상에서 가장 아름다운 어른 한 분을 잃었구나"라는 탄식이었습니다. 또한 "하느님의 종 중의 종"을 자처하신 겸허하신 참 사제님이 이제 우리 곁을 떠났다는 슬픔이 솟구쳤습니다.

종교와 이념과 계층의 경계를 넘어 당신을 존경하고 따르던 많은 사람들이 당신을 기리고 추모하는 자리 "사랑하십시오"라는 당신의 말씀을 가슴에 새깁니다.

모든 종교의 근간에는 사랑의 정신이 있고 모든 성직자와 신자들은 그 사랑의 구체적인 실천을 위하여 기도하며 수련합니다만 생각이나 말처럼 행하기는 실로 어렵습니다.

당신께서는 "사랑하십시오"라는 말씀 그대로 살아오신 분입니다. 하기에 언제나 약한 이들의 벗이 되고, 병든 이들의 위무자가 되고, 핍박받는 이들의 편이 되어 주셨습니다.

인간에 대한 연민의 마음으로 하늘나라의 뜻이 땅에서도 이루어지기를 간구한 당신의 신앙을 진정 존경합니다.

끝없이 자신을 성찰하여 자신의 믿음을 다지던 간곡한 기도에 감동합니다.

주님의 사도이면서도 인간적인 고뇌를 외면하지 않았던 당신은 우리의 형제였습니다.

사람 사는 세상은 고해입니다. 가는 곳마다 다툼이 있고, 아픔이 있고, 괴로움이 있습니다. 굶주리는 사람들이 있고, 유린당하는 사람들이 있습니다. 이런 세상에서 당신은 한 줄기 맑은 바람이었으며, 따뜻한 불빛이었습니다. 당신께서 몸소 보여 주신 실천종교의 가르침은 만세의 귀감이 되어 이 세상을 정화할 것입니다.

안녕히 안녕히 가십시오. 이 세상에서 가장 아름다웠던 분!

당신의 소천은 그냥 하늘나라로 가시는 것이 아니라 다시 돌아와 우리 가슴에 영원토록 자리하는 것이라 믿기에 슬픔 거두어 전송합니다.

2009년 2월 20일

얼굴, 걱정

 신체의 다른 부분은 건강하고 정상인데 단지 얼굴의 기형 때문에 평생 바깥출입을 삼가는 사람이 있었다.
 그만큼 얼굴은 신체 부위 중 가장 중요하고 대표성을 띤 부위이다. 집으로 치면 현관과 같은 것이요 상점으로 치면 간판과 같은 것이다.
 사람의 첫인상을 결정짓는 것도 얼굴이요 그 사람이 어떻게 살아왔는지 인생행로의 족적을 나타내는 것도 얼굴이다. 미추를 가름할 때의 기준도 대개는 얼굴에서 찾으며 그 사람의 인품 여하도 얼굴에 드러날 때가 많다.
 몸 전체를 놓고 볼 때 얼굴의 면적은 큰 것이 아니지만 눈, 코, 입, 귀 등 가장 중요한 감각기관이 모여 있는 곳이 얼굴이며 다양한 표정과 색깔로 희(喜), 노(怒), 애(愛,) 락(樂), 애(哀), 오(惡), 욕(慾)이라는 인간의 모든 정서를 가장 적나라하게 드러내는 것 또한 얼굴이다. 하기 때문에 얼굴만큼 그 사람의 영혼과 밀접한 관계를 가지는 부위도 다시없을 것이다.
 젊은 시절 "사람은 마흔 살이 넘으면 자기 얼굴에 대한 책임을 스스로 져야 한다"는 말을 처음 들었을 때 나는 너무나 두려웠었다. 마흔 살이 되기 전에 그만 이 세상에서 없어졌으면 하는 생각까지 하였었다.

사실 자기 얼굴의 생김새에 만족하는 사람은 드문 것 같다. 배우나 탤런트 등 미인 집단의 사람들까지도 다투어 얼굴 성형을 하는 것을 보면 더욱 그런 생각이 든다. 뛰어난 미모를 가진 사람들도 자기 얼굴에 만족하지 못하는 형편이라면 보통 사람들이 자기 얼굴에 불만을 가진 정도는 훨씬 더 할 것이다.

어리고 젊었을 때 대단하던 미인도 세월이 흘러 늙어지면 몰라보게 변하기도 한다. 그들의 모습에서 세월의 덧없음과 인생의 허망감을 느낄 적이 참으로 많다. 세기의 명배우 그레타 가르보가 나이 들자 대중 앞에 나서지 않고 철저히 칩거생활을 한 이유도 알 만하다.

대개의 경우 나이 들면 형형하던 눈빛도 사라지고 탄력 있던 피부가 늘어져 주름이 잡히면 미워지고 초라해지기 마련이지만 그 반대의 경우가 없지는 않다. 역시 우리가 잘 아는 영화배우 오드리 헵번은 젊었을 때 요정같이 예뻤지만 만년의 그녀는 젊은 날의 미모를 가늠할 수 없을 만큼의 주름투성이 얼굴의 노인이었다. 그러나 아프리카 아기를 안고 있는 그녀의 모습은 참으로 아름다웠다. 단순한 아름다움이 아니라 성스럽고 향기 나는 아름다움이었다. 봉사하고 헌신하는 그녀의 삶이 빚어낸 거룩한 아름다움이었다. 젊은 날 그녀의 아름다움은 신(神)이 주신 것이었지만 늙은 뒤 그녀의 아름다움은 그녀 자신이 가꾼 것이요 진정 그녀 자신이 책임지는 얼굴이었다.

나는 자기 얼굴에 대하여 상당한 열등감을 가져 왔으며 나이 많아져서 이제는 그런 것 초월할 때도 된 성싶은데 여전히 그 열등감은 가시지 않고 있다.

동그스름한 윤곽에 살집이 있고 입술이 약간 도톰하며 윤기 나는 피부를 가진 얼굴을 나는 좋아하는데 내 얼굴은 그와는 정반대인 것 같다. 너무 넓은 이마와 긴 턱, 그리고 두드러져 보이는 광대뼈와 짧은 눈썹에 강팔라 보여서 여간 부끄러운 것이 아니다.
　어머니는 동그란 얼굴이었고 아버지는 젊은 시절 미남으로 이름 났었는데 나는 이상하게도 얼굴이 길고 밉다. 이런 생김새 위에 세월의 덧게와 삶의 먼지까지 끼어서 거울 보기가 겁이 난다.
　얼마나 많이 자기 수련을 하여야 편안하고 온화한 얼굴이 될 수 있을까. 얼마나 많은 영혼의 담금질이 있고야 다른 이들이 마음 놓고 다가올 수 있는 그런 얼굴이 될까.
　살아온 날은 아득히 멀고 살 날은 해거름길인데 과연 나는 도망가지 않고 자기가 스스로 책임질만한 얼굴을 가꾸어낼 수 있을까. 의문이며 걱정이다.

잊을 수 없는 스승 박은혜 선생님

추억은 언제나 아름다운 것이라고 사람들은 말한다.

지난 일은 아무리 괴롭고 슬픈 일이더라도 그것이 지난 일이기 때문에 고운 한 장의 그림처럼 예쁘게만 추억되는지도 모른다.

하물며 그 일이 즐겁고 기쁜 일임에야 고단한 인생을 살아가는 과정에서 그것은 갈증을 풀어주는 생명수와 같지 않을 수 없을 것이다.

잊을 수 없는 스승이 계시다는 것은 실로 행복한 일 중의 으뜸가는 일이며 즐거운 일 중의 즐거운 일이 되리라 본다. 인간관계가 기계적이고, 사무적이고, 상업거래처럼 이해타산을 따져가는 세상이 될수록 존경하는 스승과 사랑하는 제자와의 따뜻한 사제관계는 더욱 귀하고 소중한 것으로 느껴진다.

나의 생애를 통하여 훌륭한 가르침을 베푸신 선생님은 여러 분이 계시며 돌이켜보면 그분들의 은덕은 참으로 크고도 높아서 무어라 헤아리기가 어렵다.

잊을 수 없는 여러 선생님 중의 한 분으로 돌아가신 박은혜(朴恩惠) 교장 선생님을 늘 생각하게 된다.

설산(雪山) 장덕수(張德秀) 선생님의 부인이셨던 박은혜 선생님은 여고 시절의 교장 선생님이셨다. 어느 학교나 그렇듯이 교장 선생님이 직접 교실에서 학생들을 가르치시는 일은 없는 만큼 교장 선생님과 학생들 사이에는 어느 정도의 간격이 있기 마련이었지만 그 시절 나뿐만 아니라 우리 모두는 완전히 교장 선생님께 몰입, 도취되어 있었다.

그분의 낭랑한 음성의 훈화를 들으며 우리들은 점점 더 빛나고 총명해져 갔으며 그분의 아름다운 자태를 흠모의 눈길로 바라보며 마냥 자랑스러워 했었다.

생각해 보면 그분에게도 여러 가지 장단점이 있었겠지만 그때의 우리들에게 그분의 그 세련된 언행, 팔방미인격의 폭넓은 교양과 지식은 커다란 놀라움이며, 기쁨이며 동시에 우리들이 동경해 마지않는 이상적인 여성상을 보여 주는 것이었다. 우리는 그때 그분을 깊이 사랑하고 존경하였을 뿐만 아니라 모두 그분처럼 되고 싶었던지도 모른다.

선생님은 우선 우리들이 높은 자존의식을 갖도록 함으로써 숨은 재능이 계발되고 비굴하지 않은 인격을 갖추도록 교육하였다. 어떤 사람은 이런 교육이 선민의식을 고취시켜 이기심을 조장하고 사회성의 결핍을 초래한다고 우려를 표명하기도 하였으며 더러는 가벼운 비난을 받는 일도 있었지만 어떻든 오늘 나는 그런 가르침을 베푸신 박은혜 교장 선생님을 잊을 수가 없는 것이다.

오늘날과 같은 민주사회에서 그러한 특별한 교육이 옳으냐 그러냐 하는 문제는 접어 두고 그분의 그런 가르침이 아니었다면 나는 참으로 더 많이 좌절하고, 절망하고, 그리고 타협하였을 것임에 틀림없다.

그분은 이와 더불어 우리들에게 사명감과 철저한 책임감을 갖도록 역설하였다. 하는 일에 대한 사명의식과 철저한 책임감을 가지는 것이야말로 실로 자존심 있는 이의 생활태도임을 가르쳤던 것이다.

이런 것도 처세에 있어서는 어떤 면에서 지나치게 모가 나는 사람을 만들 염려가 없는 바 아니지만 인간 본연의 자세, 근원적 자기실현을 위하여서는 참으로 옳고 바른 교육이 아니었을까.

우리들에게 빛나는 미래에 대한 꿈을 심어 주었던 박은혜 교장 선생님은 정녕 "물고기를 잡아주는" 스승이 아니라 "물고기 잡는 법을 가르쳐 준" 고맙고도 존경할 스승으로 오래오래 내 가슴에 살아 계실 것이다.

행복한 삶

"행복"이라는 말을 사전에서 찾아보면 "복된 좋은 운수" 또는 "심신의 욕구가 충족되어 조금도 부족함이 없는 상태"라고 되어 있다.

우리가 "행복하다"고 생각할 때, 곧 행복감을 느낄 때의 "행복"은 후자의 의미가 될 것이다.

마음과 몸의 모든 욕구가 충족되어 조금도 부족함이 없는 상태가 되려면 여러 가지 요건이 따라야 할 것이다. 우선 슬픔이나 근심 걱정 따위 마음을 상하게 하는 일이 없어야 할 것이며 물질적으로 풍요하여 의식주(衣食住)에 구애됨이 없어야 할 것이다. 또한 건강하고 아름다운 신체와 용모, 늘 기쁨을 느낄 수 있는 안락한 환경, 명성을 얻어 우러름을 받고 출세하여 뜻을 이룩하는 일, 자손들의 흥성함 등이 두루 갖추어져야만 할 것이다. 그러기에 옛사람들은 수부귀다남아(壽富貴多男兒)를 행복의 기준으로 삼기도 하였다.

그러나 이런 요건을 모두 다 갖춘 사람은 인류의 역사 전체를 놓고 보더라도 극히 드물 것이며 모든 조건을 다 갖추기 바라는 것 또한 과도한 욕심일 것이다. 그러기에 여러 가지 요건 중 일부분을 갖추기만 하여도 행복한 삶의 주인공이 될 것이라는 생각을 하게 된다.

부자가 되어서 넉넉한 삶을 살면 행복하리라고 생각한다. 아름다운 미남 미녀는 행복하리라고 생각한다. 마음을 비운 성직자들은 행복하리라고 생각한다. 대권을 잡아 세상을 경륜하는 출세자는 행복하리라고 생각한다. 세상에 그 이름이 알려져 선망을 받는 이는 행복하리라고 생각한다. 자랑스러운 아들 딸들을 둔 사람은 행복하리라고 생각한다. 건강하여 병이 없는 사람은 행복하리라고 생각한다.

그러나 이런 생각도 따지고 보면 상대적인 선망에서의 생각일 뿐이다. 부자에게도 근심이 많고 출세한 미남 미녀 배우들이 미인박명(美人薄命)이라는 말처럼 불행한 삶을 살기도 하며 자살을 하기도 한다. 자손들 때문에 속을 썩이기도 하고 높은 권자에 오른 이가 외롭다고 말하며 명성을 얻은 이가 그 상실에 초조해 하기도 한다. 심지어 탐욕을 끊고 속세를 멀리한 수행자들조차도 끊임없는 회의와 방황에서 자유롭지 못하다.

그러고 보면 진실로 행복하기란 얼마나 어려운 일인가.

사실 상식적인 기준의 판단에서 행복과 불행을 논하기란 불가능한 일인지도 모른다. 상식적으로 생각할 때 아름다운 자연환경 속에서 인간의 존엄이 존중되고 복지정책이 완벽한 국가, 문명과 문화의 혜택을 최고로 누리고 있는 선진국가의 국민들이 행복하리라고 생각하지만 의외로 세상을 비관하는 일이 많으며 자살율이 높을 뿐 아니라 행복지수가 낮은 것에 놀라게 된다. 반면에 잘 알려지지도 않은 태평양의 작은 섬나라 바누아투 사람들, 원시적인 삶의 흔적이 많이 남은 이 나라 사람들이 느끼는 행복감은 최고의 것이라 하니 행복의 요건은 객관적인 것이 아니라 대단히 주관적인 것임을 알 수 있다. 뿐 아니라 우리들이 세운 행복의 기준이 편향된 것이어서 행복과 불행을 잘못 논하거나 판단하는 것인지도 모른다.

만금을 쌓아놓고도 더 탐욕스러운 욕심쟁이가 있는가 하면 목마를 때 한 그릇의 물이 주는 청량감에 행복해 하는 사람도 있다. 건강이나 청춘이나 사랑 등 가졌을 때 몰랐던 행복을 잃고 나서야 깨닫는 수가 있다. 큰 권력이나 금력이나 명성 때문에 구속받던 사람이 그 모두를 벗어난 자유로움에서 행복을 느끼기도 한다. 농촌의 핍박한 삶을 떠나 도시로 간 삶에 행복해 하는 이가 있는가 하면 도시의 분주하고 메마른 삶을 떠나 전원의 한가한 삶에서 진정한 행복을 느끼는 사람도 있다. 복권에 당선되어 순식간에 부자가 되어 행복한 사람이 있는가 하면 복권 당선이 화를 자초하여 불행의 늪으로 빠지는 수도 있다. 마음을 비우면 편안해지고 행복해진다고 흔히 사람들은 말하지만 마음을 온전히 비우기도 어렵고 비우는 과정도 어렵다.

같은 조건이라도 행복해 하는 사람이 있는가 하면 불행을 느끼는 사람도 있고 그 행복과 불행의 정도도 사람에 따라 제각기 다르다. 그러기에 지극히 주관적인 관점에서 행·불행이 갈리며 따라서 삶의 빛깔도 달라지는 것이 아닌가 생각된다.

어느 기사에서 이런 이야기를 읽은 일이 있다.

30대의 한 남성이 일곱 살 된 아들을 데리고 사는 이야기였다.

이 젊은 아버지는 이혼을 한 홀아비였다. 이혼이라는 것은 인생 최대의 불행이라고 생각하였고 있어서는 안되는 일이라고 생각해 왔는데 뜻밖에도 그 일이 자기 일이 되자 당황하고 놀랍기가 이를 데 없었다는 것이다.

처음에는 상처난 마음을 주체할 수 없어서 매일 술 마시는 일로 위로를 삼았다고 한다. 그러기를 몇 달째 계속한 어느 날 만취하여 집으로 돌아온 아버지를 반갑게 맞이하며 아기가 하는 말이 "아빠 나는 아빠랑 살아도 행복해"라고 하더라고 한다.

그 순간 젊은 아버지는 정신이 번쩍 들었다고 한다. 이런 귀하고 착한 아들을 불행하게 만들어서는 안되겠다는 자성을 하게 되었다는 것이다. 어린 아들에게 이런 지혜로운 마음이 있었다는 것에 감사하며 이런 아들을 갖게 된 것에 또한 감사하며 살게 되었다고 한다. 그동안 흐트러졌던 생활태도도 고치고 아기와 많은 시간을 함께 하다 보니 자신도 한없이 행복해지더라는 것이다. 그래서 아버지와 아들은 더욱 사랑하며 행복한 삶을 살고 있노라고 토로하고 있었다. 사실 아기는 아빠랑 엄마랑 함께 사는 것이 행복하리라는 것을 모를 리가 없다. 엄마가 그리울 때도 많았으리라. 그러나 아빠조차 없었다면 더 불행하리라는 것까지 헤아리지 못하였다 하더라도 괴로워하는 아빠에게 위로가 될 수 있는 말 "나는 아빠랑 살아도 행복해"라는 아기의 말은 아기 아버지 뿐 아니라 전해 듣는 이들의 마음에까지도 젖어드는 말이다.

  눈이랑 손이랑
  깨끗이 씻고
  자알 찾아보면 있을 거야

  깜짝 놀랄 만큼
  신바람 나는 일이

어딘가 어딘가에 꼭 있을 거야

아이들이
보물찾기 놀일 할 때
보물을 감춰두는

바위틈새 같은 데에
나뭇구멍 같은 데에
행복은 아기자기
숨겨져 있을 거야.

"행복"이라는 제목으로 젊은 날에 썼던 시이다.
  행복의 파랑새를 찾아 멀리 떠났던 아이들이 결국 자기 집에 돌아와 파랑새를 찾았듯이 행복은 멀리 있는 것이 아니라 자족(自足)하는 삶 속에 깃들인 파랑새라는 것을 깨달아야 할 것 같다.
  그렇다. 행복이라는 것도 마음 먹기에 따라 얼마든지 빛깔이 달라질 수 있는 것이기에 마음의 눈을 맑게 하고 다스리는 일에 정진하는 것이 행복을 찾는 첩경이 되리라는 생각이 든다. 그러나 그런 큰 지혜를 얻기까지는 험난한 인생의 고갯길을 수없이 넘어야 할 것 같다.

시인의 말, 국회의원의 말

 누구나 알고 있는 바와 같이 언어를 표현매체로 하는 것이 문학이며 문학의 여러 갈래 중에서도 가장 말을 아껴쓰는 것이 시이다. 그러기에 시(詩)의 한자 단어를 풀이하여 "말씀의 사원"이라고도 한다. 그러나 말씀의 사원이라는 뜻은 단순한 글자풀이만이 아니다. 시의 언어가 그만큼 함축적이고 은유적이고 상징적이라는 뜻이 내포됨과 동시에 그 언어 속에 지고한 인간의 정신이 담겨 있다는 뜻이다.
 따라서 시인은 언어를 다루는 최고의 장인이라 하여도 과언이 아니다. 이때의 장인이라는 말도 단순한 언어 기교에 능한 자나 궤변가를 이르는 것이 아님은 물론이다.
 언어는 물론 문학가만의 것이거나 시인의 것만은 아니다. 모든 사람들이 의사를 소통하고 협동하고 살아가기 위한 절대적인 수단이 언어이며 문명과 문화의 창조와 발전을 도모하고 사회적 동물로서의 동아리를 형성하는 가장 중요한 요소가 언어이다. 민족이라는 동아리가 이루어지고 그 동아리가 나라를 세우고 장장한 역사를 이루어가는 데 있어 언어만큼 중대한 것은 다시 없다. 이런 의미에서 구약성서의 바벨탑 이야기는 많은 것을 일깨워 준다고 하겠다.
 생활을 위한 일상적인 말에서도 말하는 이의 인격과 교양은 고스

란히 드러난다. 그 사람의 생각, 그 사람의 감정을 바깥으로 표현하는 것이 말이기 때문에 '말은 마음의 그림' 이라고도 한다.

"사람은 누구나 그가 하는 말로 그 자신을 비판한다. 원하든 않든 간에 말 한마디가 남 앞에 자기의 초상을 그려 놓는다"

미국의 사상가이자 시인인 R.W.에머슨이 한 말이다. 보이지 않는 영혼의 모습을 그려 놓는 것이 말이라는 것이다.

그러기에 예로부터 말을 신중히 하고 삼가하여 하라는 가르침이 양의 동서를 막론하고 있어 왔다.

'가장 좋은 말은 오래 생각한 끝에 한 말이며 그러기 때문에 사람이 말을 할 때에는 침묵보다 더 좋은 것이어야 한다' 고 옛 아라비아 사람들은 이야기하였다. 이와 같은 금언은 수없이 많이 찾을 수가 있다.

일반의 말도 이러한데 시인의 말은 말 중의 말이니 참으로 적재적소하게 쓰여야 할 것임은 두말할 필요가 없다. 시인의 말 한마디는 실로 중천금의 의미를 가지며 경우에 따라서는 그 파장이 한 사회와 한 시대에 영향함은 물론 시공을 뛰어넘어 불후의 것이 될 수 있는 예를 얼마든지 찾을 수 있다.

시 속에서 가당찮은 폭언을 대할 때는 경악보다 슬퍼진다. 욕설이나 폭언의 시를 쓸만큼 그 시인의 정신 상황은 황폐한가, 예민하고 예리한 시인으로 하여금 욕설이나 폭언을 구사하게 만들만큼 사회나 시대상황은 절박한가, 물어보게 된다. 시인이 독백에 그치지 않고 수용자를 생각하며 시를 쓴다고 할 때에는 소통과 공감, 나아가 감동과 영혼의 정화까지를 염두에 두게 된다. 난폭한 언어 난폭한 정서가 호소력을 가진다고 하면 그것은 자학과 가학이 판치는 세계라고밖에 볼 수 없다.

시가 직관이 포착하는 정서의 지고한 표출이라고 할 때 그것은 마구 내뱉는 말일 수는 없다. 생각하고 또 생각하여 표현하는 '침묵보다 더 좋은' 말이어야 한다.

좋은 시를 써 왔고 많은 일반 독자들에게 널리 읽히는 시를 발표하여 이름이 알려진 시인이 정치에 관심을 두면서 입에도 담지 못할 말을 공공연히 하는 것을 보고 참으로 실망스러움을 금할 수가 없었다. 그간 우리 마음에 더없는 기쁨을 주고 따뜻한 위안이 되고 때로는 아픈 질타가 되어 반성을 유도하기도 하였던 그 시들이 모두 가짜였단 말인가. 대중매체에 비쳤던 그의 착한 얼굴의 표정도 모두 가짜였던 것일까 하는 의구심마저 들었다.

시인이라고 하여 모두 성인군자가 되라느냐고 묻는다면 당연히 그러한 지향이 있어야 한다고 대답하겠다. 시인도 다른 사람과 마찬가지로 밥을 먹고 사는 사람인 이상 장점도 있고 치명적인 단점도 있게 마련이다. 그러나 다름 아닌 시인이기에 그의 말은 '시인의 말' 다워야 할 것이다. 불의롭고 부정한 현상에 대한 저항의지를 나타낼 때에도 촌철살인의 날카로움 그 밑바닥에는 항상 따뜻한 사랑의 마음이 자리하고 있어야 할 것이며 그 표현의 수사 또한 그에 상응하는 것일 때 우리는 크게 공감할 것이다.

자주 생각하게 되는 말 중에 정치가의 말, 그중에도 국회의원의 말이 있다. 국회의원이 누구인가. 그들은 민주정치의 꽃이다. 국민이 뽑은, 국민을 대변하는, 국민의 대표자가 아닌가. 여론정치를 위하여 장치한 입법부의 구성원들이 바로 저들이 아닌가. 하기에 국민들은 땀흘려 얻은 소득의 일부로 국회의사당이라는 큰 집을 지어 저들로 하여금 일할 수 있게 하고 세비를 지불한다. 하기에 국민 앞에 겸손하게 임하여 국민의 마음을 헤아리고 국민의 소리에 귀 기울여 정확하고 정직하게 국민의 의사를 피력하고 전달하고 토론하는 것이 국민이 위임한 저들의 임무이다.

함에도 불구하고 의사당 안에서 폭언과 폭력이 난무하고 비방과 거짓말이 오가는 것을 볼 때마다 과연 저들이 국민의 대표자인가 하고 의문을 가질 적이 많다. 거만하게 군림하여 자신의 이익이나 챙기고 이권에 개입하여 부정한 거래를 일삼으면서 국민의 의사전달을 소홀히 하는 모습들을 대할 때마다 실망스러운 마음을 금할 수가 없다. 이러한 모습은 곧 정치가의 말에 대한 불신을 불러오고 나아가 그들의 행위에 대한 신뢰마저 무너지게 되고 만다.

국회는 토론을 통하여 법을 세우는 기구이며 의사당은 그러한 토론장이다. 폭력과 폭언의 싸움터가 아니라 다른 의견을 가진 상대방의 말을 경청하고 자신의 의사를 전달하여 가장 훌륭한 결과를 도출하게끔 하는 것이 국회의원 고유의 임무이며 국회의 존재 의의이다. 그래서 우리는 국회의사당을 '말씀의 전당'이라고도 한다. 말이 금보다 무겁고 값진 것이어야 할 '말씀의 전당'에서 말같잖은 말이 오간다면 이는 국민의 대표자 자격이 없는 무뢰한이라고 하여도 과언이 아니다.

요컨대 국회의원의 말 또한 가려 쓰고 바르게 쓰고 정직하게 쓰는 옳은 말이어야 하겠다는 것이다. 이런 점에서 문인 혹은 시인의 말에 준하는 것이 국회의원의 말이며 훌륭한 정치가의 말이어야 한다고 생각한다. 링컨이나 처칠이나 케네디 같은 이들의 명연설을 잊지 않고 기억하는 것은 그 말들 속에 담긴 진정성과 그 말들 속에 담긴 그들의 신념과 인간적인 면모가 주는 감동 때문이다.

그런 감동을 공유할 수 있는 '침묵보다 더 값진' 시인의 말, 국회의원의 말이 목마른 사람이 찾는 맛있는 샘물처럼 절실해지는 오늘이다.

* 허영자 약력 *

- 1938년 8월 31일 경상남도 함양군 휴천면 휴천초등학교 사택에서 부친 허임두(許壬斗), 모친 정연엽(鄭蓮葉)의 장녀로 출생하였다.
- 부친의 임지를 따라 다섯 살 때 부산으로 이사하여 중앙초등학교, 경남여자중학교를 졸업하고 부친을 좇아 서울로 이사, 경기여고, 숙명여대, 동 대학원 국문학과를 졸업하였다. 고등학교 재학시 시인 노문천 선생의 격려를 받았고 숙명여대 재학시 곽종원, 김남조, 정한모, 조연현 제 선생의 지도를 받았다.
- 1961년 「현대문학」 2월호에 박목월 선생 추천으로 〈도정연가(道程連歌)〉로 초회 추천, 동년 9월호에 〈연가 3수(戀歌三首)〉로 2회 추천, 그리고 1962년 2월에 〈사모곡(思母曲)〉으로 추천 완료하여 시단에 등단하였다.
- 1963년 한국문단사상 최초의 여성동인 '청미(靑眉)' 결성에 참여, 이후 1998년까지 김선영, 김숙자, 김혜숙, 김후란, 박영숙, 이경희, 임성숙, 추영수 제씨와 동인활동을 하였다.
- 1966년 첫 시집 《가슴엔 듯 눈엔 듯》을 상재하였으며, 1971년 제2시집 《친전(親展)》, 1977년 제3시집 《어여쁨이야 어찌 꽃 뿐이랴》, 1984년 제4시집 《빈 들판을 걸어가면》, 1985년 시선집 《그 어둠과 빛의 사랑》, 1986년 시선집 《이별하는 길머리엔》, 1987년 시선집 《꽃피는 날》, 1988년 시선집 《말의 향기》, 1989년 시선집 《아름다움을 위하여》, 1990년 제5시집 《조용한 슬픔》, 1991년 시선집 《암청의 문신》, 1995년 제6시집 《기타를 치는 집시의 노래》, 1996년 동시집 《어머니의 기도》, 1997년 제7시집 《목마른 꿈으로써》, 1998년 시집 《허영자 전시집》, 1998년 시선집 《무지개를 사랑한 걸 후회하지 말자》, 2003년 시조집 《소멸의 기쁨》, 2007년 제8시집 《은의 무게만큼》, 2008년 시선집 《얼음과 불꽃》, 2013년 시선집 《모순의 향기》 등을 상재하였다.
- 산문집으로 《한 송이 꽃도 당신 뜻으로》, 《아름다운 삶을 향하여》, 《사랑과 추억의 불꽃》, 《우리 무엇을 꿈꾸었다 말하랴》, 《내가 너의 이름을 부르면》, 《영혼을 노래하며 아픔을 나누며》, 《슬프지 않은 뒷모습은 없다》, 《블르뉴 숲의 아침 이슬》 등을 비롯하여 다수의 수필선집이 있으며 《韓國詩大事典》 편저자이며 기타 공저서로 《한국 여성시의 이해와 감상》 등이 있다.
- 1972년 제4회 한국시인협회상, 1986년 제20회 월탄문학상, 1992년 제2회 편운문학상, 1998년 제3회 민족문학상, 2003년 숙명문학상, 2007년 Pen문학상, 2008년 목월문학상, 2015년 허난설헌문학상 등을 수상하였다.
- 현재 성신여자대학교 명예교수.

허영자 수필 선집
살아 있다는 것의 기쁨

초판 인쇄 2015년 8월 20일
초판 발행 2015년 8월 25일

지은이 | 허영자
펴낸이 | 김효열
편집장 | 이미정
마케팅 | 김효숙 · 김영미 · 박미옥

펴낸곳 | **을지출판공사**

출판등록 | 1985년 2월 14일 제2002-000274호
주　　소 | 서울시 마포구 양화로6길 27-5(서교동) 301호
우편번호 | 04044
전　　화 | 02) 334-4050
팩　　스 | 02) 334-4010
이 메 일 | ejp4050@hanmail.net

값 13,000원

ISBN 978-89-7566-157-0　　03810

* 이 도서의 국립중앙도서관 출판예정도서목록(CIP)은 서지정보유통지원시스템 홈페이지
(http://seoji.nl.go.kr)와 국가자료공동목록시스템(http://www.nl.go.kr/kolisnet)에서
이용하실 수 있습니다. (CIP제어번호: CIP2015021183)

* 저자와의 협약으로 인지는 생략합니다.
* 잘못 만들어진 책은 구입하신 서점에서 교환해 드립니다.